资本时代

**REINVENTING CAPITALISM
IN THE AGE OF BIG DATA**

［奥］维克托·迈尔-舍恩伯格（Viktor Mayer-Schönberger）
［德］托马斯·拉姆什（Thomas Ramge）＿著
李晓霞 周 涛＿译

中信出版集团｜北京

图书在版编目（CIP）数据

数据资本时代 /（奥）维克托·迈尔－舍恩伯格，
（德）托马斯·拉姆什著；李晓霞，周涛译. -- 北京：
中信出版社，2018.12
书名原文：Reinventing Capitalism in the Age of
Big Data
ISBN 978–7–5086–9431–3

I.①数… II.①维… ②托… ③李… ④周… III.
①数据处理－应用－资本管理－研究 IV.① F275

中国版本图书馆 CIP 数据核字（2018）第 203545 号

数据资本时代

著　者：[奥]维克托·迈尔－舍恩伯格　[德]托马斯·拉姆什　著
译　者：李晓霞　周涛
出版发行：中信出版集团股份有限公司
　　　　　（北京市朝阳区惠新东街甲 4 号富盛大厦 2 座　邮编　100029）
承 印 者：北京盛通印刷股份有限公司

开　本：880mm×1230mm　1/32　　印　张：8.75　　字　数：190 千字
版　次：2018 年 12 月第 1 版　　印　次：2018 年 12 月第 1 次印刷
京权图字：01–2013–6340　　　　　广告经营许可证：京朝工商广字第 8087 号
书　号：ISBN 978–7–5086–9431–3
定　价：58.00 元

第 1 章

重塑未来市场

第 2 章

人类交流与合作

第 3 章
市场与货币

第 4 章
市场的复兴

目 录

第 5 章
公司与控制

第 6 章
公司的未来

第 7 章
资本的衰退

第 8 章
反馈效应

目　录

第 9 章
工作权益与分配正义

第 10 章
人类的选择

沿着知识道路继续前行

近 20 年来，新技术与应用被引入中国的速度不断加快。这不仅反映了技术全球化的趋势，而且是中国产业升级、产业创新、大众创业的迫切需要。

2012 年，舍恩伯格教授所著的《大数据时代》在中国出版，引起了各方对大数据的关注，可谓是现象级出版物。2018 年，舍恩伯格教授的新著《数据资本时代》又一次以作者特有的敏锐洞察力，为我们阐述了在海量数据市场中，数据资本对商业、经济和社会的深刻调整；并且从人类历史演进的角度来观察和思考市场的深刻变革——从货币市场到海量数据市场。如果说十八九世纪的社会主题是"机器"，反映的是人类对自然界各物质的认识、利用，那么 21 世纪的我们正在步入一个数据时代，数据正在成为这个时代的核心资产，它们是生产、创造、消费的主要因素，并影响改变着社会各方面，尤其是公司的组织形态与价值创造。

这本书从数据资本论的角度，关注以数据为价值核心的公司未来应该如何运作，工业经济下的会计制度与经营方式应该如何适应未来的数据型企业，以及公司的资本运作、雇佣关系、税务变化等。此外，舍恩伯格教授在这本书中同样提出了很多令人耳目一新的概念，比如，"用数据交税""数字投资顾问""资本功能的分离""单人公司"等。这些新概念会令公司的管理者、创业者脑洞大开。

舍恩伯格教授还关注到数据时代所带来的问题，尤其是"数据所有权"及"数据的主权"问题。如同工业革命开始时，人们对土地、海洋确权问题的热烈讨论，数据所有权正是海量数据市场中的热点问题。2018 年，欧洲通过的《通用数据保护条例》（GDPR）及全球政府对大型互联网公司隐私权的关注，使我们看到了海量数据市场中所蕴藏的隐忧。

1983 年，美国未来学巨擘托夫勒的《第三次浪潮》，对改革开放之初的中国产生了深远影响。至今我还记得当时念大学三年级的自己，一口气读完那本书后的激动之情。2018 年是中国改革开放四十周年，在庆祝中国取得改革开放巨大成功的同时，我们的国家也面临着海量数据市场带来的新机遇和新挑战。我深切期望《数据资本时代》一书也能唤起我们对新时代的向往，激励我们共同参与海量数据市场的创建，推动人类社会的不断进步。数据的海洋波涛汹涌，好似人类曾经在大航海时代，发现了新大陆，从而为人类进步带来了全新的观点、物种及引爆工业革命的原料。今天，海量数据市场给人类带

来的所有冲击，都意味着下一个人类大发现的开始。让我们不忘初
心，"沿着知识的道路继续前进"！

田溯宁

宽带资本创始人兼董事长

2018 年 8 月 20 日

展望数据资本大未来

当前，伴随着国际产业竞争格局的剧烈调整和科技发展的迅速推进，中国经济已经进入结构转换期，面临经济增长新动力的培育和旧动力的弱化，以互联网、金融科技等快速崛起为标志，大数据、云计算、区块链、人工智能等蓬勃发展。与此同时，中国的金融行业正面临着前所未有的挑战，科技发展的颠覆式创新正在重塑金融生态。"十三五"规划中把这样一个特定阶段的经济运行特征归结为"三化"：速度变化、结构优化、动力转化。

在这种背景下，维克托·迈尔–舍恩伯格的代表作《大数据时代》的姊妹篇——《数据资本时代》一书中文版的出版，可以说恰逢其时。《大数据时代》可以说预见了大数据将开启重要的时代转型，讨论了大数据对生活、工作、思维的重大变革，特别是对互联网、教育、健康医疗等行业的影响。《数据资本时代》则秉持"不讲已经知道的事"

的原则，对市场与金钱、公司与金融、数字化与数据等问题做了新的思考。其对未来饶有兴趣的预测与讨论，有的在时下的中国正在发生，有的可能会在未来的中国以不同的方式涌现。无论正确与否，它们对理解和把握中国经济社会的未来演变都有参考价值。

回顾数据科技在中国近年来的发展，立足于当前的全球数据经济的大变局，数据时代的未来正呈现出一些新的趋势：

一、数据为市场的多样化深度发展提供了更多可能

作为资源配置的"无形之手"，市场与政府的争论一直是经济学讨论的重点。回顾改革开放四十年来的探索，中国经济发展的活力主要来源于坚持市场在资源配置中的基础性地位，同时，也有一些市场失灵的现象经常出现。实际上，市场失灵的重要原因之一在于信息的失灵，即不透明和错误决策的使用导致的失败。市场在演变、进化的过程，通常将市场发挥作用的内在机制用"货币"与"价格"简单刻画，这种简化曾经一度起到重要的作用，但是简化也使得基于货币和价格基础上的市场产生了新的问题。目前，海量的数据市场正在逐步重构现有的金融市场，金融科技在中国呈现新的变局：一方面，一些大型电商企业纷纷"去金融化"，专注于科技赋能金融；另一方面，越来越多的金融机构则开始重视科技与金融业务的融合，提高数据处理能力。双方呈现微妙的竞合发展的态势，以不同的路径和方式迎接数据时代的来临。而相较于"资本"，数据的复杂性、丰富性使得市场发展呈现出多样化的可能。

二、数据推动公司寻求新的模式

作为经济发展史上具有重要影响力的经济组织形式，公司的出现一度被称作"人类的伟大成就"，尤其是股份公司的崛起和迅速获得的统治性地位，被公认为现代经济史中最引人注目的现象之一。因为公司，产权得以界定，激励机制得以建立；因为公司，目标成为文化，合作成为可能。当数据时代来临，与市场改变同步的是，公司也需要转型。维克托·迈尔-舍恩伯格认为公司转型的尝试可以考虑以下两个方面：一个是将公司决策变得更为自动化、智能化；另外一个则是重新安排公司的组织结构，如将组织结构中注入市场因素，使得公司部分是公司，部分是市场。这种思考是极富见地的，而这种企业内部孵化加速竞争的模式业已成为一部分积极创新探索的中国企业积极应对未来发展的实践。展望未来，随着中国知识产权、竞争、破产等法律的继续完善，中国将可以通过数据共享有效防止垄断，实现数据时代的共享共利，进而促进公司这种组织形式的转型。

三、化解数据时代带给人类的隐忧

近年来有关大数据为代表的技术发展将可能导致各种可能的冲击的讨论不少，这反映了人们对即将到来的新的数据时代的深深担忧。数据让人们在刚刚摆脱原来的各种信息束缚之后，旋即又陷入了对数据和机器的恐惧之中。但从工业革命以来的技术发展历史来看，技术进步在一定程度上消灭了一些特定就业岗位的同时，也创造出了更多的新岗位。无论是市场还是公司，从数据角度来说，均可以说是对数据进行处理、加工以及有效促进决策的机制。不论数据如何丰富，技术如何进步，市场如何高效，人类依然保有充分的选择自由。数据时代通过提供的信息的丰富性与复杂性，通过使人类更加高效的合作，有条件让人类把稀缺的时间和资源投入更有创造性和价值的事情上。

尽管数据时代正在来临，但是考虑到经济发展的非线性，数据时代的演进过程也必然是在探索中前行的。未来中国数据科技及制度建构的过程，不仅带有与其他国家和地区同样存在的"普遍性"，也必然带有与中国国情相适应的"特殊性"，而以上种种，可能直接关涉技术伦理、法律制度、行政治理等诸多领域，这些难题都需要我们做进一步的研究和深思。需要特别指出的是，在数据资本时代，海量数据市场并不能解决我们目前业已存在的所有问题，是否能利用好这些数据，更多的还取决于我们设计和运行规则的能力。《数据资本时代》这样带有一定超前性的思考和分析才显得格外具有独特的价值。

是为序。

巴曙松

北京大学汇丰金融研究院执行院长

香港交易所集团董事总经理、首席中国经济学家

国家"十三五"发展规划专家委员会委员

中文版序言

　　新时代的曙光已经照耀在每个人身上：在今天的数据时代，数据的全面收集与分析，为我们提供了一个前所未有的看待现实的新视角。对整个世界的这种全新认识，无疑会让人类做出更好的决定——无论是从个人、公司或组织层面，还是从整个社会层面来看。因此可以说，数万年前，当我们的祖先决定通过观察来更好地了解这个世界时，大数据的进程就已经开始了。大数据时代（舍恩伯格是《大数据时代》一书的作者之一）是植根于事实以及对事实的分析的，它让我们远离迷信，摆脱盲目信仰，让我们不仅可以预见到，也切实可以创造出一个让子孙后代能够充分发挥其潜力的新世界。

　　大数据更突出的地方在于，它更强调提出正确的问题，而不仅仅是提供正确的答案。随着可用数据的增多，想要更加深入地了解这个世界，我们就需要对已有的假设进行重新审视，对已有的数据进行重新分析，这才是大数据更为关注的做法。大数据也会使我们更加谦逊，让我们意识到我们目前所知甚少，还有很多东西有待发现。大数据还会让我们认识到，我们必须付出更多的努力才能了解事实，草率地得出结论或者接受熟悉的理论都是不可行的。按照大数据的要求去做，我们就会获得丰厚的回报：更好的决策不仅会让我们活得更长久，而且能让我们生活得更美好。

大数据在中国得到了广泛关注，数据驱动的机器学习与人工智能更是引来了热切的期待。其中的原因以下几点最明显，也最重要。首先，近几十年来，中国经济一直在以惊人的速度发展——这一点与西方大为不同，这样的发展速度为十几亿中国人提供了更好的生活。要保持如此骄人的成绩，就需要中国不仅能够准确地做出决策，而且要快速地做出决策。大数据在全方位改善决策的同时，恰恰可以加快决策的进程。这是中国持续取得成功的关键，尤其是在其"快速发展科技领域"里。在《中国制造2025》战略规划中，以及在中国"2030年成为人工智能全球领导者"的规划中，中国对自身"快速发展科技领域"进行了界定。

在积极利用大数据方面，中国也同样处在极其有利的位置。与许多西方国家不同，中国已经将数字创新放在其政治议程的首位。在中国所建立的经济模式中，数据驱动的创业公司将会继续蓬勃发展。毫无疑问，在接下来的几年里，百度、阿里巴巴和腾讯将会见证它们的许多后来者，会从独角兽公司成长为具有全球影响力的世界级公司。中国在数学和计算机科学方面的教育处于世界一流水平，加上其世界顶尖水平的研究实验室，充足且可以负担的计算能力，以及领先的大数据商务，是有能力做到很好地收集并分析大数据的。还有最重要的一条，那就是中国自身就拥有数据规模。中国近14亿人口所创造的数据，达到了整个世界数据量的一半。这些数据主要通过移动设备产生，而移动设备所产生的数据往往更能体现出细微差别，因此它们也更有利于专家做进一步的分析研究。

中国是世界上人口最多的国家，其经济规模有望在未来超越美国。中国也是一个制造业大国，其服务业正在快速增长。与世界上任何其他国家不同的是，中国有能力以前所未有的规模生成并收集有价值的数据。再加上中国专家出色的分析能力，中国已具备了大数据产业发展相关的核心要素，以充分利用大数据和人工智能的力量。

大数据是一个大事情。正像我们在之前的著作中所谈的那样，大数据将改变人类社会的方方面面，从健康到教育，从流动性到人类的工作方式。世界各地的许多人都将我们（以及其他许多大数据专家）的话解读为，数据是"新石油"，是我们需要获取和利用的一种宝贵的新型资源，它将决定企业和社会的发展结果。英国杂志《经济学人》指出：如果数据是新石油，那么中国就是数据世界的"沙特阿拉伯"。这种解读虽然有一定道理，但我们二人都认为，把数据看作一种新型的、像石油一样的资源，就像是在说，计算机只擅长做加法。擅长做加法没有错，但是计算机能做到的远不止于此。

这就是我们撰写本书的原因。我们在本书中展示了大数据将如何从根本上改变经济——这并不是因为数据是一种新型石油，而是因为数据是一种新型润滑脂，它将给市场带来超级能量，给公司带来巨大压力，使金融资本的作用大大削弱。赢家是市场，而并非资本。

作为人们交换商品的一种方式，市场不仅具有几千年的历史，而且是一项令人惊叹的社会创新：它使人与人之间的相互协作变得既轻松又高效。当所有参与者都了解了相关的销售信息，并将其转化为良好的买入（或卖出）决策时，市场就会运转起来。然而，目前的市场既没有充分的信息可以获取，也做不到信息的高效传播。进一步讲，即使能够拥有大量信息，人类往往也很难将其转化为理性的决策。正是在这些方面，数据和数据驱动的机器学习将会产生巨大影响。有了全面的数据以及智能数字决策辅助系统，我们将做出更好的交易决策。市场作为一个整体将迅速发展，成为人类首选的协调机制。未来将出现我们所谓的"海量数据市场"——在这个市场里，我们将拥有大量信息，同时拥有做出决策和进行交易的数字工具。这一切都将产生巨大影响——不只对公司和管理者，而且对其他所有市场交易的参与者，包括经理、雇员，还有消费者。

并不是所有人都会从这个新型的数据丰富的市场中受益，而其中最大的输家，可能会是金融资本主义。所谓金融资本主义，就是认为在我们的经济中，唯一重要的就是金融资本这样一个观念。当数据哪怕只是部分地承担了货币的角色时，金融资本就会失去其大部分意义。这同时也意味着其在地缘政治上的影响。一方面，依靠金融资本主义而繁荣的国家和地区，例如美国的部分地区，可能将会面临挑战与衰落。在欧洲，伦敦作为金融资本主义的中心，可能也将不得不寻求新的经济机会。

另一方面，那些认同市场协调能力（但不一定支持不受约束的金融资本主义）的国家和地区，如果能够将市场变为"数据丰富"的市场，就会迎来其市场的重新建构，其协调能力也会大幅提升。这会为经济增长提供前所未有的机会，而且非常重要的是，这种增长将会来自低效与浪费的减少，它将带来的不仅是更加繁荣的未来，而且是更可持续的未来。

这就是为什么我们相信，中国的优势将远远不只是拥有大量的数据，即所谓的"新石油"。是的，中国经济将因大量数据而繁荣，然而，中国拥有的不止是这些宝贵的数据资源，在这些资源的合理利用方面，中国也处在极其有利的位置上：在不久的将来，中国将不仅拥有世界上最大的国内市场，而且将成为全球市场上最重要的参与者。如果中国能够利用其数据财富，去获取海量数据市场所能提供的协调能力——无论是在国内市场还是国际市场，那么中国可能会在大数据资本时代的持久原则基础上，谱写经济发展和可持续增长的全新篇章。

维克托·迈尔－舍恩伯格、托马斯·拉姆什

n"}}],"countries":["IN","NP"],"mixins":[]},"ia":"
age2018a","start":1535005260,"end":15382288

第 1 章

重塑未来市场

"countries":["IN","NP"],"mixins":[]},{"name":"WMBE WikiLovesHer
"s","start":1535005260,"end":1538288460,"preferred":1,"thr

这本该是一场胜利的庆典。2015 年 9 月，在亿贝（eBay）新任首席执行官德温·维尼希登上亿贝在线市场 20 周年纪念活动的演讲台时，亿贝平台上的商品交易额已超过 7 000 亿美元，活跃用户达到1.6 亿人。1995 年创建时，亿贝只不过是一个被创始人皮埃尔·奥米迪亚当作副业发展的小公司。然而此后，它变成了一棵永生的摇钱树。亿贝的策略，就是让古老的市场行为走进网络。

亿贝不再是实体市场，因此它从不打烊。同时，互联网在全球延伸，人们几乎只要能上网，就可以进行买卖。此外，亿贝还拥有自己独特的评级系统——它可以让市场参与者间的信任不用建立在彼此相识的基础上。在以上因素的综合作用下，这个新型虚拟市场产生了巨大的吸引力，成了经济学家所说的"稠密市场"（thick market），即拥有大量买家和卖家的市场。稠密市场属于优质市场，可以提高人们找到自己所需商品的可能性。亿贝也借用了传统市场的一大特点，并对其进行了改进——用拍卖制取代定价制。拍卖可以更好地帮助人们获得最优价格，经济学专业的学生往往刚上大学就会学到这个知识点。

打造这样一个覆盖全球、永不打烊、交易便捷高效的市场，就是亿贝迅速崛起的秘诀。它不仅引领了互联网经济，而且似乎也再次证实了市场在经济中的卓越作用。

但是，对于参加庆祝活动的记者来说，维尼希看起来更像是一个"在四面楚歌中集结队伍的将军"，他的演讲感觉像是在给士兵们打气——这样做真是不无道理。亿贝，这个全世界最大的市场（在线市场），已经失去了部分魔力，华尔街的分析师甚至将其安放在"需要重置"的标签之下。发生了这么多事情，有些人可能会把亿贝最近的麻烦归因于管理不善，以及运气不佳。但是在我们看来，这一切都预示着一场重大的结构性变革。

就在亿贝 20 周年庆典的前几个月，雅虎，另一个互联网早期的先驱，也遭遇了一次市场困境。雅虎持有阿里巴巴的大量股票。事实上，按照阿里巴巴的股价来看，雅虎持有的阿里巴巴股份的资产价值比雅虎的总市值还高。因此可以说，雅虎股票的卖家是在付钱让买家购买股票。也就是说，雅虎股票实际上是在以负值交易。这当然是没有道理的，因为一只普通股的股价不可能是负数。但经济学家告诉我们，股票价格反映的是整个市场的集体智慧，这应该没有问题。那么是哪里出错了，而且错得这样离谱？

富含数据的市场正在悄然兴起

亿贝的麻烦之大，雅虎的股价之疯狂，都不是偶然现象。它们表现出的，是传统市场的一个基本缺陷。正如后面我们将要解释的那样，这个缺陷与价格息息相关。也正是因为与价格相关，所以并不是所有市场都会遭遇困境。事实上，有些市场因为对价格的依赖较小，一直以来都在高歌猛进。

就在亿贝和雅虎陷入困境的时候，一家成立稍晚的互联网初创公司 BlaBlaCar（法国拼车公司）却在突飞猛进地发展。公司是由一个法国年轻人在欧洲创立的，那时他还在斯坦福大学攻读硕士研究生，并沉迷于网络。和亿贝一样，BlaBlaCar 也属于在线市场，只不过是一个高度专业化的市场。公司的业务就是通过为正在揽活的司机和想搭车的乘客配对，来帮助人们共享汽车出行。BlaBlaCar 的生意特别好，每个月都能完成数百万单配对业务，而且它的业务量还在迅速增长。亿贝当初关注的焦点，是基于价格的拍卖，而 BlaBlaCar 的市场焦点，却是给参与者提供有关彼此的丰富数据，对司机的"爱聊天程度"（公司名称中的 BlaBla 就是"聊不停"的意思）等细节进行评级。这样，用户就很容易搜索并识别出自己的最佳配对，而价格的重要性就被淡化了（乘客能够选择的价格幅度非常有限）。在使用海量数据方面，BlaBlaCar 的搭乘共享市场并非独一无二。从旅游网站 Kayak 到在线投资公司 SigFig，再到劳动力市场数据平台 Upwork，越来越多的市场开始使用数据来帮助参与者找到最佳匹配，并因此获得全世界的关注。

本书将对下面几个问题进行综合解读：传统在线市场正在面临困境；证券市场广泛信赖的价格机制中存在错误；富含数据的市场正在悄然兴起。我们认为，数据所带来的经济重启，将会引发四个基本重组，并重塑我们所熟悉的资本主义经济。其重要性堪比工业革命。

市场是一个可以帮助人们有效分配稀缺资源的机制，是一种非常成功的社会创新。它看似简单，却影响巨大。市场可以为 80 亿人中的大多数人提供食物、衣物和住所，极大地提高我们的生活质量和寿命预期。长期以来，市场交易活动一直是一种人际交往活动，与人的天性非常契合。这就是为什么对于我们大多数人来说，市场的出现如此自然，它已嵌入人的社会关系中。可以说，市场是人类经济的基石。

海量数据市场降低市场失灵的频率

　　市场要施展魅力，不仅需要数据能够轻松流动，而且需要将数据转化为决策力。所谓决策力，就是人们在进行市场交易时，如何在参考诸多因素后做出决策。市场的稳定性与灵活性即源于此。但是，要做到这一点，就需要每个人都能拥有便捷的渠道来获取任何可以利用的信息。直到现在，海量信息在市场上的传播一直都是非常困难的，其价格也特别昂贵。所以我们才采用了一个变通方法：将所有信息压缩成一个单一的评价指标，那就是"价格"，并通过金钱来传达这一信息。

　　事实证明，价格和金钱只是巧妙的权宜之计——看似无法克服的挑战，有了它们，我们似乎就可以轻松面对了。当然，我们也必须承认，它们在一定程度上也起了作用。但是，当信息被压缩时，一些细节和细微差别就会消失，交易方案就无法达到最优标准。如果不能完全了解各种销售信息，或者被压缩的信息误导，我们就做不出好的选择。对这种不够完美的解决方案，我们已经容忍了几千年，因为我们一直没有找到更好的替代品。

　　一切都在改变。很快，海量数据就能够以较低的价格在市场上全面而迅速地流动起来。我们将把这样的海量数据与机器学习以及前沿匹配算法结合起来，创建一个能够识别最佳交易伙伴的自适应系统。这会让未来的交易易如反掌，即使是那些看似很直接的交易也能够从中获益。

举个例子。如果你正在搜索一口煎锅的信息，智能手机上的自适应系统就会访问你过去的购物数据，并搜集到这样的信息：你上次购买了一口电磁炉平底锅，留下了"一般"的评价。通过分析你的评价，系统了解到，你很看重锅的涂层，而且你喜欢陶瓷涂层（系统也注意到了你喜欢什么样的手柄材料）。了解到你的这些个人偏好，系统就会在网络市场上寻找最佳匹配，甚至考虑到送货过程中产生的碳足迹，也就是碳的排放量（因为系统知道你是一位环保主义者）。你准备直接转账付款，这是可以获得额外折扣的，系统会自动与卖家谈判。你只需轻轻点击，交易即可完成。

这一切听起来是那么流畅、简单——它也本该如此。比起我们自己搜索，自适应系统的搜索更快、更轻松，同时，它也能参考更多的变量，评估更多的产品。系统不会很快就感到疲劳（我们自己在做线上或线下搜索时却恰恰相反），它的决策建议也不会受到价格的干扰、认知偏差的误导，以及聪明的营销手段的诱惑。当然，我们依旧会把钱当作价值的储存手段，价格也依然会是有价值的信息。但是，当我们不再只盯着价格时，我们的视野就拓宽了，随之出现的会是更好的匹配，更高效的交易，以及一个鲜有欺骗和花招的市场。

这种基于数据和机器学习的决策辅助系统，虽然可以帮助我们在海量数据市场（data-rich markets）中识别出最优匹配，但是我们人类自身仍将保留最终的决策权，而且在交易中，给系统多少授权也是由我们自己决定的。这样，在约车这类事情上，我们就可以高高兴兴地让决策辅助系统代劳。而对找工作这样的事情，虽然我们会参考数据顾问给出的就业选择，但最终做出抉择的，仍将是我们自己。

传统市场用处很多，但是无法与它的亲戚——数据驱动市场（data-driven markets）——相媲美。数据可以帮助我们改善交易，提高效率，因此海量数据市场将会为我们提供最佳交易机会。从理论上讲，这本该是市场最擅长的，之前市场却因信息所限未能做到。

海量数据市场的优势将会延伸到每个具体行业，零售业和旅游业不会错过，银行和投资领域也不会例外。海量数据市场将会大大减少非理性决策，减少因错误信息或错误决策所造成的泡沫和其他灾难。正是传统市场的信息匮乏，导致了2014年雅虎股价的疯狂。无论是在最近的次贷危机中，在2001年的互联网泡沫破灭中，还是在以货币为基础的市场在过去几个世纪里所经历的无数次灾难中，我们都遭受了传统市场因信息匮乏所带来的破坏性影响。海量数据市场所能承诺的，并不是彻底根除这种市场失灵，而是极大地降低市场失灵出现的频率，减少由此带来的金融灾难。

海量数据市场将重塑所有类型的市场，从能源市场到运输和物流市场，从劳动力市场到医疗保健市场。在能源市场中，行业固有的效率低下，让大型公用事业设备公司有机会赚得盆满钵满，却给我们的家庭带来数十亿美元的损失。而海量数据市场将会改变这种局面。甚至在教育领域，我们也可以用海量数据市场来匹配教师、学生和学校，使自己获得更好的选择。海量数据市场的一致目标是：超越"不错"，追求完美，让钱花得更划算，让自己做出的选择更令人满意，让我们的地球可以更好地可持续发展。

一场淘金热即将到来

传统货币市场与海量数据市场的主要区别，在于流动于市场间的信息所起到的作用。这两种市场的关键区别，还在于它们将信息转化为决策的方式。在海量数据市场中，个人偏好不再只被价格主宰——之所以采取这种过于简单的决策方式，是因为我们信息匮乏，认知有限。而海量数据市场中的"分散决策"（decentralized decision-making）方式，不但具有自身的稳定性与灵活性，而且有可能带来更高的交易效率。为了实现数据的丰富性，我们需要市场参与者对信息的流动与处理进行重新配置。早在 1987 年就有学者提出了这一想法：麻省理工学院教授托马斯·马龙与他的同事们，在那时就曾预料到"电子市场"的出现。但是，我们实现技术进步，从而进一步拓宽视野，使早期的想法开花结果，都还只是近些年的事情。

人们可能会认为，海量数据市场的出现，主要依赖于数据处理能力和网络技术的进步。毕竟，与传统市场相比，海量数据市场的信息量要大得多。互联网带宽不断地稳步增加，这一趋势在可预见的未来还会持续下去。思科等领先的网络技术供应商表示，至少在 2021 年以前，网络流量的年增长率将继续超过 20%。按 10 年的复合增长率计算，这一比值将超过 500%，这简直令人咋舌。与此同时，数据处理能力的提高也达到了戏剧化程度：现在我们通常用每秒多少兆（万亿次），来衡量个人电脑的计算能力。我们仍然还有提升的空间，尽管这种提升可能不会再像过去那样，达到每两年翻一番的程度。

技术发展对于海量数据市场来说是必要的，但它远远不够。我们要做的不只是快，还有不同。未来，海量数据市场上的信息处理速度，将远不如信息处理质量及信息处理深度重要。即使我们将传统市场的价格交流速度提高到几毫秒（就像现在的高频交易），最终我们做出的仍会是过于简单化的决策。我们真正需要做的，是将最新的突破应用于三个不同领域：第一，我们要实现关于商品与偏好的海量信息共享，而且是低成本共享；第二，我们要提高辨识能力，实现商品与偏好在不同方面的匹配，即多维度匹配；第三，我们要探索一种精密而便捷的方法，全面获取个人偏好信息。

第一，仅仅获取原始数据是不够的，我们需要知道这些数据意味着什么。只有做到这样，我们才不会拿苹果与橙子做比较。有了最新的技术突破，这一切做起来都比过去容易得多。想想看，我们在通过概念，比如人、海滩、宠物，来搜索数码照片这方面已经实现了多大程度的进步？海量照片中的图像搜索模式，同样可以应用于市场，从而将数据转化为见解，为我们的决策提供信息。

第二，当我们仅以价格进行比较时，找出最佳匹配是一件很容易的事情。但是，当我们需要进行多维度匹配时，这个过程就会变得复杂、混乱、难以把控。我们需要智能算法来提供帮助。幸运的是，近些年来在这方面，我们已经取得了长足的进步。

第三，弄明白我们自己到底想要什么并不容易。我们可能会忘记一个需要考虑的重要因素，或者错误地忽略了它。对于人类来说，用一种简单的、结构化的方式来表达我们多方面的需求，实际上是一件非常困难的事情。这就是我们所说的第三个领域，最新的技术进步在这一领域至关重要。今天，我们的自适应系统可以通过观察我们所做的事情，追踪我们所做的决策，日积月累，最终了解我们的个人偏好。

在这三个领域里，高度发展的数据分析以及先进的机器学习 [1]（或称之为"人工智能"），均已推动了海量数据市场的重大进步。如果将这三个领域结合起来，我们就将拥有海量数据市场所需的所有关键构件。数字思想的引领者和跃跃欲试的互联网企业家已经开始注意到这一点。一场淘金热即将到来，不久它就会全面展开。淘金的场所正是海量数据市场，它可以给参与者提供充足的效率红利，并为供应商提供巨大的交易总量。

企业将面临严峻挑战

过去 20 年的数字创新最终开始改变市场经济的基础。一些公司已经将目光投向了海量数据市场，并已做好了必要准备。亿贝庆祝其成立 20 周年之际，也正是其认真思考未来之时。公司新任首席执行官宣布了一项雄心勃勃的多年应急计划，并进行了一系列重要的并购活动。亿贝的目标是在各层面极大地提高市场中海量信息的流动量，使匹配的实现更加便捷，从而帮助亿贝用户做出交易决策。

亿贝并不孤单。从亚马逊这样的零售巨头，到 BlaBlaCar 这样的细分市场，再到人才市场，各类市场都在进行重新配置，一切努力都指向了海量数据市场的未来。比起传统市场，海量数据市场在帮助人们获得所需东西方面的表现要好得多，用户使用量肯定要大得多，这也进一步推动了传统市场向海量数据市场转变。其实，海量数据市场

●—○ [1]　机器学习是人工智能中最核心，也是最受关注的方法，但它并非人工智能的全部。例如，专家系统是典型的人工智能方法，但它并非机器学习。——译者注

的影响远不止这些，其地位也要重要得多。

市场不仅仅是促进交易的地方。我们在市场上互动时，互相合作使我们取得的成绩，远远超过我们的个人能力所及。通过重新配置市场并使其拥有数据，我们也在更普遍的意义上重塑了人类的合作。如果做得好，海量数据市场所驱动的人类合作就会使我们有能力应对棘手的挑战，探索可持续的解决方案。从提高教育水平，到改善医疗保健，再到应对气候变化，无不如此。因此，提高能力，以求更好地协调人类活动，就成了一件大事。

协调人类活动的传统方式将受到重大影响。最出名的，也是被研究最多的例子，就是公司。我们通常所讲的关于公司的故事，主要都是关于它们之间的恶性竞争的，比如，通用汽车对福特汽车，波音公司对空中客车公司，美国有线电视新闻网对福克斯新闻频道，耐克对阿迪达斯，苹果对谷歌，百度对腾讯。我们喜欢那些一对一的战斗故事，一方鲜血淋漓，一方占尽优势。整个图书馆的商业书籍和成百上千个商学院案例，都致力于记录和分析这些史诗般的战斗故事。但是今天，丰富的数据使市场发挥出更大更好的作用，我们看到的不再是公司之间的斗争，而是从公司到市场更全面的转换。这种转换并不意味着公司的终结，但它确实是公司几十年来所面临的最艰难的挑战。

应对海量数据市场的兴起并非易事。如果公司能够积极利用我们所描述的技术突破，重塑其内部的信息流动，并获得类似的效率提升，那么问题就简单得多。但是很遗憾，正如我们后面将要解释的那样，驱动并支撑海量数据的技术进步，虽然可以直接应用于市场，但并不能简单地应用于公司。公司信息流动方式受限是造成这种情况的根本原因。要适应当前的技术进步，我们就要重新思考公司的本质。

面对来自海量数据市场的挑战，公司最可能的两种回应方式是，要么想办法与其形成互补关系，要么就直接对其进行模仿。至少在某些管理决策中，公司可以使用自动决策系统，引入更多的市场特征，诸如基于分散决策的信息流和交易匹配等。这些策略可以为我们提供中期优势，所以越来越多的公司开始采用这样的策略。从中期来看，这些策略对公司的生存会起到一定作用（尽管它们也带来了本身的弱点），但从长远来看，在组织人类活动方面，这些策略不太可能阻止公司重要性下滑的趋势。

从金融资本转向数据资本

正如公司仍将在经济中发挥某些作用一样（尽管作用已经降低），货币也不会退出我们的生活。但在海量数据市场上，货币将不再是乐队里的首席小提琴手。银行和其他金融中介机构需要重新调整其商业模式，并迅速采取行动，因为一种新的数据驱动型金融科技公司，即所谓 fintechs，正在对海量数据市场敞开怀抱，向传统金融服务业提出挑战。我们很容易看出，银行业将受到货币衰落的严重影响，而这种影响背后的意义则更重大、更深远。金融资本的作用，至少在一定程度上，取决于它在经济中的信息功能。但是，随着货币的角色开始被数据取代，资本将不再像现在这样，代表强大的信任与信心。这也就瓦解了人们"资本即权力"的信念，而这一信念正是金融资本主义概念的基础。海量数据使我们有能力将市场与金融资本分开，在进一步发展市场的同时，降低资本的作用。我们很快就将见证银行与金融业的重组，以及随之而来的货币作用的进一步衰落。我们的经济即将从金融资本主义转向数据资本主义。

比起以货币为基础的传统市场，数据驱动市场所拥有的优势是明显的，其到来也是迟早的事情。但数据驱动市场也并非没有缺点，最关键的问题就是它过于依赖数据和机器学习，而且数据和算法也不够多元化。这就是为什么海量数据市场特别容易受到集中控制的困扰，还有系统失灵的影响。这种结构性弱点（后面我们会做出进一步解释），使海量数据市场有可能变成操纵别人的工具，被一些冷血公司和激进政府利用。这不仅会削弱经济，还会破坏民主。为了填补这一漏洞，我们提出了一项全新的监管措施——累进式数据共享授权。这样一来，我们不仅可以获得全面且多样的反馈数据，而且在决策辅助中也可以保留选择权和多样性。这一措施不仅可以完成数据时代的反垄断任务，而且可以防范那些可能危害社会的更重大、更凶险的问题。

公司一直以来都在有效地组织人类活动方面起着主导作用，但是在新兴市场上，交易过程中的绝大部分环节都将实现自动化。伴随着新兴市场的崛起和公司的衰落，全世界的劳动力市场基础将被连根拔起。各国家都将不得不面对经济的巨大转变，并做出反应，因为这种转变将危及数以百万计的就业岗位，在多数国家形成越来越严重的普遍担忧。它所酝酿的民粹主义政治运动正在抬头。不幸的是，正如我们将要详细说明的那样，面对这样的问题，我们所掌握的许多传统的政策措施都将失效。

从金融资本主义向数据资本主义的转变，将会使我们对许多长期持有的主张产生疑问。其中一个主张就是，要把工作设计为一揽子捆绑式的标准化职责与福利。对于正在寻找合适人才的企业来说，打破这种捆绑将会是一个具有挑战性，却非常必要的策略。而对于那些担心大规模失业的社会集团来说，要让员工重返工作岗位，重新找到工作的意义和目标，也必须打破这种捆绑。劳动力市场即将发生的变化，其核心就是数据。全面、海量的数据流动将会推动市场复苏，导致企业和货币的衰落，并使劳动力市场激变。与此同时，海量数据也使我们具备了对劳动力市场进行升级的能力，市场可以更轻松、更频繁地为我们推出更多令人满意的个性化工作（尽管，正如我们所解释的那样，一些创新的政策措施支持还是必不可少的）。

超越传统市场的全新市场

基于货币的市场刚刚出现时，就有批评人士指出，"选择"这个基本的市场概念，与限制人们选择能力的实际认知局限性之间，存在着巨大的差距。几个世纪以来，彼此敌对的两个观点一直在厮杀：一方主张在做市场决策时，应该由一个中央权力机构来代替认知有限的人类个体；另一方则一直在努力为传统市场，以及分散决策和信息流动等相关概念进行辩护，认为哪怕是蹩脚的个人选择，也总好过没有选择。这些争论往往是直来直去、非黑即白的。

但是在过去几十年里，全世界范围内却出现了一种双方休战的状态。人们普遍接受了这样一种观点：基于货币的市场是可以发挥自身作用的，虽然它必须是在适当的规则下发挥作用（但是对什么是"适当的"，大家并未达成一致意见）。其中的妥协就是，尽管我们无法跨越可能导致错误决策的认知局限，但是我们可以运用规则和程序来降低其最负面的影响。应该说这样做是务实的，因为我们不得不面对货币市场的缺陷，而且也找不到更诱人、更可行的替代方案。不过我们必须承认，这也是对失败的接受，真正改善市场内部运转的努力化为永久的虚幻。尽管市场自身劣迹斑斑，但其他选择更糟糕。就这样，我们学会了与市场的相处之道。

随着海量数据与最新技术突破的出现，现在我们已经可以超越基于货币的市场，转而走向海量数据市场。这将使我们突破自己在信息和决策方面的一些关键局限，实现一直以来的夙愿。这是一个雄心勃勃的愿景。我们的努力不是为了更好地弥补传统市场的缺陷，而是为了创建一个彻底摒弃传统市场缺陷的全新市场。将来，海量数据市场给我们提供的将是不受认知局限限制的个人选择。

当然，克服人类所有的认识偏颇和决策缺陷是不可能的。（我们也无法做到不让那些精明的营销人员去利用这一点。）在海量数据市场上，即使人类选择让聪明的机器学习系统替我们做出选择，这个选择也仍将是人类的选择。当我们赋予自己选择的权利时，我们就会保留人类的错误。所以，即使是海量数据市场也并不完美。但是从实用角度来讲，海量数据市场要远远优于我们今天的市场。我们可能仍然会犯错，但是犯错误的频率肯定要低得多。海量数据市场将重新调整市场在协调人类活动中的作用，并对我们如何生活和工作产生巨大影响。海量数据市场也必将改变市场和货币的作用，让竞争力、就业，直至金融资本主义本身这些人们耳熟能详的概念失去光彩。

追求个人的实现

人类仍将是最终决策的制定者。这个保留角色可能会让一些人感到烦恼，他们希望能有一个更理性的中央决策机构来完成这项任务。

但是我们相信，人类的这个基本角色被保留下来，不是为了让大家心烦，而是因为这一角色由人类来承担是海量数据市场的一个最基本的特征。我们在追求效率、可持续性、理性等至关重要的价值时（因为我们确实需要改进我们的决策！），必须永远记住，我们需要保留，甚至拥抱那些让我们之所以成为人类的东西。海量数据市场的最终目标不是追求总体的完美，而是追求个人的实现。这就意味着，我们要为个性、为多样性、为偶尔的疯狂而欢呼，因为这才是典型的人性。

n"]]},"countries":["IN","NP"],"mixins":[]},{"name":"
age2018a","start":1535005260,"end":1532

第 2 章

人类交流与合作

"countries":["IN","NP"],"mixins":[]},{"name":"WMBE WikiLovesHer
"start":1535005260,"end":1538288460,"preferred":1,"thr

这是有史以来最壮观的人体金字塔：一座人体塔，或曰叠罗汉（castell），有 10 层高，从底层向上达 50 英尺^① 或更高，由数百人组成。西班牙加泰罗尼亚地区的其他人体金字塔俱乐部尝试过这一壮举，但迄今为止它们都没有成功。2015 年 11 月 22 日，西班牙特拉萨城的 Minyons 俱乐部成员也开始了一次这样的挑战。在大群观众面前，当鼓手和风笛手奏起《星球大战》的主题曲时，俱乐部成员开始在空中建造人体塔。建造好底层，他们又搭建出汇集了 96 人的第二层，这将会增强这座巨塔的结实度。在此之上，由 40 人组成的第三层也搭建起来。第四层以上，人塔的结构越来越细，它可能会立起来，也可能会倒下去。

　　第四层的 4 个 Minyons 俱乐部成员找到了自己的立足点。当第五层的人抓紧了旁边人的肩膀时，乐队开始演奏一首加泰罗尼亚的传统小调。这并不是在提早庆祝，其余的攀登者还需要依靠这首歌的节

---

①　1 英尺 =0.304 8 米。——编者注

奏，来完成他们精心设计的快速攀爬的任务。人群在不合时令的凛冽寒风中咧着嘴，注视着每一个新的四人组入位。

期盼的时刻终于来临，孩子们开始在高高的空中为这座人体塔加冕。在攀登者以相反的顺序小心地下塔之前，那位被分配到最高层的登顶者，还要向观众挥手示意，表示她已经到达顶峰。此时此刻，紧张的空气凝固了。是的，这座塔可能会坍塌，这次尝试也将会失败，但还有可能发生更危险的事情：九年前，曾经有一个女孩从一座九层人体塔上坠落身亡。

不能只依靠幸运。早在八个月前，Minyons俱乐部成员就开始训练了。每周两次的训练，或者培养队员的力量和勇气，或者学习最有效的方法——在晃动的肩膀上站稳，或者探索各种不同的人体塔结构，以找到持续时间最长的模式。他们解决了如何打好腰带的问题，这样，每个成员在攀爬的时候就可以紧紧地抓住腰带，然后踩在上面，就像抓住或踩上普通梯子的横档儿一样。见证了团队这几个月的努力后，团队负责人得出结论：他们已经准备好尝试"四人十层塔"。他与一名副手合作，确定了基座和底层的人员配置，以确保塔的四侧都能获得均衡的力量支撑。而且人体塔在解散时也不会发生坍塌，这才能算作真正"完成"任务。这个目标意味着，底层的人必须坚持4分钟，与此同时，压在他们身体上的重量还在不断变化。Minyons的成员最终完成了建塔任务：他们建造了自己的人体塔，同时创造了一项全新的世界纪录。通过勤奋努力和团结合作，他们似乎已达到"与天公比高"的境界。

对于加泰罗尼亚人来说，叠罗汉这一传统可以追溯到300年前。在很受欢迎的民族风舞会结束时，人们就会用叠罗汉的方式搭出一个小小的人体金字塔。我们还不清楚这个传统是如何演变成成百上千的人一起完成的叠罗汉的，这已经超越了人类冲击任何目标时的一般心态——一个目标接一个目标，直至星空触手可及。没有人靠叠罗汉挣钱，这项运动与金钱无关，但是这个危险的运动有几个令人骄傲的地方。

叠罗汉比赛每两年举行一次。"赢家"并不总是建造最高塔的团队：结构的复杂性才是最关键的指标，因为它反映了建塔的人的合作程度。比起一个十层高、每层三四个人的人体塔，一个11层高、每层只有一人的人体塔，搭建起来要容易得多，需要的人也少得多。参与的人越多，场面就越令人惊叹。因为这需要更多从底部到顶部的协调，"fer pinya"这个表达，即加泰罗尼亚语里的"建构底座"，现在已经有了一个更广泛的意义，即"协同合作"。

加泰罗尼亚地区的叠罗汉运动是体现人类合作的一个典型例子。搭建人体塔需要做很多准备，比如花费大量的时间和精力去观察什么是可行的，以及设想什么是可能达成的。最重要的是，它需要完美的沟通。俱乐部的负责人会从地面向上发出指令，但这并不是在人体塔立起来的过程中，从上至下所需要了解的唯一信息。在建塔过程中，攀登者必须不断地彼此交流他们的站立情况，让身边的人知道他们是否开始在重压下挣扎或失去平衡。信息通过手势或话语传播——肩膀的一次耸动和脚下的一次颤抖，都是非常重要的线索。它们要么代表着成功的可能，要么代表着失败的来临。团队成员必须灵活地应对这些信息，因为哪怕只有一个人动作过大，其他人也会无法协调身体，最终引起人体塔坍塌。随时随地进行调整，是让人体塔保持结构完整所必需的。这样的调整至少可以保证，让坠落的攀爬者能够安全地落入大家构建底座平台的手臂中。一种微妙的互谅互让是实现这一目标的关键，一代又一代的叠罗汉者也正是这样做的。

　　人类第一次驯服了火的时刻，发明了车轮的时刻，研制出蒸汽机的时刻，无疑都是非常重要的时刻。但与人类相互合作的能力相比，这些发明创造就都显得苍白无力了。没有合作，火焰就只能给一个人提供温暖，车轮也只能运输一个人，蒸汽机也不会有轨道，更不会有制造它的工厂出现。如果这世上存在一个唯一可以贯穿人类历史的关键脉络，那么它一定是重要的人类合作——不管我们的目标是搭建一座人体金字塔，还是建设一个国家。密切合作在人类进化过程中起着革命性作用。事实上，人类的存在本身就依赖于相互合作。尽管早期的原始人类已开始学习直立行走，但他们仍然很容易成为潜伏在非洲大草原上的大型食肉者的猎物。只有当他们聚集在一起，大声发出警报，使用工具，按照自身利益重塑世界时，他们的生活条件才得以改善。合作使我们的祖先凝聚了力量，因此也让他们活得更长久，日子更兴旺，世代相传。家族纽带的形成及其紧密联系，让人类有机会保护自己的新生儿，并在孩子出生后的几年时间里，能够培养孩子非凡的认知能力与技能。

　　随着大规模合作能力的不断增强，人类能够取得的成就也越来越大。合作使人类有能力设计并建造出令人惊叹的名胜古迹：从吉萨金字塔群、位于奇琴伊察的玛雅神庙、绵延不断的吴哥窟，到圣彼得大教堂和泰姬陵。人们一起劳动、共同敬拜、互相奉献、彼此关爱。这些建筑的复杂性及其庞大规模，足以显示出人类在凝聚力量方面的能力有多么惊人。从其他一些看起来用途更普通的工程中，我们还可以看出人们的合作对象。长城把中原农耕民族与试图侵入的蒙古游牧民族分隔开来，中国在冶金和农业方面的先进技术也因此在几个世纪里都没有外传。1869 年苏伊士运河开通后，欧洲到亚洲的航程缩短了 30%，全球化的闸门从此被打开。

沟通方式影响人类合作

展示人类合作能力的历史遗迹并不局限于大型的实体建筑。亚历山大图书馆和它收藏的成千上万本图书，也是人类协同合作的证明，因为它汇集了古代世界的各种知识——据说，当时来访的商人会被要求交出他们手中的原版书，用来交换原版书的是一本新的誊抄本。那套具有革命意义的 18 世纪出版的百科全书，是法国上百个最伟大的知识分子共同努力的成果。他们摆脱了当时的独裁权威（耶稣会）的束缚，收集了他们认为的开明公民所需要知道的一切，并将其分成 71 818 个条目。实际上，维基百科恰恰体现了人类合作历史的最新进展。这一项目高效地协调了千百万名贡献者，用近 300 种语言创建了超过 4 000 万个条目，为读者提供了我们对整个世界的理解和认知。

即使是科学上的那些巅峰成就（我们常将其归功于某位科学家），往往也是合作的产物。卡尔·冯·林奈发明了第一个关于地球生命形式的分类系统，并因此声名远播。但是，林奈祖国的生物多样性毕竟是有限的，在收集那些远离瑞典本土的样本时，他所依赖的是一个由赞助人、同事和学生组成的庞大的人际网络。没有这些人帮助林奈创建这个巨型目录，林奈就不可能提出他的论点，即每个物种都有其独一无二的特征，在大自然中都有其应该"归位"的地方。这些观念直接促进了进化论的诞生。登月计划需要的不仅是一个尼尔·奥尔登·阿姆斯特朗踏上月球、扬起一片粉尘，或者美国国家航空航天局任务控制中心的工作人员指挥阿波罗飞船的发射工作，而且需要遍布数十个实验室的超过 30 万名数学家、物理学家、生物学家、化学家、工程师和机械师。从研制食谱以维持零重力状态下的人体所需，到建立登月舱、任务控制中心及与白宫之间的通信联系，再到制造降落伞，将宇航员安全送回"蓝色大理石"地球，所有人都在扮演着属于自己的小角色。同样，大型强子对撞机的建设，也涉及来自 100 多个国家的上万名科学家，在他们的通力合作下，大型强子对撞机于 2012 年发现了希格斯玻色子，从而帮助巩固了粒子物理的标准模型。人类不是通过一个孤独的天才的个人努力来揭开关于宇宙及我们自身存在的奥秘的，而是通过许多其他个体的通力合作来实现这一愿望的。正如林奈的一个学生所说的："掌握整个链条的人，会对每一个链环心怀感激。"

从由家人和亲属这样的社会网络形成的责任与义务关系，到军队的集中指挥和控制，再到百科全书项目和科学实验中的集体通力协作，人类合作的方式正如人类种群一样具有多样性。"从专制到民主，合作无处不在。"耶鲁大学经济学家查尔斯·林德布卢姆曾经这样写道："我设想的一个协调良好或者有组织的社会，应该会有一个统治精英——具有柏拉图式哲学家思想的国王或贵族。而你设想的则可能是一个追求平等的组织机构。"

人类的合作有赖于我们的沟通能力。学会了复杂的语言，我们就可以表达细微的差别，就可以在实现自己的目标时谋求他人的帮助。我们通过对话、通信以及合同进行谈判，并建立伙伴关系。书面文字的出现，使我们获得了一个可以穿越空间和时间传递信息的工具，一种可以跨越距离、向未来表达自己的方法。

信息流动的改善，通常是人类合作能力发生改变的基础。亚述人楔形文字的出现，使人类的祖先通过记录农作物的收获和交易走到一起。航船从遥远的地方返回时，不仅会带回贵重的物品，而且会带回军队和商人的信息。电报、电话和其他通信技术（包括互联网）的发明，使人类的沟通更加高效，从而大大提高了人类的合作能力。社会机构可以帮助人类通过精准的沟通来进行合作：以法庭为例，通过提供如何解决具体冲突的案例，法庭裁决降低了人们未来发生分歧的可能性。所有这些不同的交流方式，都在以它们独特的形式影响着我们的合作能力。某些交流工具更适合某种特殊的合作方式。例如，一张便条要送到收件人的手里，既需要时间，又需要双方都有识字能力，并且使用同一种语言，但是书面文字可以做到非常精准、详细。在工厂里，车间主任在对工人发出命令时，可以直接大声喊出来，这样就能够迅速地与其他人分享信息，但是这类口头信息所能获得的反馈非常有限。手机也是这样的，人们很容易通过电话联系到某人（如果空间有网络覆盖），通话沟通比书面交流更灵活、更便捷，但是用这种方式协调一个群体难度会更大。沟通方式改变会对人类合作产生重大影响。

更高效的合作

衡量合作是否成功，或者为合作付出的努力是否达到目的，最显而易见的方法就是看效率。我们在战斗中获胜了吗？我们登上峰顶了吗？关于天文学的已知信息都登记在册了吗？在汪洋大海上航行的目标实现了吗？我们把人送上月球了吗？效率只关注目的，而与手段无关：只论结果，不计成本。

古埃及的法老并不担心建造金字塔的成本，秦始皇在率领军队征服越国和匈奴部落、扩大中国领土、修建第一道长城来保卫国家时，对成本的事情也不太在意。这些统治者，以及那些追随他们脚步的人，更关心的是如何实现他们的愿景，而不是为此付出的代价。同样地，一个社群决定要在一块土地上种植哪种庄稼时，可能不会在意种庄稼会浪费多少水资源。军队总是想要赢得战争，即使以牺牲大量士兵的生命为代价。科学家认为，建造大型强子对撞机的成本高达100亿美元并不重要，因为它带来的知识是无法用金钱衡量的——它将引领我们获得无数的新发现（不过政策制定者还是会担心成本问题的）。

当然，我们的资源不是无限的，这是事实。只有天堂才会有取之不尽的奶与蜜。在人类历史的各个时期，资源都是稀缺的，人类利用资源的手段也是有限的。因此，对于我们大多数人来说，在大多数情况下，仅仅为了达到一个目的而不惜一切代价是远远不够的。我们需要以更高效的手段来实现目标，以避免宝贵资源被无端浪费。经济学这个词本身，恰恰源自希腊语 oikonomia，本义是房屋的规则，它指的是一种古老的做法，即自给自足、例行节约地安排管理某处房产。到21世纪初，我们的世界已经有超过75亿人需要吃饭、穿衣、受教育、工作，而且在很多重要资源上我们都面临缺口——不仅是自然资源，还有金钱和时间。我们比以往任何时候都更需要通过改进沟通方式，来实现更高效的合作。

互为对手的两种机制

在帮助我们进行大规模合作方面，有两种机制是至关重要的。这两种令人惊叹的社会创新不仅可以使人类更轻松地一起工作，而且能确保人类更高效地一起工作。有了这两种机制，我们就有能力应对全球人口的快速增加，以及人类预期寿命的惊人延长：仅仅在过去的 500 年里，地球上的人口就增长了近 19 倍，人类的预期寿命也几乎增长了两倍。要容纳这么多人，满足他们的需求和愿望，他们的希望和梦想，就需要特别有效和极其高效的合作机制。这两项机制创新代表了人类在合作方面的巨大进步，我们在很多场所和世界上的大多数国家中都已充分接受了它们。大家对这两种机制都非常熟悉，所以常常把它们当作理所当然的事情。然而，对于我们已经取得的成就来说，它们是如此重要。这两种机制就是：市场和公司。

虽然市场和公司想要达成的目标是一致的——帮助人类实现高效合作，但是两者的做法截然不同。其中一个根本区别，就是信息流动与决策达成的不同方式。市场的合作是分散的，每个个体自己收集信息，提供信息，并根据自己的利益诉求做出决策。在一个竞争激烈、运转良好的市场中，是不会出现一个领导者来决定买什么、卖什么，或者是在什么情况下买卖的，也不会出现一个中央权威机构来告诉人们该做什么，或者什么时候去做。由于合作在市场上是分散的，所以市场总是灵活的、动态的，其他更多的人很容易参与进来。人们可以随意加入或离开市场。人口增长，市场也随之增长。随着人们旅行和交流的范围越来越广，市场开始涵盖外来人口和新增人口。正如查尔斯·林德布卢姆所观察到的，有了市场，人类合作就不再只是建立在家庭层面或村落层面，而是可以建立在巨型城市或巨型社会层面，人们不再需要仅仅依靠少数人来预测（或试图预测）大家的需要和需求。换句话说，市场的规模之大令人咋舌。

市场合作通过交易进行。买家和卖家彼此发现匹配的选择后，就交易条款达成一致，进而完成合作。全球每天产生无数次市场交易，我们每个人每周都要参与其中的交易多达几十次，从早上买一杯外带咖啡，到去购物中心买一件新衣服，再到约女朋友出去吃顿饭，不一而足。全世界每年都会进行价值超过 100 万亿美元的交易，自 16 世纪以来，这个数字已经增长了几乎 2 000 倍。其中的每一笔交易，都可以归结为买卖双方的相互沟通。这是一个惊人的成绩，而创造这一奇迹的只是一个简单的社会创新。大约 250 年前，伟大的苏格兰哲学家亚当·斯密创造了"看不见的手"这个术语，以捕捉市场运作的精髓。但是这个过于简单的隐喻掩盖了一个复杂而惊人的人类成就，正是这一成就改变了人类合作的条件。这项成就与后面这个问题息息相关：人们的目标需要多么一致，才能建立合作关系？

在多数情况下，当一个群体为了一个共同的目标而努力时，每一个成员都应该把这个目标当作自己的目标。一部分人需要劝导、勉励、说服、激励其他人，让他们把个人的优先选择和偏好放在一边，哪怕只是暂时搁置。当人们能够做到这一点时，他们就可以进行有效的合作了。但是，让所有人长期保持意见一致是很难做到的，所以很多时候，人们往往做不到同心协力。还有一些人根本就不会去说服别人，他们的做法是强迫别人合作，而不是让别人做出选择。这样的做法即使成功了，也是不道德的，而且这种成功也不会持久。对这一点，许多强权统治者是最明白的。

市场则完全不同。参与者进行交易时不需要目标一致，也没有人强迫他们做到这一点。恰恰相反，参与者可以只接受对他们个人有利的交易，以进一步增加自身利益。这样做不但是市场所允许的，而且甚至可以说是市场所鼓励的。这一过程可以说是为人类合作这部机器抹上了润滑油，让每一个参与者都能受益。

市场并不是唯一可以让人类合作的社会机制。与市场共同成为促进人类合作焦点的还有公司。尽管我们通常认为公司是市场体系的一部分，可实际上，在高效地协调人类活动方面，市场和公司采取的方法是互补的、对立的。从人类合作能力的角度讲，市场和公司在本质上是一对竞争对手。

公司在帮助人类合作方面，也获得了与市场同样的成功。世界各地大约有1亿~2亿家公司，而多数国家都有超过2/3的劳动力受雇于这些公司。在过去的几十年里，很多国家在私营公司工作的人口比例都在不断上升，尤其是在像中国这样的高速增长国家中，私营企业的就业人数激增。在经济合作与发展组织（OECD）中，发达国家几乎每5个人中就有4个人在公司工作。这些公司有的可能很小，只雇用几个员工；有的可能很大，像美国折扣零售商沃尔玛那样拥有200多万名员工；有的则介于两者之间。

然而，与市场不同的是，公司是一个集权合作的例子，其交流模式也是以集中为特点的。大家一起加入公司，将个人的努力和资源汇聚到一起。但是，公司成员的活动是由一个公认的集中权威来组织和指导的。公司会有一个相对稳定的成员群体，参与者在一段时期内都是公司的内部职员。外人进入，必须经过严格审查；新人加入，则需要公司给予全面指导。有相关工作经验的员工负责为公司的特定目标做出重要决策——通常情况下，尽管并不总是如此，他们的决定要做到对公司的所有者和股东负责，并使公司的利润最大化。占据公司领导岗位的人，要么具备与公司的竞争优势相关的专长，要么擅长激励员工和说服客户。公司的每一个成员都有明确的职责，员工能够进入公司，是因为他们拥有的技能符合公司的既定战略。由于分工不同，大多数公司都是按照不同层级进行集中决策的。

在分层管理、命令与控制方面，亨利·福特的贡献使其享誉世界。1908 年 10 月 1 日，当 T 型车的第一台原型车驶离工厂时，汽车市场才刚刚出现。福特的成功与其说源于汽车设计，不如说源于他对制造过程的控制。在生产过程中，福特不是让工人在一辆辆汽车之间来回走动，而是让工人原地不动，让移动的流水线将生产中的汽车送到他们面前。这一创举，再加上许多其他创新，将福特生产一辆汽车的时间缩减了一半以上。为了解决车漆晾干耗时过长的问题，福特使用了自己研制的黑色亮漆专有配方。这种亮漆 48 小时就可以晾干，比他所测试的其他配方或颜色晾干要快得多。1909 年福特公司上市时，其生产方式已大幅降低了公司汽车的价格，一辆汽车的价格已低至人们经济能力可以负担的 825 美元。到 20 世纪 20 年代中期，福特公司的 T 型车售价已不到 300 美元。

福特公司的各项规定都很严格，除了对工厂的规定，公司还有对工人家庭的规定。在员工的高离职率威胁到公司效率时，福特提高了工人工资，实施了"日薪 5 美元"薪金制。但是，享受这个薪酬的员工，必须是那些符合福特"社会部"用人标准的人。社会部不仅要收集有关员工的性格等细节信息，而且会监督他们的饮酒、消费等习惯，甚至还会关注员工家庭的整洁度。福特不想与任何人分享决策权。当公司的股东要求加大分红比例时，他就借钱来支付股息，同时还借钱回购了公司股份，将公司的控制权牢牢掌握在他一人手中。在1920年公司销售额暴跌时，福特将公司的制造部门关闭了近6周，同时取消了任何他认为属于浪费的东西，其中包括60%的公司电话分机。在他看来，"任何公司都只有很少一部分人需要使用电话"。毕竟，重要的信息都应该是向上流动的，都应流向身处公司总部办公室的他本人，而不是四处扩散。到第二年，公司的销售额翻了一番，而车价却下降了。公司重回正轨。

一场由市场组织的变革

许多公司，不仅仅是汽车行业的公司，都遵循福特公司的模式，它们将劳动分工与集中决策相结合，对生产过程进行严格控制和垂直管理。一些资本主义的批评者认为，公司将会扩大规模，进行合并，形成垄断或寡头垄断，并最终控制经济，推翻现有的市场。尽管我们在许多产业上——19世纪90年代的铁路运输业和钢铁业，到20世纪后半叶的巨型集团公司（有时被称为龙头企业），再到21世纪的亚马逊、谷歌、脸书网和百度等互联网巨头——都看到了高度集中的现象，但是到目前为止，公司还没有取代市场。在效率问题上，公司和市场仍然在为谁占主导地位而相互竞争。制造业等曾经由公司主导的行业，目前正在发生一场由市场组织的变革。

例如，20世纪90年代，中国的一些国有企业与日本的四大制造商（本田、川崎、铃木和雅马哈）合作，为不断增长的中国国内市场生产摩托车。31家中国公司从日本开发商那里获得了摩托车设计的授权，然后它们像福特公司那样，在生产的每一个环节都制定出严格的规范和要求。不过，尽管这些摩托车比日本制造的同类车型价格便宜很多，但其价格还是在 700 美元左右，远远超出了大多数中国人的购车预算。按照研究人员约翰·希利·布朗和约翰·哈格尔的说法，在政府向小企业开放摩托车行业后，重庆的几家公司开始打破授权规则，它们试图创建更便宜的生产流程，让摩托车最终成为大众消费得起的产品。这些公司并没有去寻找减少自己工厂费用的方法，而是决定购买和组装由其他公司制造的零部件。它们直接奔向了市场。

这些组装企业的员工首先将最流行的摩托车模型的设计，分解为四个基本模块，每个模块由数百个部件组成。然后，他们将这些模块的草图分发给所有潜在的零部件供应商，并标明了几乎所有细节。潜在的供应商必须确保他们生产的零部件在重量和尺寸上符合基本标准，并且可以与模块中的其他零部件无缝衔接。此外，供应商可以在设计上做出任何组装企业想要的改进，特别是在降低成本方面——不论是降低供应商自己的成本，还是降低组装企业或者消费者的成本。组装企业并不是发号施令者，在摩托车生产过程中，有许多决策者——他们彼此的关系完全平等。这大概就是这些组装企业与其他行业的公司最不一样的地方。

许多组装企业明确表示，它们不会与任何一家供应商签订独家合同，那样做就会太过约束自己。它们希望能够自由地从多个供应商处购买相同或类似的组件，能够根据供给条件和需求变化进行调整和转换，并对消费者偏好变化的新信息做出反应。重庆市每天生产数以百万计的可互换摩托车配件，甚至规模很小的夫妻店也可以参与摩托车装配流程，这就大大增加了市场参与者的数量。

这种基于市场的模块化生产流程，使摩托车的价格一下子降到200 美元以下。2005 年，中国制造商生产的摩托车数量已占到全球摩托车产量的一半。在几个新兴市场，它们所占的摩托车市场份额已超过了日本的几大品牌。本田在越南市场的销售份额在短短 5 年内从90% 下降到 30%。中国人不仅拆解了日本最先进的摩托车的基本构造，而且解构了摩托车生产的基本组织结构。他们没有选择公司式的集中控制和垂直管理，他们的成功靠的是积极利用各类市场参与者，高效地生产出人们可以买得起的摩托车。

公司机制的优势走向尾声

我们究竟是选择分散管理、分权模式，还是选择集中管理、分层模式？这是我们想要实现高效协作时必须面对的选择。我们选择市场还是选择公司？两者都有其独特的品质，彼此截然不同。市场和公司虽然有时互补，但是它们是两种迥异的社会创新，两种帮助人类实现合作的强大机制，两种彼此激烈竞争的伟大战略。

市场与公司之间的最大不同，主要体现在以下几方面：信息流动的方式、信息转化为决策的方式，以及决策的制定者。这些不同点充分反映在市场与公司的组织结构上：市场的信息流动是从每一个人到任何人的，通过分权模式，由所有市场参与者做出决策；而公司的信息流动模式，则是将信息全部汇总到某中心，通过分层模式，由领导者做出关键决策。当然，并不是所有的汽车制造公司都像福特公司那样运转，也不是所有的市场都与重庆的摩托车零部件市场相同。在不同的背景下，公司和市场各自形成了多种运转良好的组织结构。

更重要的是，在不同的时期，市场与公司的竞争优势各不相同。自 19 世纪初期以来，在新方法和新工具的推动下，公司在信息流动和决策过程等方面的特殊模式，为其赢得了得天独厚的优势，公司的重要性急剧上升。

我们认为，公司的这种优势并非永久性的，并且已经开始走向尾声。数据时代引入了一种前所未有的反作用力，它将推动市场向前发展，为市场与公司之间由来已久的竞争谱写出新篇章，并最终为社会提供一种更加行之有效的合作方式。想要理解这一切将如何实现，我们需要首先了解传统市场的信息流动与决策过程。

n"]}],"countries":["IN","NP"],"mixins":[]{...
age2018a","start":1535005260,"end":1538288...

第 3 章

市场与货币

["IN","NP"],"mixins":[]},{"name":"WMBE WikiLovesHer
"start":1535005260,"end":1538288460,"preferred":1,"thr

在捕鱼季节，清晨，在印度马拉巴尔海岸的喀拉拉邦，数百艘渔船正从村镇驶出。渔船上载着的主要是沙丁鱼和鲭鱼，它们是当地餐桌上的主要食材。在被捕获后，这些鱼必须尽快被卖掉、吃掉。因此，在沿海的村庄里，许多市场应运而生。数百年来，喀拉拉邦的渔民在售鱼时始终都需要面对两个基本选择。赶上一个特别顺利的日子，一个渔民捕到很多鱼，可是他不清楚在这个区域捕鱼的其他渔民是否也和他一样幸运。不过他知道，这种可能性是存在的。这就迫使他要做一个冒险的决定：驾驶渔船到最近的市场去，这样他花费的时间和精力都是最少的。但是到了那里，他可能会发现自己将要与许多渔民竞争，他所能获得的一天的工作回报将是很少的。甚至有这样的可能性，当这个渔民停船靠岸时，当地的需求就已经被完全满足了。如果是这样，那么他将一无所获。

或者，这个渔民也可以选择赌一把，花费更多的时间和燃料，将渔船沿海岸线行驶到更远的地方靠岸。然而，如果其他渔民也做了同样的打算，那么这就不能保证远处的市场会比近处的更好。这个渔民

第3章 市场与货币

一旦自己选定了市场，基本上就不能再改变地点了。如果他沿着海岸线来来回回地寻找买主，那么鱼很可能会在这段时间内变质。因此，如果这个渔民不能在他靠岸的市场上卖掉捕到的鱼，那么他通常会把鱼扔掉。

然而，常见的情况是，附近不远的地方就有一些买主，有时甚至就在不到10英里①远的地方。因为买不到鱼，他们做好了多花些钱买鱼的心理准备。而那些渔民却并不知道这些买主的存在。同时，岸上的买主也不知道还会有多少渔民上岸，他们唯一的选择就是相信已经上市出售的产品。这样一来，鱼的价格波动就会特别厉害，在当地的每一个市场上，鱼的价格都会大幅波动。这说明类似的市场，总体来说，效率是非常低下的。②

1997年，移动通信基站已经被建到了很多沿海城镇，并且网络覆盖到岸边的沙丁鱼与鲭鱼渔场。很快，就像宾夕法尼亚大学沃顿商学院教授罗伯特·詹森详细描述过的那样，渔民们在海上捕鱼的时候就与买主进行了交易。随着鱼类的供应和需求信息在市场上的传播面越来越广，市场价格的波动大幅降低。由于有了交流更顺畅的信息流，市场的效率得到大幅提升。

喀拉拉邦的渔民使用移动电话的故事，一直被很多人当作数字技术赋予人类力量的案例，他们认为，这个故事很好地证明了信息对市场成功运转的重要性。然而，对于我们来说，尽管这些描述是正确

---

① 1英里≈1.609千米。——编者注
② 早在1994年，经济学家W. B. 阿瑟提出了著名的"El Farol's Bar问题"（爱尔法鲁酒吧问题），他发现酒吧消费者少的时候，消费者体验很好，而酒吧人多的时候，体验很差。消费者都希望成为少数派，在人少的时候光临酒吧。这种预期所导致的决策，会带来酒吧消费者人数的大幅波动。阿瑟的工作可以被看作喀拉拉邦渔民问题的一个理论缩影。具体研究请参考文献 W. B. Arthur, Inductive reasoning and bounded rationality, Am. Econ. Rev. 84（1994）406。——译者注

的，但是它们忽略了一个关键问题：并非所有的数字技术都能赋予市场参与者力量，而且更多信息流也不一定能改善市场。一项特定的技术是否能够通过增加信息流来促进市场发展，取决于该技术的特定品质，及其与市场信息结构的相符程度。

对于喀拉拉邦的渔民来说，手机是一种异常强大的沟通工具，可以让他们与潜在的买主进行一对一交谈，并因此促成更多更好的交易，大大改善市场的运作效率。如果我们为渔民提供的是一个向岸上的市场宣传打鱼情况的巨大扩音器，其作用就会大为逊色。因为这样的信息传播是单向的。而且，如果每个渔民手里都拿着扩音器，那么他们几乎无法与任何买主进行沟通。有了手机，关于产品与价格的信息（也就是传统市场所需要的关键信息）就可以迅速交换，买卖双方实现高效、及时沟通。如此，手机的功能与市场所需的信息流动方式就实现了完美契合。市场所需的信息流动，就是那种简单、快速、双向、跨越距离的流动。在本章中，我们将研究如下几方面内容：市场结构如何与信息相连；这些信息如何流动；信息如何转化为交易决策；货币的信息作用如何在一定程度上成为传统市场成功的关键。

信息可以创造市场，也可以破坏市场

市场的基本原则就是分散决策，信息的流动也是分散的。每个个体都会评估自己所获得的信息，并据此做出有利于自己的决定。信息从每个个体流向所有人，也从所有人流向每个个体。

当然，没有谁能知道一切，市场也不需要无所不知的人。当参与者了解到新信息时，他们的选择优先级和个人偏好可能会受到影响，而这又进一步反映在他们的交易选择上，不论他们是选择进行交易还是选择放弃交易。举个例子，一个农产品市场上的某商贩如果总是出售坏苹果，那么下次买主想买苹果的时候，就会选择光顾其他摊位。在这个商贩的摊位前排队的人如果少了，这就说明一些买主做出了在别处购买苹果的决定。顾客不必在每个摊位上都品尝苹果，就能了解每个商贩的苹果质量——他们只需看看顾客排队的长度。这种评判标准并不完美，但是它可以帮助我们更好、更快地获得大致的初步判断。信息会为整个市场带来效率的提高，而且对于每个参与者而言也是如此。比起自己去调查市场上的每一个潜在交易伙伴，看排队长度的做法肯定略胜一筹。

在海量信息的帮助下，分散决策还有另一个重要的优势：它可以减轻错误决策的影响。如果是由一个中央权力机构为每个人做出决策，很多东西就要取决于当权者决策的正确性。而在市场上，一个糟糕的决定所带来的影响相对来说应该是范围更小的。即使一个人做出了错误选择，整个市场也不会因此崩塌，因为市场不存在那样一个可以触发失败的机关。这就使市场相当有弹性。市场规模越大，参与者越多样化，市场就越有弹性。一旦某个体发现自己做出的决策是错误的，在以后再做决策时，他很可能会将这一因素考虑进来。新的决策反过来又会向市场发出信号，而从这些富含信息的信号中学到经验教训的，绝不会仅仅是个人，整个市场都会跟着学习进步。虽然这样的学习方式并不是可控的、线性的、可预测的，但是这并不妨碍大家真正学到东西。

偶尔也会出现这样的情况：不是只有几个人，而是有很多人，犯了同一个错误。这样市场也会跟着遭殃。一连串的虚假信息会导致泡沫出现，甚至市场突然崩塌。但是在运行良好的市场中，相对于交易量来说，这种系统性的重大错误是非常罕见的。用经济学家和诺贝尔经济学奖获得者弗里德里希·奥古斯特·冯·哈耶克的话来说，"市场本质上是一种订购机制，它的发展过程没有人完全知晓。对与市场相关的重要情况我们几乎一无所知，我们能够积极利用的，就是那些分布极其广泛的分散信息。"

市场的效率与信息的流动之间存在重要联系，喀拉拉邦渔民的经历就是一个有力的例证。信息可以创造一个市场，也可以破坏一个市场——信息不仅需要传播到整个市场，而且需要以低成本方式传播。在追逐信息的过程中，我们每多付出一分努力，多花掉一分钱，都会使作为人类合作机制的市场变得更加昂贵。例如，假如喀拉拉邦渔民使用移动电话拨打一次电话的费用，超过了他们一天的捕鱼所获，抑或由于技术问题，渔民需要拨打几十次电话才能打通，那么当地的售鱼状况不会发生任何真正变化。每一笔额外的成本，都有可能成为一些市场参与者不去追逐某条信息的理由，其错误决策也会因此增多。

当然，只有在理想的市场上，每个参与者才能获得他们所需要的所有信息。而现实却更具挑战性。比如，为了使自己在谈判中处于更有利的地位，最终做成一笔更划算的买卖，有些市场参与者可能不会公开透露他们的个人偏好。对于个人而言，这听起来像是一条明智的策略，但这样做的人如果非常多，就会让共享信息变得非常困难，这反而会伤及所有人。此外，如果市场参与者需要假设其他人的信息并不透明，他们就必须将这一点纳入自己的决策考虑中。著名经济学家、诺贝尔经济学奖得主乔治·阿克洛夫深入研究的二手车市场就是一个信息不对称的典型案例。因为在不拆卸汽车的前提下，很难检查汽车每个部件的情况，如果没有额外的信息，购买者就无法确定他们正在考虑购买的汽车是"桃子"还是"柠檬"①。二手车市场上的每辆车都有可能是柠檬，所以买家不太愿意按照桃子的价格付费。但是，如果有一个卖家，手里确实有一辆性能非常好的汽车，那么他必须承受市场信息效率低下的后果。大多数情况下，这样的卖家要么选择不卖车，要么按他们不满意的价格出售。最终的结果是，市场上出售的桃子越来越少，这也就减少了市场上买家的选择机会。② 这个"柠檬问题"，突显出市场因为缺少信息所导致的决策变化问题，这不仅会伤害个体参与者，而且会伤及整个市场。

信息多优于信息少

对于一个有效的市场到底需要多少信息，经济学家之间仍存在一些分歧。正如我们所看到的，信息过少，就会导致糟糕的决策。但是如果反过来，它也会带来一些问题：在一个市场上，如果每个人都知道其他人的每件事情，那些有新想法的参与者在盲目的模仿者和搭便车的人出现前，就可能很难因其新想法而获得足够的利益（所以保护知识产权的必要性是显而易见的）。如果所有的信息都会传达给每个人，那么处理如此海量的信息会非常困难，成本也会非常昂贵。不过，经济学圈中的压倒性意见依然是：在市场中，信息过多优于信息过少。

● ① "桃子"和"柠檬"分别指二手车市场上的"优品"和"次品"。——译者注
● ② 这是一个典型的劣币驱逐良币的过程，这样形成的市场就被经济学家形象地称为"柠檬市场"。——译者注

这就是为什么许多市场都会有信息共享的硬性规定。例如，在美国，出售汽车的人会被要求将车辆所涉及的任何重大事故都告知买主。在股票市场上市的公司，需要向股市监管机构提交季度财务报告。银行和投资基金公司也一样，必须遵守严格的报告要求。（然而，正如我们在次贷危机中所看到的那样，如果银行和公司把相关信息埋得够深，潜在的投资者就有可能注意不到。）许多国家的法律要求，在直接与消费者做生意时，卖方必须在最后达成交易前，向买方公开任何不寻常的合同条款。某些行业的公司，从制药公司和医疗保健公司到教育公司和航空公司，都需要向监管机构和公众提供附加信息。

即使没有人故意隐瞒信息，信息的自由流动也会遇到障碍。当一件艺术品真实价值的信息被遗失后，本不该发生的交易就可能发生——此艺术品在跳蚤市场以低价被出售，之后它被证明是一件珍贵的原作！在这样的案例中，其中一方遭受的只是经济损失。而当一些重要的，甚至是能拯救生命的信息，它们只被有限的人所掌握，不能很快地传播到那些急需它们的人时，这种信息流动的失败导致的则是更大的悲剧性后果。

想想维姬·梅森的案例吧。维姬是一位年轻的英国女士，她在1961年的秋天怀上了她的第一个孩子。为了缓解晨吐的孕期反应，她从一家德国制药公司，即格兰泰药厂，购买了一种新型镇静剂。这种药当时拥有很高的美誉度。服用这种药也是她的医生建议的，而且似乎没有风险，英国政府甚至允许一家名叫 Distillers 的饮料公司，在其分公司的柜台出售这一产品。在维姬开始服用这种叫作沙利度胺的新药时，一位德国医生已经开始积极地调查服用此药与新生儿四肢畸形的关系。因为他惊讶地发现，四肢畸形的新生儿人数越来越多了。到当年 11 月中旬，他向格兰泰药厂报告了自己的发现。当年年底，沙利度胺已经不再在德意志联邦共和国和英国出售。维姬的女儿路易丝出生于 1962 年 6 月，是英国最后一个活过了婴儿期的"沙利度胺婴儿"。维姬·梅森怀孕时没有办法知道，当她决定服用格兰泰药厂的药物时，她犯了一个多么可怕的错误——关于沙利度胺副作用的数据没有及时传递到她或是医生那里。尽管最重要的信息会传播到市场的每个角落，但时间非常关键，如果信息没有及时传递给那些面临决策的人，结果就可能导致严重的错误。

信息过多，也会压垮我们

几十年来，经济学家一直认为，交易是理性计算的产物。比如，比起苹果，一个人如果更喜欢吃香蕉，那么当香蕉和苹果的价格一样时，他就会选择买香蕉。决策被看作一个人逻辑推理的结果：个人有哪些偏好和需求？产品供给有哪些选择和限制？然而事实是，市场参与者做出的错误决策远比人们预料的要多。有时这种错误是由营销策略导致的：在买杂货时，我们往往会在购物车更大时购买更多的东西；[1]我们购买的奶酪比实际需要的多了一些，只因为一个样貌迷人的销售推销员让我们品尝了几口样品；许多人在等待结账的时候，会因为无聊而屈服于诱惑，购买一些糖果、口香糖和杂志。人类的非理性

●─○ [1] 这是一种被称作"锚定效应"普遍存在的心理偏差，它不仅在物理世界中存在，而且在互联网虚拟世界中也比比皆是。具体的分析可以参考文献 Z. Yang, Z. K. Zhang, T. Zhou, Anchoring bias in online voting, Europhysics Letters 100（2013）68002。——译者注

对交易决策的影响不可小觑。

即使我们不需要面对极具诱惑力的营销手段，将个人偏好与市场上的产品进行匹配的复杂任务也会压垮我们。假设与苹果相比，我们更喜欢香蕉，但同时我们更喜欢有机水果，而不是传统水果，更喜欢成熟的水果而不是青绿的水果，那么在青绿的传统香蕉和成熟的有机苹果之间，我们如何做出选择？我们必须很快做出这个相当棘手的决定。尽管对自己的偏好和选择了解更多是有益的，但实际上，由于我们需要从各种维度权衡、考量和比较这些信息（不仅仅是水果的类型，还有其成熟程度、种植形式和生长环境，也许还包括其糖分含量、营养价值和保质期），这样复杂的任务可能会超出我们的判断能力，引导我们做出不完全合理的决定。我们在超市里挑选水果的时候，这一点可能并没有那么重要。但是当我们面临更重要的选择时，这一点就显得相当重要了：我们休年假出游，该订什么酒店？我们买什么样的新车？我们买哪所房子？孩子上什么学校？我们选择哪种医疗服务？这些选择都取决于我们能否成功地处理那些不同维度的个人偏好。

有时，卖家会故意给买家提供更多参考维度，并且以并不标准的方式为每个维度提供更多的信息。他们的目的，就是让买家难以评估和比较其产品或服务（想想那些保险合同吧），在这种情况下做出很好的决策是非常困难的。人脑，除了在视觉模式识别上，其实并不擅长处理大量的信息。在实验中心理学家发现，人类只能够在同一时间内处理大约 6 个不同的信息，甚至不足以应对 3 种不同产品的 3 个特性的对比与比较。

这是一个令人沮丧的难题：一方面，我们渴望获得更多的信息来评估我们的选择，进行明智的交易；另一方面，我们又可能会被信息淹没，无法成功地处理这些信息，因此我们还需要承担做出非最佳选择的风险。尽管我们并不喜欢这种情形，但是有时我们发现自己确实需要面对这种两难选择的境况：我们要么知道得太少，不能识别出最合适的选择，要么知道得太多，反而不知所措，做出糟糕的选择。

信息成本过高以及人们处理信息的能力有限这两个问题，常常会让我们做出错误的决策。当然，如果了解超市的营销策略，并且尽最大努力克制自己，我们可能就会抑制住自己购买那些糖果的诱惑。但是，当我们在多个维度上比较多个项目时，我们不可能轻易地冲破内置在大脑中的固有限制，因此我们也无法充分利用信息。即使发现了一种廉价、快速的方式可以用来传播相关信息，我们也仍然受到认知能力的限制；即使我们增强了认知能力，但是如果信息无法传递给我们，或者信息传递得太慢，抑或信息传递成本太高，那么这也还是不够的。

然而，尽管这样的困境听起来很棘手，但有一个办法可以缓解这个问题的严重性。这个办法我们已经用了几千年。它就是金钱。

价格是信息的浓缩

哈佛大学历史学家尼尔·弗格森在其广受好评的著作《货币崛起：金融如何影响世界历史》中写道："金钱是进步的根本。"金钱的重要性与它的效用直接相关。金钱最显著的作用就是它可以存储价值和保持价值。当买卖双方用金银铸币交易时，这似乎是不言自明的——贵重金属很稀有，所以由它们制成的货币是有价值的。但金钱还有另外一个作用：利用金钱，我们可以把关于个人偏好的信息浓缩为价格，这样，这些信息就更容易传播和处理了。

金钱和价格可以使市场运转起来。作为衡量商品价值和服务价值的标准尺度，金钱使我们能够对不同类型的商品进行评估——把苹果和橙子、咖啡杯和茶杯进行比较。如果没有金钱，人们在市场上进行交易时，就必须达成这样一种协议：多少数量的某种商品可以兑换多少数量的另一种商品。没有一个大家都认可的一致标准，达成这样的协议是非常困难的。没有交易协议会带来不可预测性，使各种交易之间很难相互关联。对于一个想用一块驯鹿肉换回一罐鱼油的人来说，知道有人用一把刀子换来一件毛皮大衣这件事情并没有多大帮助。如果交易的不是完全相同的物品，物物交换所能提供的信息就非常少。然而，我们如果用金钱做一种公认的标准，就会使贸易谈判变得更加容易，而且交易所产生的信息也可以共享。金钱和价格使交易信息获得了一种能被市场参与者理解的标准化语言。商品不同，交易伙伴不同，但每一笔交易的信息价值以一种通俗易懂的语言形式被保留下来，它们启发了市场的后来人。

这也为市场提供了另一个优势。哈耶克一生都在赞颂价格在市场中的重要作用。哈耶克对价格的高度赞赏基于这样一个事实：当交易伙伴谈判时，他们必须考虑手头的所有信息，包括优先级和个人偏好，并将这些信息压缩成一个数字。比如，有一位技术娴熟的女刀匠，想要卖掉一把她花了很长时间打制的刀具。在定价方面，她会把上述因素考虑进去。她还会考虑市场上刀具的数量，以及大家通常给刀具定的价格。她会调研那些刀具的质量，并与她自己做的刀具进行比较。只有在她考虑了所有这些不同因素之后，她才会宣布自己的定价。一个潜在的买主也将会经历一个类似的收集和分析市场信息的过程。然后，买家和卖家要么会因为预期价格接近而达成交易，要么会讨价还价，谈判沟通，他们或许会获得更多信息，或者会改变他们对信息的衡量方式，并据此调整价格。如果他们同意交易，市场就会接收到关于这把刀具价值的相关信号。如果他们不同意进行交易，那么市场也会传递出一个信号——买卖双方对刀具的价值看法不同。人们不用再花时间就各种需求和要求进行沟通，大家只用价格沟通。价格将我们的个人偏好和优先级，封装到一个单一的信息单元中。

市场的效率就反映在作为信息载体的单纯的价格上。[①]哈耶克说："在市场这个系统中，知晓相关数据的人分散在数百万人里，价格能够协调不同个体的不同行为。"价格大大降低了需要通过市场流通的信息量。这些信息被压缩成一个单一的数字，因此，传统的沟通渠道就足够用了。

金钱的作用还远不止让市场参与者了解商品的价值。一旦我们赋予某商品以价值，我们还可以用金钱追踪这一价值。我们可以通过时间记录和比较这一价值，从而在过去与未来之间建立信息联系，并为市场参与者之间的相互信任奠定一个更客观的外部基础。通过记录商品的货币价值，人们还可以维持彼此的信任，这样我们就能够在自己最喜欢的酒吧挂账了，经销商也可以在其供应商那里取得一定的信用额度。

货币的发明或许不是为了促进市场交易（持这种观点的货币学者

●—○ ①　在消费市场中，信息和价格的关系比作者描绘的要复杂得多。实际上，商家和消费者之间信息能力的此消彼长，会直接影响商品的价格。信息在消费市场中的作用和供求同等重要！请参考张翼成等人的著作《重塑：信息经济的结构》（四川人民出版社，2017 年出版）。——译者注

所指的，是货币在经济环境之外发挥的作用），但是货币可以使市场的运转更加高效，这是不争的事实。开始时，市场上的货币是一种被广泛认可的物品，通常就是已经具有一定内在价值的商品。例如，几乎在所有地方，贝壳都曾经在某时期被用作货币；在亚洲、非洲和欧洲的部分地区，食盐曾经被广泛地接受为付款方式（英文 salary，即"工资"一词中便有 salt，即"盐"这个词根），这很可能是基于盐作为食品防腐剂的普遍需求；作为征服者的罗马将军们用粮食来收税；在拉丁美洲，可可豆是常见的一种货币——一种可以被咬上一口的早期的巧克力钱币；在北美，动物皮革经常被用作货币（"buck"，即"美元"这个词，同时也是"雄鹿"的意思）。这些用来表现货币标准的术语，已经传达了货物的价值，因此它们也传达了与市场相关的重要信息。

其实货币本身并不需要拥有价值。事实上，如果货币的首要作用是被当作市场交易的语言——即使这不是它唯一的用途——那样反而更好。当我们用诸如大麦等商品去交换其他货物或服务时，商品自身的基础价值得以保留，不会因交换而失去。它具有自身的内在价值。金和银可能并非直接可用，但这些闪闪发光的贵金属是稀有的，就像钻石一样，它们变成了人们梦寐以求的财产。随着货币转向非贵金属硬币和纸币，人们开始远离那种通过某些具有内在价值的物品来表现价值的做法。最初，发行货币的国家认为，要支撑自己的货币系统，就必须确保人们可以以固定利率兑换黄金或白银。大约在 20 世纪初，人们终止了这种做法，货币在意义上变成了纯粹的信息。如今，货币正从实物转向虚拟，转向我们的银行账户中显示的交易数字，转向进入我们比特币账户的虚拟货币。这种转变进一步凸显了货币的信息作用。

以货币为基础的市场

在日常生活中，我们常常忽略金钱和价格的信息功能。毕竟，我们通常更感兴趣的是完成交易：买来食物让家人填饱肚子，买套房子为自己和所爱的人遮风挡雨，买辆汽车方便自己远行。对交易过程中的细节，我们通常不会特别关注。但是，如果没有金钱和价格所提供的信息流动，作为买主，我们就会对市场上的东西一无所知，也就无法轻松地进行快速比较和评估。货币和价格是市场运作的基础，是信息的流通渠道。但是货币和价格的作用远不止组织信息流动，它们也会使制定交易决策更加容易。既然我们很难在多个维度上对商品和服务进行比较和评估，那么如果我们转向价格，一个简单的数字，就会减轻自己的认知负担。想象一下，一个没有货币的世界：假如你想买一块儿面包，一个面包师傅让你拿 1 磅① 黄油来交换，而另一个面包师傅想要的是一箱苹果，你会如何比较这两个提议？事实上，你怎么知道面包师傅们到底想要什么？如果市场在协调人类活动方面具有巨大的潜力，但面临信息流动成本过高和认知信息过载等实际问题，那么为了实现这种潜力，基于货币的市场就会尽量减少信息的流通量，并将信息处理简化到人们可承受的水平。

因此，以货币为基础的市场必然会取得巨大成功，并成为世界上大多数国家经济活动的核心。事实上，以货币为基础的市场已经不可磨灭地融入地球上几乎每一种文化的社会结构中。我们是如此训练有素，一听到某新产品或服务时，我们几乎都会本能地询问其价格以

●–○① 　1 磅 ≈ 453.592 克。——编者注

对其他相关情况进行评估，从而衡量其价值，并归类。我们对市场和货币已经如此着迷，以至我们已经把它们引入远离传统经济活动的领域：在线上交友网站，我们可以购买"眨眼"的表情包来表示对另一个人的兴趣；公司可以通过买卖污染物排放指标来安排其对化石燃料的使用；我们还通过金钱和价格建立了所谓的预测市场，来获取从美国好莱坞的票房收入到美国总统选举结果的相关信息。

在所有这些市场中，价格都是关键因素。我们以预测市场为例。当参与者分享他们对未来事件的预测时，他们会把所有信息汇集起来。但是我们怎么知道哪些信息是准确的，哪些是不准确的呢？我们即使把自己所掌握的全部信息进行平均，也不一定能离真相更近一些。我们询问更多的人，把他们的观点进行梳理和整合，也不一定会更接近真相。正如孔多塞侯爵在 200 多年前所提出的那样，只有当每个新来的人都有大于平均的机会来了解真相时，增加更多的人才会起作用。然而，当预测市场允许参与者用真正的货币进行交易时，总体的预测结果往往会得到改善。这是因为，那些对自己预测的信息的准确性有信心的人，会更愿意对他们的预测下更大的赌注，这样在预测正确时，他们才能获得最大回报。他们的嘴巴预测什么，他们的钱就会投到哪里。因此，他们的交易代表着自己对预测的信心，他们的观点也就更加重要。这样做虽然并不能确保所有的预测都是正确的（事实远非如此），但是这比我们给予所有信息以同样的重视程度要好得多。

谷歌的预测市场试验就是一个现实世界中的例子，它将市场与金钱结合起来，从而能够对未来事件做出更准确的预测。自 2005 年以来，谷歌公司一直要求员工回答有关科技产业，甚至整个世界的潜能开发问题。例如，员工可能会被问道："谷歌电子邮件应用 Gmail 在本季度末会拥有多少用户？""谷歌会建立俄罗斯分部吗？"每个问题都有固定选项供员工选择。参与预测市场活动的员工会获得公司内部的代币，他们可以用这些代币来下注。他们如果选择了正确答案，就可以得到更多的代币Goobles，并用这些代币去换取奖励，而且在每个季度末，他们还可以用代币兑换彩票。这样一来，只有在感觉自己能正确回答问题时，市场参与者才会有动力花费他们自己的代币，因为这样做才能增加自己获得奖励的机会。价格激励机制在这里起了作用：市场不仅长于判断谷歌各项目的相关事件的发生概率，而且能够促进信息的流动与处理。

市场与货币的结合为协调人类活动提供了一种了不起的方式，这种观点获得了如上试验和其他类似试验的支持。所以，我们花费了许多时间和精力改善基于货币的市场，想使价格信息流动更迅速，使价格比较完成得更便捷。总之，我们就是要降低整个系统的总成本。当产品比较类杂志《消费者报告》的第一期在1936年发行时，整个世界正在努力从经济大萧条的困境中走出来。该杂志的创始人认为，人们需要更有力度的市场报告，也就是需要更多的信息流动。各类报纸和专业杂志紧随其后报道有关各种产品比较的内容，从最有效的洗衣粉到最好的汽车、照相机和各类电脑，各种报告无所不包。这些信息中介为读者提供了综合评论和各类表格，详细分解了各种产品的特性和构成部件，并对各种产品进行了比较。但是，尽管产品比较的细节如此丰富，所有评论还是几乎都出现在这样一个醒目的大标题下，这个标题非常简单："巨划算"——他们会按价格列出最便宜的三五种产品。金钱和价格太明显了，读者也太习惯于这种诱人的简单性，以致把其他标准抛到了一边。

是选择互联网价格比较网站，还是选择像 PriceGrabber 那样的可以让用户找到绝对最优交易或相对较优交易的应用程序？ Confused.com（汽车和保险网站）、Kayak（旅游网站），当然还有 Google Shopping（谷歌购物），这些都是信息服务的数字化产物。同样，InvisibleHand 和 PriceBlink 这样的浏览器插件和应用程序，也可以在你访问亚马逊、沃尔玛和其他零售商的网站时，为你进行后台搜索。当在网络上的任何地方找到更低价格的商品时，它们都会通知你。它们也注重价格，也相信找到和比较价格的成本越低，交易的总成本就越低，这样大家就都能获利。

冲破价格束缚

以货币为基础的市场是公认的主流，我们已经习惯了这样的市场，它们也尽职尽责地效力。但是，将无数个维度的信息压缩成单一数字，这似乎很难成为信息时代的正确选择。因为这个时代的特点，是我们的沟通能力和处理大量信息的能力已经有了惊人的提高。

这样一个基于金钱和价格的系统，解决了信息太多而处理能力不足的问题。但是在将信息提取到价格的过程中，很多细节丢失了。就像网络上的一张小小的格式为 JPEG 图像的缩略图，它只是原图的一个粗略表征，但是由于技术所限，它也是我们能给出的最好表征。我们热情地拥抱价格，因为我们还没有找到另一种方法，可以帮助我们降低处理海量信息流的成本和复杂度。价格是妥协的结果，因为它删减了市场信息。

比如，你愿意以特定的价格买一双鞋，这说明你可能正需要一双鞋，也可能说明你觉得这双鞋做得不错，还可能说明你（或同去的人）喜欢这双鞋的款式。从某种程度上讲，这也说明你现在有钱可以用来买鞋，是现在有钱，而不是一个星期或一个月后有钱。从理论上讲，这些细微差别都能反映在你愿意为这双鞋支付的费用上。但是没有哪个卖家能够仅凭直觉就能从你所接受的那个特定价格中，了解到每一个因素在你心中的分量。通常情况下，卖家所能做的，就是通过价格和数量来对巨大而又无规则可循的销售总额进行分析，并且对价格进行调整，以满足需求，调配库存。

假如你透过商店的橱窗看到了一双鞋，它的款式完全适合你，但是它的颜色你不是特别喜欢。如果价格再稍微低一点儿，你就会愿意买它。但是如果可以买到你喜欢的颜色的鞋，你就愿意支付比标价更多的钱！你走开了，感觉很沮丧。你不知道在你从没去过的某家店里，就有你想要的颜色的同款鞋。生活中还有可能会出现这样的情形：也许你看到的一双鞋在款式、颜色和尺寸上都相当完美，但你没有足够的钱立刻买下它。两周后，你的现金充裕了，你再回到那家店，却发现因为滞销，这款鞋已经降价了，而且现在这款鞋已经没有适合你的鞋号了。如果商店的女老板非常了解你，她也许会愿意在你第一次来店时就把鞋卖给你，只要你答应两周之内付款。因为从你那里，她可以得到比其他买家更高的价格。在这两个案例中，市场的效率都是低下的，因为关于买方和卖方的优先选择和个人偏好，价格并没有充分地传达出足够的信息。

几个世纪以来，我们已经研究出一些方法，来处理由于价格中缺少某些详细信息而造成的后果。例如，你如果想马上买东西，但又没有现金，就可以选择使用信用卡（如果你的信用没问题）。或者，在智能手机的帮助下，你可以搜索并找到另一家商店，你想要的东西的尺寸和颜色都符合，而且店里有现货。同样地，生产者和销售者也会进行调查，以确定某款鞋的哪些方面——品牌、颜色、形状、尺寸等——是最吸引他们的主要目标客户的，并相应地调整生产和价格。但是，虽然这些方法可以帮助我们弄明白价格的不同组成因素，但是它们也增加了市场交易的成本。

更糟糕的是，这种信息简化主义并不能显著地减少每个市场参与者所面临的选择困难。减少需要处理的信息，不一定代表我们就会做出更好的决策。实际上，将信息浓缩成单一数字后，我们反而更容易受到一些偏见的影响。这些偏见有据可查，常常会令我们做出糟糕的决策。聪明的营销人员会利用这一点，来干扰我们的理性评估，并使我们把注意力再次放在价格上。以数字9结尾的标价就是一个很好的例子，这种定价方式会让我们产生某东西的价格比其实际价格低的错觉。

2010年1月的一天，史蒂夫·乔布斯穿着大家熟悉的黑色高领毛衣登上了演讲台，宣布了iPad（苹果平板电脑）的面世。他问大家："我们应该给它定多高的价格呢？按照专家的意见，我们将会把价格定到1 000美元以下，也就是999美元。"这时，这个价格在他身后的屏幕上闪动起来。但是，乔布斯继续说，苹果公司为iPad设定了一个极具挑战的成本目标，而且公司也实现了这个目标。伴随着玻璃破碎的声音，大屏幕上的999美元，被替换为499美元——这就是第一代iPad的零售价。这不仅是乔布斯个人的一个辉煌时刻，而且它将iPad在人们心目中的实际价值"锚定"在了一个刻意为之的高价位上。人们会觉得，无论iPad的功能与同类产品相比如何，它的价格都是相对实惠的，它是物超所值的。

我们总认为，价格会让我们拿苹果与苹果做比较，但是沃卡特斯咨询公司的行为定价专家弗洛里安·鲍尔认为，卖家往往会利用价格，来故意模糊那些本可以提高市场效率的信息。当卖家让我们比较苹果与香蕉或橘子时，他们却让我们感觉自己是在比较苹果与苹果。史蒂夫·乔布斯在介绍 iPad 时，使用的就是这样的技巧。

因此，对价格的依赖会降低我们的合作能力，最终导致市场效率低下。当公司设计出不同类型的产品时，每个产品都被分配一个单一的价格，供我们比较和选择。我们习惯于关注价格，却很少关注或者没有关注这些不同类型产品之间的潜在差异。这很糟糕，因为这将导致我们的决策出现漏洞：在本可以选择一件更便宜的商品时，我们却同意购买一件价格昂贵的商品。在这里，价格的简单性没有起到正面作用——我们的错误决定却源于这种简单性，以及由此产生的偏见。

这种价格操纵是要付出代价的。新平板电脑的定价虽然对于苹果公司来说至关重要，但是人们可能因此做出了错误选择，只是做错选择的人数及其负面影响对于整个经济体来说还是有限的。然而，当大多数市场参与者成为同一种决策缺陷的牺牲品时，经济灾难可能就会随之而来。2007—2009 年的次贷危机经常被描述成这样：不道德的银行家与信用评级机构的腐败分析师勾结，将高风险的投资产品卖给无知的投资者，而监管机构却假装什么都没看见。这一观点背后肯定有很多证据。但是，也许还有另一种方式可以解释这种前所未有的资本灾难——它是信息不透明与明显决策错误组合的结果。

新千年刚开始时，一些勇于"创新"的金融机构开始将次级抵押贷款——那些承担更高违约风险的抵押贷款——与其他普通抵押贷款一起，打包成证券。由此产生的新产品所带来的高风险并不完全是秘密，但是这些高风险在公开的文件中被技术语言用一种极其繁复的方式包裹起来了，它读起来让人难以理解，而且无人问津。评级机构的任务是阅读细则，评估风险，但是它们没能像"煤矿中的金丝雀"那样，起到预报瓦斯浓度的作用。如果没有便捷的渠道，现有的信息就无法被充分反映在证券的价格上。与此同时，那些渴望从貌似强劲的房地产市场上获得可观利润的投资者，也没有明显的理由为此感到担忧。当越来越多的房主开始拖延还款时，市场就开始形成多米诺骨牌效应。最终，数万亿美元的价值蒸发了，这样的结果至少在一定程度上是由信息获取障碍和信息使用错误造成的。次贷危机也是对传统货币市场的一种控诉，控诉它未能促进适当的信息流动，未能帮助人们将信息转化为理性决策。

许多世纪以来，货币以市场价格的形式，使市场信息的交流和评估变得更加便捷。但是，这些令人垂涎的美元却在很大程度上掩盖了一个基本问题，那就是如何获取高度浓缩的信息，并将其转化为交易决策。以货币为基础的市场充斥着效率低下的问题，在市场如何协调人类活动，以及如何使每个人的利益最大化方面，我们可以感受到这一点。今天，几项创新做法的出现，已经使市场做好了进一步发展的准备，货币与价格的束缚、信息流动的限制、决策选择的失误等都将成为历史，一去不复返。

n"]},"countries":["IN","NP"],"mixins":[]..[?...
age2018a","start":1535005260,"end":...

第 4 章

市场的复兴

...w":["IN","NP"],"mixins":[]},{"name":"WMBE WikiLovesHer
...."start":1535005260,"end":1538288460,"preferred":1,"thr

"没有什么人能做出比这更疯狂的事情了。"杰森·莱斯就是这样描述他与Libratus（卡内基－梅隆大学开发的人工智能产品）的扑克对决的。

　　杰森·莱斯是世界顶尖的"一对一不限注德州扑克"玩家之一。这是一种没有赌注限制的游戏，它让一些人变得很富有，也让更多人变得很贫穷。和许多职业扑克玩家一样，莱斯是一个分析能力很强的人，说起话来却很温和。2017年1月的某天，他和另外三名扑克职业玩家一起，在匹兹堡大河赌场的高风险赌桌旁坐了下来，与扑克的新一代"奇才少年"Libratus一决胜负。在三周的时间里，他们与Libratus进行了12万手一对一的较量。像最优秀的职业扑克选手一样，尽管有压力，Libratus却仍然保持着冷静：无论是"flop"、"turn"还是"river"，都不会让这个新手感到慌乱。① 但与典型的扑克名人不同的是，Libratus并不那么光彩照人，因为这一条并不在他的机器学

习系统菜单里。这个拥有大量数据的学习系统，就安装在卡内基－梅隆大学的一台超级计算机上。

　　Libratus 的人类对手们拼尽全力，来探查计算机大脑的习惯与模式。2015 年，包括莱斯在内的 4 名职业玩家曾与 Libratus 的前身 Claudico 比赛，并取得了胜利。Claudico 是由卡内基－梅隆大学的托马斯·桑德霍姆团队制造的（Libratus 也是）。Claudico 很难推算出职业玩家是否在虚张声势，这导致它在很多牌局中进行了次优的押注选择。每天晚上，看过打印出来的牌局信息后，莱斯和他的同伴们就会找到 Claudico 的策略弱点。第二天，他们会积极利用这些弱点。

　　然而，对于 Libratus 来说，他们的方法失效了。随着比赛的推进，Libratus 变得越来越好。正如莱斯所说的："我们确实有这样的印象，那就是 Libratus 正在适应我们在比赛过程中的玩法。"Libratus 一直在努力了解我们所尝试的那些不同寻常的大小赌注，并且在比赛中的每个晚上，它都会填补好自己的漏洞。

计算机的决策不会受到人类认知的约束

　　在为 2017 年的这场比赛做准备的几个月里，Libratus 已经和自己玩了上万亿手的牌。随着系统的不断学习，在识破人类玩家的虚张声势方面，它的能力已大大提高，这就使得它能够找到最优赌注，赢得任何一手牌——因为它的对手要么弃牌，要么手里拿着的牌不好。对 Libratus 的做法，莱斯进行了反思："Libratus 完全不受结果的影响，并且总是在策略上保持一致。如果要描述具有这种行事风格的一个人，我们就会叫他'机器'。当然，Libratus 没有感情，即使拿了一手烂牌，它也会毫不犹豫地押下巨额赌注。"2017 年，人类终于遇到了他们的对手：Libratus 获得了超过 170 万美元的筹码，并最终赢得了比赛。

扑克是一种美丽的游戏，这不仅仅因为它涉及心理学、概率和博弈论等领域，而且绝佳的记忆力、计算能力和理性思维也是每个优秀的扑克玩家所必须具备的基础技能。仅拥有这些还不够，职业玩家还必须具有高超的沟通能力。在牌桌上，他们必须读懂对手的"告白"，不仅是他们的坐姿、视线或持牌姿态，还有他们的下注行为所带来的信号（这一点需要职业玩家特别关注）。与此同时，他们自己所传达的"告白"则是越少越好——有时他们还要提供虚假"告白"，希望对手能够上钩。

在以上这些以及其他许多方面，扑克比更具有象征意义的象棋、围棋等抽象游戏，更加接近我们在市场上所经历的现实社会经验，比如在制定策略、发送和读取市场信号、谈判和交易等方面。所有这些因素——用金钱押注、用策略和虚张声势来招摇、读取和发送信号时做出微妙调整等，都让人感觉非常熟悉。因此，这样一台在游戏中击败了扑克冠军玩家的电脑，让我们深感震惊。我们不得不重新审视一个问题：人类在驾驭市场和进行交易方面、在制定战略和进行沟通方面，真的具有无法被模拟的独特性吗？

Libratus 所取得的令人印象深刻的胜利表明，一台计算机可能比我们更有能力做出更好的市场交易，或者，至少可以很好地帮助人类进行市场交易。这并不是因为它比我们人脑每秒钟所能进行的运算量要大很多，而是因为和人类不同，计算机的决策不会受到人类认知的约束。

我们看看计算机与人类不同的押注策略吧。大多数人类扑克玩家都不会明白，在底池里赌金很少时，押下大笔赌注的逻辑是什么。如果一个玩家在底池里赌金很少时押下大笔赌注，那么他的对手通常会假设这个下注的人不了解游戏玩法，或者虚张声势得过于明显。因为这样的赌金几乎必然会阻止另一方押下更多赌注，下注人的收益自然也会受到限制。然而，Libratus 经常会在这样的情况下押下巨额赌注，最终，这个策略却得到了丰厚的回报。许多认知偏见——从风险评估错误和新信息出现后依然坚持同一种策略的做法，到轻率地漠视赢得较小赌金的做法——都会影响人类决策，让人类拒绝做出为小额赌金押下巨额赌注的选择（也包括其他一些选择）。相反，Libratus 在每次出完牌后，都会重新评估自己的策略。到了晚上，它会有条不紊地重新分析自己白天出过的每一手牌，推演出它的人类对手的行为模式，并进一步锤炼自己的策略来积极利用他们的行为模式。而且，尽管 Libratus 所需处理的信息量如此巨大，它却依然顽强且细致地完成了任务，这是人类决策者所完全不可能做到的。最终结果就是，虽然 Libratus 所赢的平均筹码并不那么引人注目，但是它赢得的比赛次数比其他对手都多得多。

Libratus 对自己的策略进行了重新评估，并且从自己的经历中总结出了经验教训，这就使得它不会把这次锦标赛仅仅"看作"与很多个体的偶然交锋，而是将其看作能够揭示对手行为模式和弱点的系列游戏，而这些游戏却没有将 Libratus 锁定在一个完全固定的人类行为模式中。这是聪明的谈判者在多轮谈判中使用的一种策略，也是精明的商人采用的一种策略，特别是在多次重复的市场交易中。毫无疑问，Libratus 的设计者桑德霍姆教授所构想的是一个商业版本系统，在复杂的市场交易中，它可以代表消费者与商家进行讨价还价。这一切还只是开始。Libratus 的胜利预示着人类经济的一个更深层次、更根本的转变。与 Libratus 一样，这种转变的驱动力也是数据。

迎接海量数据市场

正如我们所描述的，市场是一种令人惊异的社会创新，从原则上说，它可以使我们有效地协调彼此的活动，而在实践中，它却受到信息流局限所带来的负面影响。我们依靠金钱和价格来减少需要沟通和处理的信息量，但是信息的浓缩意味着，市场参与者并不总是能够全面地分享他们的个人偏好，或者并不总是能够在决策过程中恰当地权衡他们的个人偏好。价格可能解决了信息过量的问题，但是它让我们做出了糟糕的选择。我们对价格的执着阻碍了市场发挥其最擅长的作用：协调人类活动。

解决这个问题的答案不是数字支付，也不是虚拟货币。这两点可能会加速现有的信息流动，或者使信息流动变得更便宜，但信息仍然会被压缩成价格，那些有价值的细节还是会被消除。这个问题的解决之道不是继续玩弄货币，而是用海量、全面的信息流去替换，或者至少是补充货币的信息角色。数据是市场车轮的新型润滑剂，可以帮助市场参与者找到更好的匹配选项。

因此，传统市场和海量数据市场之间最直接和最明显的区别，就在于流动在市场参与者之间的数据总量和种类。在海量数据市场上，参与者不再被围绕着价格的信息的潺潺细流限制，他们的目标是全面传达关于个人偏好的所有信息，并据此采取行动。同时，参与者会积极利用市场的信息结构，达到以低成本的方式传输数据的目标。

从理论上讲，我们在数字模拟阶段就可以使用更多更丰富的数据了，但是使用成本非常高。多亏了数字网络，现在，大量的数据可以在交易伙伴之间快速、轻松、廉价地流动，无论他们近在咫尺，还是远隔千里。但是，仅仅拓宽数据的传输渠道，虽然有可能克服"信息成本"的挑战，但也很可能导致市场参与者的信息过载。我们如此习惯于关注价格，又怎么能做到跨越多个维度去比较不同产品，从而找到正确的匹配选项？我们怎样才能快速、轻松地表达多种个人偏好？

金钱和价格可能是一种信息约束，但是摆脱这种约束，不仅需要不同的信息交流方式，而且需要我们在将信息转化为决策的过程中，实现一些阶段性转变。我们不仅需要大量的数据，而且需要正确的方法和工具来处理这些数据。正是由于缺乏这种方法，在数字时代的最初几十年里，以货币为基础的市场才得以保留。然而，事情正在发生变化。最近，我们在数据处理方面取得的进展，终于使我们能够抛开金钱和价格的限制，敞开怀抱迎接海量数据市场了。

科技与数据结合

三大关键科技，数据本体和标注、个人偏好匹配算法、机器学习系统，对市场的这次重新配置起到了至关重要的作用。这三大科技使我们能够：（1）在比较个人偏好时使用标准语言；（2）在多个维度上更好地匹配个人偏好，选择最佳交易伙伴；（3）设计出一种行之有效的方法，来全面捕获个人偏好信息。这三项科技的共同之处在于，它们都能够帮助我们将海量数据转换为行之有效的交易决策。这三大科技不仅提高了我们基于数据的选择能力，而且这三大科技本身也是建立在数据基础上的——这就是数据的核心作用。这三大科技将成为经济革命的根基。

过去，婴儿潮一代（1946—1964 年出生的人）去度假时，不得不翻阅厚厚的酒店宣传册，还要与旅行社的人见个面，以确定宣传册上那些华丽的营销文字和炫目的照片是否属实。如果有幸认识在某酒店住过的人，他们很可能会按照那个人的建议做出选择——但这只是特例，而不是常态。如今的情况则大为不同。我们在选择酒店时，首先会对海量的信息进行筛选，包括客户评级、记者评论、以前的客人在网络上发布的照片等。我们可以很快地将酒店的位置、便利设施和服务质量进行比较。而且，在谷歌街景的帮助下，我们甚至可以到那里进行一次虚拟的街区旅行。在价格方面，在线比较可以帮助我们很快找到最优价格，及其具体的交易时间和地点。

同样，以价格为基础租赁汽车，或是在价格的基础上寻找拼车的机会，这样的日子也早已一去不复返了。BlaBlaCar 公司在 20 多个国家已经拥有超过 4 000 万名会员，公司允许乘客和司机一起从多个维度进行配对，包括他们自己报告的健谈程度——从 Bla（"看窗外风景匆匆掠过"）到 BlaBlaBla（"聊起来没完没了"），不一而足。因为少有机会协商价格，乘客在选择出行时可能就更关注其他信息了。这种方法吸引了不少爱聊天的人：在我写作本书时，每个月已经有 400 万名乘客通过这家公司约车了。

信息的这种便捷性是令人愉快的，使信息既方便使用，也方便获得（至少在多数情况下如此）。我们旅行的交易效率得到了提高，因为买家和卖家可以更精确地匹配他们各自的偏好。当然，海量数据不仅涌现在旅游业中，当我们在网上购物时，不论买的是书、电子产品，还是衣服，我们除了要考虑能让我们浏览、搜索、比较产品的搜索工具和过滤工具的精确性，还要考虑其他几十种特性。使这一切运转起来的，并不是我们所使用的技术的速度有多快、成本有多低、存储能力有多强，可用信息量的增加也许是原因之一，但是我们之所以能做出更好的选择，更主要的原因是我们使用了一个有效的方法来标记这些信息，并且将其做了分类。

　　假设要买一件新衬衫，你上网找到你最喜欢的零售网站，点击"衬衫"，网站会提供给你成百上千条选择。但是，通过关注如下诸多因素：尺寸、面料、颜色、合身度、袖子长度、领口类型，甚至品牌，你可以过滤掉一些选择，或者过滤掉那些你不想要的东西，从而选出自己的最爱。所以，你如果想要一件一字领、七分袖、尺寸为8号、蓝色或蓝绿色，且最好是正在减价促销的棉纱针织衫，就只要做出选择就可以了。如果这个网站没有，你可以转移到另一家零售网站。为你提供这么多关于衬衫的信息，网络零售商是怎么做到的？它们把每件商品都贴上描述其服装特色的数据标签。这就要求商家把所有特定类型的产品，比如衬衫，都贴上同一套类别的标签。这些类别也是数据，但是它们是关于数据的数据，也就是元数据。

　　这一切并不新鲜。自从亚述人将泥板文献首次贴上描述其内容的标签开始，有关信息的信息就开始成为重中之重。今天，高效的分类已必不可少。没有它，我们几乎无法在网上找到任何东西。然而出于同样的原因，分类的过程也变得更加困难。在只有关系型数据库的旧时代，数据是整洁的，因为每个数据字段都具有明确定义，明确到每个字段的内容都具有精确的格式。然而，自20世纪90年代末以来，数字信息的指数级增长对这一秩序提出了挑战，其中很大一部分信息并不完全适合于数据库领域，它们以电子邮件、网页、图像、音频文件和视频文件等形式出现。

以 YouTube 为例，它是一个视频内容市场，上传者（卖方）与观众（买方）进行交易，通常由第三方市场参与者（广告商）提供资金。为了确保视频能被观看，观众需要能够轻松地找到内容；出于同样的原因，内容提供者也需要其内容能够被迅速发现。除了视频的标题和上传的日期、时间外，为视频添加标签和关键词也是非常重要的，几乎和上传者选择正确的关键词一样重要。

数据本体和标注策略

商业内容提供商也面临同样的问题。一个体育网站，例如 ESPN（娱乐与体育节目电视网），每周广播并录制成千上万小时的视频录像。尽管有些球迷可能会从头到尾观看一场被存档的体育赛事，但是多数人可能会直接观看某最重要的时刻——在 2016 年 NBA（美国男子职业篮球联赛）总决赛第 7 场中，骑士队反败为胜，勒布朗·詹姆斯的那个决定胜利的追身盖帽；或者在 2004 年美国棒球联盟冠军赛系列赛的第四场中，戴夫·罗伯茨在第九局偷垒，从此打破"贝比鲁斯诅咒"[①]的那个时刻。为了确保这些重要的时刻很容易被找到，ESPN 雇用了几十个人实时观看多个体育赛事，依靠人工，手动标记每场比赛和场上互动。

如果 ESPN 让员工以任何他们想要的方式对视频进行标记，那

●—○ ① 波士顿红袜队自从 1918 年把球员贝比鲁斯转给纽约扬基队之后，直至 2004 年的 86 年间，它就再也没有获得过冠军。——译者注

么它与你在 YouTube 上所看到的随意贴标签的方法就没有太大不同——只是在范围和规模上有所改进。然而，ESPN 的标记人员都接受了有关关键词方面的训练，这让他们学会了使用一个经过深入研究的关键词层次结构。这个领域的专家将其称为"本体论"（ontology），因为标记人员在他们所观看的视频本体上直接做出标注。

体育运动很适合本体论系统。每一项运动，从射箭到摔跤，都定义了一系列规则，它们不仅适用于运动员，而且适用于比赛本身。书、电子产品和家电也是如此。它们只要有明确的限定参数集，就更容易让消费者找到最适合的产品。出版商已经有超过一个世纪的将书分为不同类别的经验，你如果想买一本关于美国内战时期的女性史的书，按照杜威十进制分类法或美国国会图书馆分类法，可能很快就会找到这样的一本书。实际上，杰夫·贝佐斯在 1994 年创办网络书店亚马逊的原因之一，就是出版商的季节性书目刚刚实现了数字化，他计划利用这些数据建立自己的公司。

同样是在这些数据的基础上，亚马逊的消费者可以选择、过滤和比较各种消费品，不仅根据品牌、价格和买家的评论，而且可以根据许多其他不太明显的特征。我们拿洗衣机举例，洗衣机的相关信息可以说无所不包：打开方式、颜色、大小。在欧洲的一些市场上，洗衣机的相关信息还会包括负载能力和能源效率。类似的信息维度也存在于其他产品中，如电视、硬盘和微波炉。对电子产品的特征进行标识通常是相对简单的：要么是由制造商向在线零售商提供足够丰富的数据，要么是由在线零售商自己将数据添加在产品上，因为电子产品的本体特征是非常明显的。一般来说，拥有海量产品细分信息的市场，往往更适合那些简单的、公认的本体。

相比之下，为普通市场开发一个本体要困难得多。这就是为什么在 YouTube 上寻找视频要比在亚马逊上购买洗衣机更加随意。我们如何搜索关于一个概念的视频，比如，一个关于翻跟头的视频？YouTube 也不能与 ESPN 所开发的关键词标准在深度和广度上互相匹配，因为人类还没能想出一个易于掌握的通用本体，让每个人都可以迅速理解并完美应用。

长期以来，亿贝一直在努力为其市场挖掘可与其他平台相媲美的信息可发现性，也就是用户找到相关信息的可能性。亚马逊的客户可以非常方便地使用各种信息过滤器，而亿贝的买家却常常不得不在产品标题或产品描述中搜索关键词，然后一页一页地滚动搜索结果。这是亿贝平台的一个历史遗留问题。在亿贝上，任何人都可以出售任何东西，包括那些在很多方面都非常独特的商品，而亚马逊则是从一个单一类别的产品（书籍）销售者做起的，所以它拥有完善的产品本体。随着时间的推移，缺少本体的市场会在交易数量上逐渐减少，因为即使这个对象真实存在，人们也很难找到自己想要的匹配对象。如果没有一个非常好用的过滤器来保障信息的可发现性，市场的效率就会大幅下降。

许多市场的成功，都源于它们能够提供海量的数据流。因此，有效的标注策略及其研发工作就担负着重大的经济责任。作为这方面的数据专家，马蒂·所罗门强调：问题的关键在于找到正确的本体。她知道这会是十分困难的。所罗门说她自己来自"数据的盐矿"——她曾经是迪士尼公司（拥有 ESPN 80% 的股份）的企业命名分类学者，也做过英国培生教育出版集团的数据架构与语义平台的总监。然而所罗门认为，未来，确定正确的本体所需要的人类创造性将会更少，需要更多的是过硬的数据分析：数据本身将驱动数据本体。

了解了我们在多大程度上依赖于正确的标签和分类[①]，以及我们目前的能力相对来说多么有限，我们就很容易理解以下两个"为什么"了：为什么数据本体成为信息技术初创企业所热衷的领域？为什么它也是将基于货币的市场转变为海量数据市场的重要工具？亿贝正在进行的海量数据研究项目的出发点，就是要改进产品的编目，将可发现率从42%提高到90%。为了实现产品信息的自动分类，它已经获得与一些数据本体初创公司（如 Alation、Corrigon 和 Expertmaker 等）合作的机会。其他市场也纷纷效仿，为了使丰富、多维度的信息流动成为可能，它们竞相开始进行数据基础设施建设。没有丰富、多维度的信息流动，市场，无论是线下还是线上市场，都将继续被锁定在传统的价格焦点上。

识别最佳个人偏好匹配

在许多领域，我们已经开始享受海量数据市场了，比如旅游、约车和电子产品等领域。但是，信息越丰富，其处理难度就越大——我

●—○ ①　中文的"分类"，有两种可能的解释。一是 classification（整理），它不涉及层次关系，例如把人分成男人和女人；二是 categorization（分级），它是有层次归属关系的，例如，这本书在京东上的一个类别路径可能是"图书 - 经管综合 - 经济 - 智能经济"，后面的类别从属于前面的类别，类别之间存在包含关系。上述两种分类方式都可以通过打标签（tagging）来完成，但分类只是一种非常特殊的标准化的标签，通常我们的标签是个性化和随意的，例如网站往往允许和鼓励商家给商品，或者作者给文章自由选择若干标签；有的网站还允许消费者或者读者也打出标签。本体描述实体以及实体之间的关系，其中具有排斥性的属性（对应 class，例如性别）和属于（对应 category）只是本体中两种常见的关系。所以本体的内容要远远比分类丰富。与标签相比，本体是标准化的，标签是随意的。作者在描述这些概念的时候对其边界不太清楚，而且容易让读者感觉标准化的类别要比率性而为的标签系统更便于信息检索和精准推荐。实际上，除了更易于管理外，目前没有证据显示标准化的类别比随意的个性化标签具有更好的信息组织、导航和发现能力。读者可以参考综述 Z.-K. Zhang, T. Zhou, Y.-C. Zhang, Tag-aware recommender systems: a state-of-the-art survey, J. Computer Sci. &. Technol. 26（2011）767。——译者注

们需要根据自己的个人偏好来衡量每个维度，选择最佳交易伙伴。将大量信息转化为决策是困难的。在 Expedia 这样的网上平台搜索航班时，面对太多的过滤器和选项，无论是谁都会不知所措。我们在爱彼迎（Airbnb）上选择民宿时，不也是如此吗？即使对于我们来说所有的选择都是很容易找到的，可是找到最佳选择往往也还是很困难的。其困难之处就在于信息过载，包括可供筛选、选择，并确定最优匹配的选项太多等问题。幸运的是，技术可以再一次帮上忙。

传统市场的关注点主要集中在价格上，买卖双方的个人偏好匹配是相对次要的。所有的个人偏好都被压缩成买方愿意支付的价格和卖方愿意接受的价格。人们觉得，只要买家和卖家能说出自己在价格上的偏好，而且市场上也有足够多的各类参与者，双方的交易就会自动发生。而事实上，在这样的交易中，一些有价值的个人偏好信息却丢失了。这也许是因为市场参与者没有把自己所有的个人偏好全部正确地体现在价格上，但其他人错误地从价格中推断别人的个人偏好也是一个原因。在这种情况下，一些看起来很相配的东西，实际上却并不匹配。我们可能认为这样的市场也是有效的，从中我们也能买到自己想要的东西，但事实并非如此。而且，这样的市场还可能让我们花的钱更多。

海量数据市场具有的优势之一，就是不会让价格焦点贬低个人偏好的地位。比起传统市场，海量数据市场还具有另一个优势：对一笔潜在的交易，一个人不但可以有多种偏好选择，而且可以用不同的方式来权衡不同的个人偏好。在个人偏好被压缩成价格时，两个同样重要的个人偏好可能会产生大相径庭的价格（一个价格非常高，一个价格非常低），就像两个重要性特别不一样的个人偏好那样。在海量数据市场中，原始的个人偏好数据，包括相对权重，都是可以被利用的，但它需要经历一个足够聪明的匹配过程，才能将这些偏好的多重维度和相对权重考虑进来。手工操作这个过程对于大多数人来说都是一种挑战，也很少有人愿意花费完成这个过程所需的时间和精力。如果关于个人偏好的数据中的那些细节，没有被用来识别最佳匹配，那么数据的丰富性将毫无意义。

幸运的是，在过去的几十年里，数学家和经济学家一直都在努力开发一些算法，来评估各类偏好和它们的相对权重，并据此确定最佳匹配。尽管实际上这个过程是相当技术性的，但是从本质上讲，它与分析和匹配数据模式并没有太大不同。我们使用同样的技术来管理照片库（以方便自己寻找具有某些功能的图片），或者让我们的智能手机"理解"语音指令，或者让智能手表上的健康应用程序检测出心脏的危险迹象。由于个人偏好数据只是形成某种特定模式的数据流，所以我们可以采用匹配算法来帮助自己确定最优交易伙伴。这绝不简单（确切地做出选择，将哪些东西进行比较，这些可不是琐碎的小事），不过由于出现了更好的算法——这在很大程度上归功于大量的训练用数据，任务变得相对容易了。在海量数据市场中，这些算法是交易伙伴找到彼此的方法。

这是对基于价格的交易决策所做出的重大改进，它使买卖双方能够充分利用现有的完整数据流，并帮助他们有效且高效地将数据转化为交易。由于市场具有分散性，市场参与者之间的信息交易是二元的：潜在的买家与潜在的卖家做沟通，并在交换了个人偏好的信息后，双方都了解了对方的情况，但他们并不了解整个市场。此外，市场参与者可能不想透露他们所有的个人偏好，这种行为以及类似行为，导致了我们前面提到的信息不对称。海量数据市场并没有消除这种不对称，但是，因为在海量数据市场上，更多的个人偏好信息通常会带来更好的匹配，所以人们对个人偏好信息秘而不宣的动力就减少了：因为改善匹配情况的目的，就是要识别出在交易中可以让我们获得最大价值的交易伙伴，也就是出价最高的交易伙伴。通过匹配信息而得到的交易，很多时候比我们在自己的信息多于对方时，通过谈判来达成的交易还要有利。在海量数据市场中，潜在交易伙伴之间的每一次信息互动，都能显示出更多的关于市场上商品的信息。即使最终双方没有交易，它也会对商品的最终交易结果产生正面影响。而且，通过我们精心编排匹配过程，提高共同利益，优质匹配甚至可以为很多信息难以对称的领域提供帮助。当然，这个过程是不断迭代的，即使信息的流动是快速且廉价的，我们也依然还有努力提升的空间。这是因为，没有哪个人会知道每一个人的每一项偏好，交易决策虽然得到了很大改进，但它还并不完美。

匹配算法带来企业竞争优势

有些市场参与者可能会达成这样的交易：交易双方都受益了，但让其他人蒙受了损失。在有些情况下，交易结果尽管对个人有益，但它可能"削减公共福利"——这是经济学家对毁掉而不是创造共同利益的概括描述。当然，随着海量数据市场的出现，个人偏好匹配获得了巨大改善，在这个过程中，偶尔无法达到最大的共同利益，也可以算作我们为此付出的一个小小的代价。然而，对某些特定类型的交易，特别是那些对非直接交易伙伴（经济学家称之为"外部性"）产生巨大影响的交易，我们可能需要借鉴现有市场的一些经验，这里所说的市场只包括不以价格运作的市场。这类市场通过巧妙的市场设计和一种不同类型的匹配算法来运转。举个例子,我们怎么做出哪个病人应该得到供体肾的选择?捐赠的肾脏并没有被出售(至少在法律上是这样的,尽管一些经济学家建议它应该被出售),所以偏好不能被浓缩和简化成一个公开的价格。在这样的市场中,负责运营的信息中心通常会收集所有市场参与者的偏好信息,并使用先进的匹配算法连通合适的市场参与者来进行交易,其目标就是尽可能多地实现合适的匹配。这类匹配最近得到了显著的改善,这得益于算法的改进,以及人们对"不同匹配算法最适合的类型市场"的更好的理解。

2012 年,两名世界一流的匹配专家劳埃德·沙普利和阿尔文·罗思,因他们在这方面的研究成果获得了诺贝尔经济学奖。所以,对具有巨大外部性的交易,我们可以让海量数据市场采用类似的方法。丰富的数据流将有助于原本由负责运营的信息中心来完成的复杂的匹配,但它要求市场上的每一个人都要预先就一套匹配原则达成一致,并且严格遵守这些原则(以免市场参与者失去对匹配系统的信任)。因此,这种借助集中权威来进行匹配的方法(尽管参与者保留最终是否加入市场的权利),只适用于极少见的特定情形,在绝大多数市场中,我们将使用数据丰富、算法优化、不断迭代和分散的匹配流程。

基于海量数据的模式化匹配,正在以不同的形式在各种不同的环境中出现。声破天(Spotify)和 Apple Music 这样的音乐平台所做的,就是将听众的个人喜好与每首歌曲进行匹配。网飞(Netflix)和亚马逊的产品推荐也是如此。[1] 但这仅仅是个开始,并不是所有这些主流

●─○ [1] 个性化推荐,即给不同消费者按照其喜好推荐最符合他们口味的个性化产品列表,是这本书所提到的匹配算法最常见的应用场景。具体介绍和主流算法请参考文献 L. Lü, et al., Recommender Systems, Phys. Rep. 519 (2012) 1。——译者注

算法都尽可能地利用了个人偏好的所有维度。这就为创新型初创企业带来了令人兴奋的机遇。他们争相成为下一个在匹配领域取得重大突破的公司。例如，总部位于伦敦的初创公司 Saberr 提出，基于个性的算法可以帮助人们建立高效的工作团队。Saberr 的联合创始人阿利斯泰尔·谢泼德利用有关人类个性的调查结果，创建了一种算法，它可以发现团队成员之间的兼容度。他在一项企业家的竞赛中测试了这种算法。彼此不认识的参赛者被分成很多小组分别进行调查。此次调查没有询问参与者的工作经历或教育情况。在第一次演示中，该算法预测了哪个团队将赢得比赛，以及其他八个团队当天将会到达什么位置。谢泼德在后来预测持续时间长达八个月的微软创新杯（Microsoft Imagine Cup）的获胜者时，以及在预测风险投资基金 Seedcamp 的投资选择时，都曾运用了上述结果。德勤（Deloitte）、奢侈品企业集团路威酩轩（LVMH）、联合利华（Unilever）等公司，都是 Saberr 的客户。

匹配将变成一种基本服务

更好的匹配不仅有利于市场参与者，而且有利于整个市场。所以我们倾向于将个人偏好匹配算法看作市场提供的服务改进。这也是苹果和亚马逊、亿贝和阿里巴巴、网飞和声破天正在追求的目标。当不同的企业在为争夺潜在客户竞争时，我们很容易发现，更好的算法可以转化为企业的竞争优势。市场越是远离价格关注，接近海量数据市场，它在更好的匹配算法方面的竞争就会越激烈。因此，我们可以预见，匹配服务将会成为区别市场的关键因素。然而，从长远来看，随着大多数市场开始采用更智能的匹配技术，匹配算法所带来的竞争优势可能会减少。到那时，匹配将变成一种基本服务，一种市场本应提供的基本功能。

出于同样的原因，匹配服务不一定只由市场提供。我们可以设想一下，新型的中介机构会获得哪些机会。如果市场参与者愿意与其分享个人偏好以及相关信息，中介机构就可以为他们提供更好的匹配服务。我们可以把这些机构当作提供匹配服务的信息中心。如果发生这种情况，市场匹配的价值创造者就从市场的提供者变成最优匹配的供应商。这样，市场可能就会变成一种商品化的服务，大部分价值（当然也是大部分利润）被中介机构获得。[①] 很多商家可能会发现，他们不仅是在相互竞争，而且要与一群专注于匹配服务的颠覆者竞争。在金融服务领域，我们看到了这种趋势。新的数据中介机构，例如 PeepTrade 提供了比现有交易平台更全面的信息和更好的匹配服务，市场参与者要获得他们针对性的见解，需要额外付费。看到这些新机构在帮助顾客买卖证券等方面所提供的服务后，我们发现传统的市场平台转向了低价商品。

机器学习系统登上舞台

但是，海量数据市场的运转还需要另一因素配合。海量数据流和改进的匹配能力就像一辆没有引擎的汽车，我们还需要一套高效合理的方法，来帮助市场参与者表达他们的个人偏好（并将其转化为数据）。

---

① 译者在厦门参加一次校友会的时候，曾听一位做连锁酒店的校友抱怨：酒店相当部分的收入都必须分给携程、艺龙等信息平台，而如果他拒绝和这类信息中介平台合作，那么没有客人会找到他的酒店。——译者注

有了海量数据市场，市场参与者就可以了解其他人的个人偏好，并使用匹配算法对他们进行配对。但是市场参与者如何表达他们的个人偏好及其权重？他们又如何相互交流？这是一个巨大的挑战，找到解决办法至关重要。没有人愿意在需要花费数小时回答调查问卷的市场上进行交易。幸运的是，近期的技术进步再次发挥作用，使我们更接近可行的解决方案。我们再考虑一下亚马逊的产品推荐引擎：乍一看，它是一个匹配系统，可以成功地将我们的个人偏好与可用的产品配对，并对我们应该订购的产品提出建议。但这只是整个故事的一半。亚马逊捕获了我们的个人偏好，但它并不是直接从我们这里获取了信息，而是从综合数据流中收集到我们与网站的每一个互动环节——我们看的是什么产品，什么时候看的，看了多长时间，读了什么评论。亚马逊是在数据中寻找能够显示我们个人偏好的独特模式。通过识别这些模式，它可以从统计学角度推断出我们的需求，而不必直接询问我们。当然，亚马逊并不能完全确切地了解我们的个人偏好，它只是近似确切（所以有时它也会提出错误的建议）；并且它也不知道为什么我们喜欢一样东西而不喜欢另一样东西，它只是考虑了我们实际做过的事情。但这足以让亚马逊满足其个人偏好匹配算法的数据需求，并搜索到我们最可能购买的产品。

亚马逊的策略并非独一无二，它是大数据分析的代表做法，是一种数据分析方法，其目的是全面收集关于某特定现象的数据，并寻找嵌入数据中的复杂模式。亚马逊的策略集中于模式分析，与传统的统计数据不同，后者集中于将数据压缩到本质——从计算平均值到回归分析都是如此。很多大数据分析方法的一个特点是，人们所寻找的模式并不是从一开始就被定义了的，它是经过分析大量的用于训练的数据后才出现的。举个例子，在亚马逊的推荐系统中，系统并不是一开始就知道哪个数据模式会显示某特定客户的个人偏好，只有通过筛选过去多年的与客户的互动和购买数据，系统才会发现最有可能的一个模式。① 由于该系统通过筛选用于训练的数据来学习，所以它通常被描述为"人工智能"方法，尽管这个术语最初主要指的是那些安装了普遍规则的系统，而不是通过利用用于训练的数据来学习的系统。这些系统并不能以人类的理性来理解数据，它们所做的只是识别自己所"看到"的模式，就像 Libratus 在德州扑克上打败那些职业玩家时所做的那样。

要使这样一个机器学习方法有效运行，机器学习系统必须满足两个条件。首先，机器学习系统一开始需要大量的数据来训练自己，并且要搞清楚嵌入数据里的内容。② 例如，谷歌利用其 Web（万维网）上的所有文本，来找出谷歌翻译工具的单词使用概率模式。其次，机器学习系统必须得到频繁的反馈，以便随着时间的推移，它能够根据具体的情况变化进行自我调整，以超越最初的训练成绩。新一代机器学习系统在数据中寻找的不仅是模式——它们以一种更微妙、更具有识别作用的方式来使用反馈数据。例如，它们可以像人类的记忆一样降低旧数据的价值。

●-○ ① 实际上，推荐系统并不需要真正了解消费者的偏好。例如消费者甲买了商品 A，然后系统发现买了商品 A 的乙和丙都买了商品 B，于是系统就把商品 B 推荐给甲。这种通过发现和目标消费者购买行为相似的消费者，并把他们购买过而目标消费者没有购买的商品推荐给目标消费者，或者推荐经常与目标消费者购物车里的商品一起被购买的商品，就是推荐系统中最主流的算法之一——协同过滤（collaborative filtering）。在该算法中，系统不需要真正了解消费者的偏好或者为什么要买某商品。亚马逊自身就是协同过滤的先驱研究者，读者可以参考著名论文 G. Linden, B. Smith, J. York, Amazon. com recommendations: Item-to-item collaborative filtering, IEEE Internet Computing 7(1) (2003) 76.——译者注
●-○ ② 这个条件不必然，它取决于算法。例如谷歌的翻译算法更多的是发现模式而非挖掘内容。——译者注

自适应机器学习系统

反馈是这类系统的核心，特别是在系统被用来辅助关键决策时。特斯拉的首席执行官埃隆·马斯克在 2016 年年底的时候曾在推特上夸耀，所有斯特拉汽车都拥有来自其 Autopilot（自动驾驶系统）的数亿英里里程记录。很可能，马斯克在推特上发文不是为了简单的数字炫耀。自动驾驶系统启动后，会生成并积累有价值的反馈数据，这些数据会发送给特斯拉，并被用来训练出自动驾驶系统的下一个更好的版本。毫不夸张地说，只要斯特拉车主使用自动驾驶系统，特斯拉汽车每走 1 英里，其自动驾驶系统就会得到改进。

与可以让特斯拉自动行驶在道路上一样的数据反馈过程，也可以被用来了解市场参与者不断改变的个人偏好。如果一个客户反复地从最高质量的供应商那里购买一种特定的墨盒，而不管它的价格高低，那么这就表现出这个买家对质量的个人偏好。该系统不需要知道为什么这个买家相对来说对价格不太敏感。当此客户开始购买最便宜的墨盒时，这表示他的偏好可能已经改变了，系统也会做出相应调整。

在目前最强大的自适应机器学习系统中，有一些系统最初是经过大量数据训练的，然后它才开始学习如何适应特定的个体。例如，内置在一些设备上的智能助手，比如亚马逊的 Alexa 和苹果的 Siri，可以将语音转换为文本，因为系统已经进行了数十亿个音频数据点的分析训练，而且覆盖了各种各样的发音。一旦你开始使用这些助手，它们就会根据你的语言使用习惯和偏好反馈来调整自己。世界各地的创业公司都专注于用基于反馈数据的自适应机器学习算法，来识别客户的个人偏好。比如 Infi，一个以色列开发的个人偏好助手软件，就对更多种类的智能手机和社交媒体上的数据进行了分析。

基于数据的大规模训练以及随之而来的自适应反馈，与个性化学习相结合，激发了市场显著提高效率的潜能。自适应机器学习系统可以减少决策过程中认知偏差对我们的影响，同时它仍然允许我们做真实的自己。这是因为，自适应机器学习系统依赖大量的用于初始训练的数据，这些数据代表了非常广泛的个体反馈信息。尽管每个人都会有一些独特的认知偏差，但是来自不同个体的大量信息，可以降低那些极端偏差出现的可能性。虽然我们的个人偏好所隐含的认知限制不会消失，但是系统可能会帮助我们回归均值——如果我们希望如此。

随着反馈机制的发展，自适应机器学习系统可能会做到从偏差较小的资源中识别出个人偏好数据，而且给予这部分数据更高的权重。毕竟，与人类不同，自适应机器学习系统能够学到的东西是没有边界的。最终可能会出现一种已经预先安装了一套强大、全面的个人偏好优先级的系统——一种聪明的、平稳的决策代理，当你不相信自己的判断时，它就会介入。但是，它也可以通过观察我们的决定，以及我们对系统的建议所做出的反应，来适应我们特定的个人偏好（还有我们的偏见）。随着时间的推移，这样一个系统可能会变得更像我们自己。该系统也可以通过分析我们对其决策建议的反馈，默默地认识到它到底需要与我们有多少相像：当它试图转变我们的偏见时，如果我们表示愿意接受，它就会注意到；反之亦然。简言之，这样的系统可以在两个领域为我们提供最优选择：让我们既能够了解并遵循自己的个人偏好和优先顺序，也可以让我们从成千上万名其他市场参与者那里学习到决策技能。

这种机器学习系统在任何环境下都是可以派上用场的，不仅仅是在市场环境中。但是某些社会结构更容易产生机器学习系统所需要的反馈数据。基于市场的分散性质，它能够产生大量的机器学习系统能够吸收和学习的独特信号。每一个信号，从交易达成、结账付款，到浏览可选商品时一个表示感兴趣（或不感兴趣）的微小手势，都具有信息价值。甚至这些互动的顺序也是很重要的，它代表信号发出的顺序。这些很小的信号可以产生大量的数据，数据点与个人偏好分析的关联也是充分的。

市场自身的重塑

市场重塑的所有必要因素都已就位。数据本体的改进帮助我们从大量的数据流中提取出有价值的数据，并对其进行多维度分类。匹配算法的进步使我们能够在我们所选择的市场中找到并选择最佳交易伙伴。机器学习系统通过观察我们，可以识别出我们的个人偏好，这样我们就不必花时间去思考和确定自己的个人偏好，以及赋予不同偏好不同的权重。作为我们信任的助手，当我们做出有偏颇的决策时，机器学习系统会提醒我们（如果我们希望如此），并在我们做出选择时给我们提出建议。最终，机器学习系统甚至会为我们做出很多决策。

这些技术如果结合起来，将会使我们成为非常强大的买家或卖家。这不是因为我们会在每一次谈判中获胜，而是因为我们的每一次行动都会是高效的，我们将会基于个人偏好不断地优化结果。这些技术如果结合起来，不仅会使参与者受益，而且将会大大地改善整个市场，使其成为协调人类活动的最有效场所。

第4章 市场的复兴

我们在本章中概述的每一项技术进步，都在克服市场的两个基本挑战方面起到了独特的作用：一是以低成本获取海量、多维度的信息流，二是将信息转化为决策。数据本体可以促进信息的流动，自适应机器学习系统和个人偏好匹配算法可以帮助人们处理信息。它们也可以彼此以微妙且重要的方式相互促进。自适应机器学习系统不仅可以帮助我们根据数据来梳理自己的个人偏好，而且我们可以用它来改进个人偏好匹配算法，找到能够引向高级数据本体的遣词造句模式。同样，数据本体可以帮助我们找到为个人偏好排序的更好方式。个人偏好匹配算法不仅可以帮助我们找到最佳的交易合作伙伴，而且可以帮助我们确定一套最恰当的客观优先级排序，并以此作为我们自己的个人偏好基准。

我们可以预见这样一个时代：一个又一个的市场将会利用技术的进步和如上所概述的观念来重塑自身。这一变化已经开始。但是，它不会是一个简单、快速、线性的转变。随着不断地创新，市场将不得不进行试验，以发现技术与市场设计的正确组合——市场设计必须符合其参与者的需求。但是，一旦以货币为基础的市场转变为海量数据市场，一个建立在多维信息流上的市场，一个被优先匹配算法和自适应机器学习系统优化了的市场，它就没有回头路可走了。这样的发展变化，我们在那些作为市场重塑试验场的地方已经可以看到，比如爱情市场。

应用范例：爱情市场

千百年来，寻找爱情的人都会向中介机构寻求帮助。媒人是一种非常古老的职业，每种文化都存在许多社会活动，这些活动至少在一定程度上是为让人找到自己的灵魂伴侣而设计的。但是长期以来，这种机会一直受到地理障碍与信息匮乏的限制。完美的灵魂伴侣可能就住在两个村庄以外，但是因为他们不知道彼此的存在，所以他们永远不会相遇。

这就是为什么在互联网发展早期，交友网站几乎一炮而红。其中最受欢迎的网站，似乎为爱情提供了一个稠密市场——那些提供大量不同参与者的市场，因为这必定会增加成功的机会。美国西北大学心理学与管理学教授、世界知名的在线约会专家伊莱·芬克尔，将这些第一代约会平台称作"爱情超市"。这些平台确信，市场上到处都是潜在的灵魂伴侣。用户一开始也很喜欢这种平台，但是他们发现自己很快就晕头转向了，因为这种大海捞针般的寻找所需要付出的努力实在是太累人了。

面对这种局面，交友网站进行了一些详尽的问卷调查来梳理客户的个人偏好，以方便客户快速且轻松地识别出各自最好的匹配。从本质上讲，这些网站切换到了多维度信息流，并实现了优先匹配算法。这似乎是明智之举，但是结果遭遇惨败。参与者花费几个小时的时间来回答数百个关于他们自己的问题，但是最终的匹配结果只比在爱情超市里随机漫步好那么一丁点儿。

问题就出在这里：交友网站在试图改善其平庸的匹配结果时，却降低了服务质量。事实证明，转向多维度信息是正确的选择，但多维度信息本身并不足够。正如芬克尔教授所解释的那样，问卷调查过于简单，只是为了寻找相似点（或不同点），而且问卷调查使用的引导数据也是错误的。正如上面我们所讲的，他们需要的是一套更好的个人偏好匹配算法，以及一个可以捕捉人与人之间关系的更好的数据本体。未来的约会服务将会使用机器学习系统，它可以从视频、照片、语音，甚至是可穿戴跟踪设备中，推断出必要的相关数据，而不是让用户花数小时回答问题。当我们与我们喜欢的人互动时，机器学习系统会在我们微笑或脸红的时候进行记录，它还知道什么时候我们的心脏开始同步跳动。如果一个系统不用费力就可以收集到用户的个人偏好数据，并将这些个人偏好与相应的多维度信息流和适当的匹配算法结合起来，成功的匹配就会大量增加。下一代的交友市场将会更加成熟和高效，尽管它可能不像上一代的市场那么令人兴奋。我们已经拥有了重塑在线交友市场所需的技术与技能，现在要做的就是将它们正确地组合在一起。

把最重要的决策权，握在自己手里

类似在线交友市场的情况也发生在其他市场。一些市场已经领先，其他市场仍然滞后。但是，任何想要继续做交易的市场都无法抵制这样的变化。再过几年，我们将会拥有可以随意支配的强大的海量数据系统，这些系统足够了解我们，能够为我们的市场交易提供有意义的帮助。这样，我们就可以使用更少的资源，花更少的时间，却能获得更好的匹配。效率红利唾手可得，但这还不是全部。

在人类历史上，我们第一次有机会，在进行合作时，对是否要参与那些至关重要的决策做出选择，或者对参与到何种程度做出选择。我们将会引导机器学习系统去做那些无聊的事情，把那些能给我们带来最大快乐的决策留给自己来做。我们会故意放弃一些选择，这样我们就可以专注于对于我们来说最重要的选择，并将决策的需求与选择的快乐分开。

但是，当我们重塑市场，为其注入海量数据时，我们也必须理解并重新思考公司的角色。

n"}}],"countries":["IN","NP"],"mixins":[]},{"name":"
age2018a","start":1535005260,"end":1538288460

第 5 章

公司与控制

"countries":["IN","NP"],"mixins":[]},{"name":"WMBE WikiLovesHer
,"start":1535005260,"end":1538288460,"preferred":1,"thr

最优秀的"亚马逊机器人"

　　亚马逊公司自 1994 年成立以来，所做的生意无不具有颠覆性。如今，它被誉为一站式、一键式市场。通过分析你的数字购物车，它可以为你的产品偏好提供信息。亚马逊的年收入超过了 1 000 亿美元。先是书店，然后是宠物商店，再是鞋店——一个又一个行业的零售商开始与这个庞大的在线市场竞争。亚马逊不仅提供了比实体店更大的商品目录，而且邀请个人注册成为卖家，从手工奶酪制造商到自媒体作家。但是，向个人开放虚拟的大门并不是亚马逊拥抱市场模式的唯一途径。它同时也允许买家通过评级和评论产品来发出自己的声音，以方便未来的买家在决定要买什么时，能够轻松地直接获得相关市场的信息。如果确实有一个数字公司的成功典范，它的表现更像是一个市场而不是一家公司，那么这个公司似乎就是亚马逊——"万货商店"（Everything Store）。

　　然而，这些还远非故事的全部。在过去几百年里，公司协调促进了很多世界经济的显著增长。在一些重要方面，亚马逊充分展现了只有公司才具有的层级组织，以及指挥与控制结构。亚马逊是一家传统的公司，杰夫·贝佐斯也是一个传统的首席执行官，他时刻在寻找更有效、更高效的方法来控制公司的各方面，而综合信息就是他的选择工具。

贝佐斯对小到一个像素的细节都会关注，这简直令人惊讶。2011年，一位名叫史蒂夫·耶格的亚马逊前工程师在 Google Plus（一个社交网站）上分享了自己对前任老板的一些激愤的看法，从而引起了国际社会的关注。他本不想公开发表这些言论。"贝佐斯超级聪明，你们别误会我的意思。"耶格写道，"他只是让普通的控制狂看起来像是喝醉酒的嬉皮士。"在 Glassdoor 网站上，员工们可以匿名评价他们的雇主和管理人员。与硅谷的其他大公司相比，亚马逊在工作满意度方面的排名低得可怕。在许多评论中，员工们都在抱怨公司对员工的要求，并宣称他们完全没有自主权。2015 年，《纽约时报》在其对办公室工作人员的工作条件所做的一项调查中发现，员工对公司运营的不同方面，"在一系列指标上，都担负着重任"。这是一项长达 50 页的调查报告，它要求员工对每周和每月的业务总结会效率低下的问题做出解释。

处理那么多信息会使大家士气低落。"如果你是一个优秀的亚马逊人，你就得做所谓的'亚马逊机器人'。"一名员工告诉《纽约时报》的记者。最优秀的"亚马逊机器人"声称，为了仔细研究数据，并回答所有那些关于信息应该如何影响决策的问题，他们每周工作100 个小时。另一些人则会感到沮丧、精疲力竭，却依然需要继续前进——他们如果是公司业绩最差的 10% 的人，就会被警告或者被解雇。这些指标允许贝佐斯在没有直接观察员工表现的情况下，依然可以掌控各层级的员工。①

　　《纽约时报》的调查被曝光后，触动了很多人的神经，官网上的评论达到 5 858 条，当时，这是该网站历史上评论最多的一次。正如《经济学人》所指出的，许多评论者"声称他们的雇主也采取了类似的管理方法。这远非特例，亚马逊似乎是一种新趋势的体现"。依据弗雷德里克·温斯洛·泰勒的科学管理原则，《经济学人》将这一趋势命名为"数字泰勒主义（digital Taylorism）"。新技术的产生似乎带来了某种动力加强版的指挥与控制系统，关于员工、流程、产品、服务和客户的数据就是其动力燃料。但是，为什么像杰夫·贝佐斯这样著名的市场创新者，会接受公司模式中的集中决策结构、规则和行为，用它们来管理他的商业帝国中绝大部分机构，而不是研发技术，来捕捉市场模式中的分散决策的魔力？是不是亚马逊和其他数字公司的大佬（以及他们的许多小兄弟）没有意识到，他们正在开发的海量数据市场也会对他们自身产生重大影响，并迫使他们重新考虑自身的存在理由，或者至少重新思考公司的组织架构？

　　要回答这个问题，我们首先需要了解信息是如何在公司内部流动并转化为决策的。随着时间的推移，新工具和新方法是如何帮助公司在结构上不断完善的？

技术创新推动公司创新

　　公司可以扮演很多角色，包括作为一个法律实体来筹集资金、控

●—○ ① 最近一项研究显示，研究员通过分析员工长期在企业办公管理系统中和其他员工互动的信息，就可以较精确地预测员工的长期表现，包括升职和离职。读者可以参考研究论文：J. Yuan, et al., Promotion and resignation in employee networks, Physica A 444 (2016) 442。——译者注

制风险。借助公司，我们可以把管理权从所有权中分离出来。但是，在本书的语境中，正如我们之前所解释的那样，公司与市场一样，是一种使人类能够合作的机制。与市场一样，公司的目标是以低成本提供合作服务。公司的设计，至少从原则上讲，也与市场一样，是为了在其不断壮大（或缩水）时能够继续高效合作。市场和公司之间的关键区别，就在于决策是如何做出和由谁做出的。市场的决策是分散的，分散在所有市场参与者身上。而在公司里，决策更加集中，局限在一个人数相对较小的群体里。决策模式的不同不但反映在二者如何处理信息的流动上，而且反映在他们如何将信息转化为决策上。几种差别交织在一起，相互作用。因此，要了解公司是如何随着数据流和数据技术的变化而发展的，就需要我们先弄清楚当下的变化是如何发生的。我们将看到一个令人震惊的反复创新的案例，它既是技术的创新，也是公司与社会的创新。

只有充分、及时、准确地从公司的各部门获得信息，公司的领导才能获得必要的"原材料"来做出决策。几个世纪以来，这种认识一直在推动有效的报告方式的发展，尤其推动了财务核算法的发明。这些方法的重要性经常被公众忽视，而它们是企业崛起和成功的关键因素——至少与大规模定制和全球化同等重要。最初，报告只提供关于公司财务状况的数据，但随着时间的推移，报告范围扩大到公司活动的各方面。

报告的目的将会从公司要对过去负责，转变为公司利用信息对未来进行战略规划。要实现这种转变，对当前发生的事情我们必须要有一个全面的了解。数据取代了直觉，对理性管理的渴望取代了对特殊决策的依赖。虽然这里的重点是信息的流动，但最终的目标当然是更好的决策。

在公司成立之初，关于商业活动的内部报告都是叙述性的，都是讲述交易中发生的事情。报告的形式或是本人对合作伙伴面对面地讲述，或是通过书面的日志讲述。第二种形式的应用已经越来越广泛。这些"讲述"几乎很少包含大量的数值计算，因为大多数早期的数字体系都过于复杂和烦琐，即便是很简单的算术运算也需要很长篇幅来描述，从而难以被理解。阿拉伯数字的广泛应用改变了这种状况，为商家提供了一种标准的、易于阅读的语言，使他们可以用来表达原材料、库存、销售和现金储备的情况。

报告制度与会计制度

雅各布·索尔在其所著的会计史 ① 中指出，公司内部报告制度之所以会出现，是因为公司的领导们意识到，当流向他们的信息更多时，他们能更好地控制企业的各项活动。美第奇、巴迪、佩鲁奇等意大利商人家族在经商方面所获得的巨大成功，就是最好的证明。他们是大家公认的 15 世纪欧洲最伟大的银行家。老柯西莫·德·美第奇是在 1429 年他父亲去世后接管家族企业的。在柯西莫子承父业时，复式记账法已经不再是新概念。所谓复式记账法，就是要求每一笔商务交易作为流入或流出的价值，都应该在财务系统中登记两次。事实上，佛罗伦萨的所有商人都需要保留这样的记录，以便计算税额。但是那时候记账被视为对国家的义务，而不是企业内部控制的工具。柯

---

① 参见雅各布·索尔著，《大查账：财政责任与国家兴衰》(*The Reckoning: Financial Accountability and the Rise and Fall of Nations*)。——编者注

西莫扭转了这一局面，他将记账转化为一种强有力的信息监督工具，使其成为公司日常业务的必要组成部分。他坚持从每个部门得到定期、严格的信息报告，这些信息被浓缩成一套简化的账册，以方便他发现错误和不一致的地方。每个部门的负责人还要同意接受每年一次的审计，审计由柯西莫在他的直接部下的帮助下完成。柯西莫是一个精明的商人，他成功的秘诀在于，他可以一边待在他佛罗伦萨舒适的豪宅中，一边利用由财务产生的信息流动，来控制他的金融帝国。

在接下来的几十年里，他扩大了业务范围，在欧洲各地设立了数十家分公司，并招募了很多代理商，包括位于遥远的布鲁日和伦敦的办事处。他的成功并不像人们长期以来所认为的那样，即因为他让自己的亲戚掌管远方的业务，通过紧密的、自利的家族关系，来确保其工作的忠实与忠诚。与此相反，美第奇家族在柯西莫的领导下之所以能走向繁荣，是因为他对公司的账目保持了个人控制，因此他对关键的信息流保持了控制，并使其天天更新，时时平衡。

这种财务制度有几个优点。它要求"账本"始终保持平衡，这样，制表错误就更容易被发现。商人们也可以通过寻找数据中的差异来监视他们的代理商，发现他们是否在试图盗用资金或隐瞒其不良业绩。通过财务报告，公司的负责人可以确定代理商到底做得好还是坏，并据此采取行动。这虽然只是财务的清算，但良好的财务制度也会为稳定的信息流动奠定基础，使企业能够显著扩大业务规模和范围。

在接下来的几个世纪里，复式记账法并没有成为大多数公司的规范。柯西莫之后的美第奇家族成员，还有其他富有的意大利商人的后代，抛弃了财务报告的做法，转而追求更加"有知识分子味道"的东西，比如政治和艺术。会计学被认为是低于他们的精英地位的。当时，关于现代公司制度的观念还处于起步阶段，在许多公司，包括由欧洲的几大皇室家族出资创办的著名的东印度公司中，高管们更加关注的是股票价格和市场投机，而不是内部控制、内部效率，以及创造稳定的利润。大多数公司可能会保留一套基本的账簿和分类账本，在应对法律要求时会平衡一下账目，但账目往往并不准确。在有些情况下，这些账簿是"经过加工的"。为了保证投资者的资金滚滚而来，他们有意掩盖了公司的财务问题。与柯西莫不同的是，许多公司的领导者还没有意识到，财务报告可以为他们提供源源不断的关于企业内部运作的重要信息。在某种程度上，这也是因为财务记账的先驱者，当时几乎毫无例外地只专注于现金流：美第奇家族成员和当时的其他意大利商人主要是银行家。他们虽然做商品交易，但更主要的是做货币交易。直到 18 世纪，一位名叫约西亚·韦奇伍德的年轻英国商人开始研究生产成本，人们才意识到会计学的全部潜力。

韦奇伍德是靠陶器闯出名声的。他的工厂生产的产品得到英国贵族的青睐，包括夏洛特女王——女王允许他向公众出售名为"女王陶器"的图案。尽管产品有这样的美誉度，韦奇伍德却没有赚到钱。他的账目一直做得很好，所以他清楚，他的材料和劳动力成本几乎等于销售额。但是记账簿并没有告诉他原因。因此，他开始分析其生产和分销业务的每个环节，并记录每个环节的成本，在此过程中他发明了综合成本核算法。有了这些信息，他就可以确定哪些资源被浪费了，哪种模式下需要的人工过多，哪些产品可以获得最高的利润率，所以他可以通过分析和分配来持续降低成本，增加收入。

简言之，韦奇伍德将过去的财务信息流转化为商业规划的战略工具，并借此为未来做好准备。综合成本核算法的使用，大大改善了以决策权威为核心的公司的业绩。19世纪，报告制度和会计制度更进一步成为使公司内部的信息流动形式化和标准化的重要工具。这两种制度作为人类合作的高效方式，极大地促进了公司的崛起。公司上市发行股票是控制风险和积累资本的一项重要创新，而人口的增长以及贸易的全球化又给企业提供了扩大规模的机会。通过全面的报告，公司的领导者可以获得足够的信息控制，以引导公司走上可持续盈利的道路。

当然，这种控制需要的不仅仅是正确的科技和相关的会计人员，而且至少可以算作同样重要的是，组建和培训公司骨干队伍。骨干人才要诚实、勤奋，他们的任务就是做好准确的记录，报告比较的结果。会计师是公司崛起的无名英雄：他们的任务往往是费力不讨好的，而且常常是重复单调的，他们发挥创造力的空间极其有限。事实上，在公司财务人员想要发挥创造性，试图模仿公司其他部门进行创新时，他们的出发点很少是公司的长远利益。公司的效率提升依赖于诚实、准确的报告。

泰勒式科学管理

然而，如果一家公司的最高决策者不能认真对待报告制度，那么这世上的任何报告都将没有价值。汇集信息流与集中决策，并使它们成为全面控制的工具，是公司这个组织的核心理念。我们要想使这一理念发挥全部潜能，就需要使理念深入到企业的内部运作中。这种广泛的报告形式始于19世纪90年代，当时美国工程师弗雷德里克·温斯洛·泰勒创建了一种新的思想流派。今天，人们提到泰勒，主要想起的是他倡导收集工厂中每项任务的微小细节。尽管这样做有时是有效的，就像他在伯利恒钢铁公司所做的那样，但是"泰勒主义"经常会被员工憎恨，他们觉得量化人类劳动每个方面的做法，使工人变成了工厂主机器里的齿轮。但是泰勒关心的不仅是加快生产线上工人的动作，而且他认为，对于他称之为"科学管理"的这样一种新型组织领导方式来说，公司的综合信息流动及其处理才是至关重要的。当然，信息的流动和处理是以报告制度、会计制度以及其中最重要的比较计算为基础的。泰勒坚持认为，这种严格的制度可以而且应该教给每位刚刚起步的经理。在大规模生产的阵痛中，他发现有一群人热切渴望他能够把提高效率的控制路径编写成一套教材。他的想法后来成为哈佛商学院工商管理硕士学位课程的基础。

新科技使泰勒的科学管理所需要的大量数据得以收集和传播。为了帮助公司决策者更好地采集和管理数据，赫尔曼·霍尔瑞斯发明了打孔卡片制表机，并创立了制表机器公司。当霍尔瑞斯向各公司兜售这项发明时，他们提出的需求可不仅是一个简单的计数器，他们需要的是与公司目标一致，能够提高利润的信息。霍尔瑞斯为他最早的客户之一纽约中央铁路公司，创造了将多个卡片上单个字段中记录的数字相加的能力。这使得中央铁路公司能够有效地审计数以百万计的货运单，以确保公司可以正确地向客户收取费用。货运单上提供了火车的货运量，以及货物被火车运输的距离。同时，这些数据也可以用来识别理想的货运客户。很快，许多企业高管都急切地想要寻求打孔卡片制表机的帮助。打孔卡片制表机成了电脑的前身，而霍尔瑞斯的公司后来变成了 IBM（国际商业机器公司）。

泰勒式科学管理使公司的信息收集与处理活动大幅增加。企业领导者正在积极地致力于创造更好的信息流动，也正是这一点促使亚马逊的杰夫·贝佐斯要求公司高管收集、分享大量数据，并且要求他们对这些数据负责。但科学管理也要求公司管理者处理并理解这些数据流，从而使他们不得不面对信息过载的威胁。

下放决策权

随着越来越多详细的信息流向权力中心，公司必须确保这些信息能够转化为正确的决策。这一直是一项特别依赖人力的任务，技术工具在这方面用处有限。这样，企业决策水平的提高就依赖于公司的创新，比如，管理者想办法将任务分散到更多的个人身上。通过制定标准决策的指导方针，即便有越来越多的人参与决策，决策的一致性也能够保持。选择公司的领导者并对他们进行培训，使他们成为优秀的决策者，这个做法也可以帮助我们满足将不断增长的信息流转化为决策的需求。这些做法以及其他类似的策略，大大改善了公司的决策过程。这些策略很有力度，但它们也有弱点：过度下放决策权会降低一致性。为了预防这些问题，公司需要采取进一步的措施——建立更加复杂的有针对性的组织机构，以适应特定的公司及其环境。与报告制度的创新不同，在改善公司决策过程方面，没有简单、轻松的制胜方法。

当然，最简单的策略，就是将一些决策权按照不同级别下放。这不仅是把决策权分配给了一个更大的群体，而且是将决策权进行了分类，让部门问题在部门内部解决，只把最重要和最普遍的决策问题交给公司高层。但是决策权下放会有一个微妙的平衡点。一方面，如果决策权下放得太多，公司高层的决策负担虽然会减少，但是公司的效率也会降低。另一方面，权力下放得太少，高管们的负担就会过重。不过，如果能做到恰到好处，权力的下放再加上适当的信息流动，就可以让公司顺利运转。

我们可以回顾一下通用汽车公司的发展历程。通用汽车公司初创时制造的是马车，20世纪初期，它是美国最大的马车制造商。公司创始人威廉·杜兰特在苦苦挣扎的别克汽车公司那里发现了商机——别克汽车公司制造了最早的内燃发动机，于是杜兰特决定买下它。然后他又收购了另一家羽翼未丰的汽车制造公司，之后又收购了一家。1920年，通用汽车公司已经成为一家企业集团。小公司一家接着一家加盟该集团，却没有人考虑如何将这些公司整合在一起，也没有人考虑如果不是通过杜兰特本人，公司内部信息将如何传达给关键决策者。最终，尽管通用汽车公司在规模和经营范围上更占优势，其汽车生产线却完全败给福特公司的T型车。杜兰特很不光彩地被公司的投资者强迫出局，投资者聘请了一个外部咨询师来"评估通用汽车的管理效率"，结果他们发现：公司所有的信息、决策以及金融资源都要通过杜兰特本人来传达给其他人，他的这一做法使公司在1920年经济严重衰退时期，几乎陷入瘫痪状态。随着杜兰特出局，问题也迎刃而解。

杜兰特的继任者、工程师艾尔弗雷德·P. 斯隆，是一位天生的组织者，到任后他立即开始着手提高公司的运营效率。斯隆没有对生产线进行改造，而是集中精力优化信息流。斯隆通过加强财务管理等核心职能，来改善数据收集的状况。过去，经销商的销售报告与规划需要逐级报告，才能抵达他的办公室，于是斯隆聘请了一家外部公司来收集相关数据。

斯隆将这个庞大的公司划分为不同的部门，每个部门专注于市场的一个独特部分，同时他把决策权下放给负责每个部门的主管。这种做法极大地简化了通用汽车公司的信息处理程序，因为每个部门的经理只需要消化他们特定细分市场的数据就可以了。

不久，通用汽车公司取代福特公司成为美国最大的汽车制造商。斯隆的书《我在通用汽车的岁月》成为管理圣经。《哈佛商业评论》的一项研究指出，通用公司的财务控制"提供了清晰的、标准化的、经常性的业绩信息"。研究还指出："在这些工具的帮助下，高管们可以利用最新信息做出决策，从而减少了个人忠诚或个人偏见的影响。"通过权力下放来改善信息的流动效率，同时减少决策的瓶颈，这是通用汽车公司成功的原因。

第二次世界大战后，福特公司开始效仿通用汽车公司的策略，雇用了一系列数据高手。曾被称为"长腿的 IBM 机器"的罗伯特·麦克纳马拉就是其中之一，他最终被任命为福特公司的总裁。在战争期间，麦克纳马拉曾为美国军队节省了数十亿美元的采购成本。麦克纳马拉为福特公司带来了现代信息管理制度。他充分认识到，与霍尔瑞斯的打孔卡片制表机相比，人类认知的局限性非常大。麦克纳马拉在福特任职期间，以及后来作为美国国防部部长和世界银行行长，始终都专注于与人脑无法处理的大量信息做斗争。他毫不留情地简化数据，降低数据复杂性，使数据更易于人脑分析处理。麦克纳马拉对简化信息的专注堪比市场参与者对价格的关注。

麦克纳马拉的努力有时会因为缺乏实时、全面的数据而受阻。员工的报告和打卡信息需要阅读和分析，而简化的衡量标准却不能捕捉到所有信息。多亏了数字计算系统，到 20 世纪 70 年代，越来越多的公司可以整合各种各样的数据来源，将财务系统和人力资源、生产、库存管理和销售等报告系统集合到同一个数据库中。这种系统被称为企业资源规划系统（ERP），它由德国初创企业思爱普（SAP）首创，它为管理者提供了比以往任何时候都更能全面掌握信息流动的工具。

标准操作流程和检查清单

在决策权下放时公司面临的最大挑战，是确保信息向权力中心流动，同时集中决策的优势不会丢失。也就是说，要在公司上下整体信息需求减少的情况下，确保公司决策的连贯性。新的管理者 ① 通常是远离公司权力中心的，他们必须接受培训，以做出与高层领导者一致的选择。如果新的管理者做不到这一点，他们发出的"杂音"就会导致公司效率低下。

有些历史悠久的管理策略可以帮助我们避免这种"杂音"，包括建立标准操作流程（SOP）和其他指导公司决策的规范手册等。在某种程度上，这些规则可以通过给予员工明确、全面的指导，比如教会他们在一系列特定情境下如何做出决策等，来传达自上而下的信息。这将确保领导者的决策方法在整个公司都能得到一致的应用。但是同样，这种标准化的目的是减少必须提交给公司领导层的问题数量。这些通用规则的制定使决策权的下放更加便利。一个流行的信息处理工

●─○① 　按上下文理解，作者应该指的是公司中层管理者，而非公司高管和董事会。──译者注

具，检查清单（checklist，本质上就是 SOP 的简化版本），提供了与此类似的决策优势。飞机上的检查清单已被证明可以大大减少飞行员的操作失误，特别是在高压的情况下。哈佛医学院教授阿图·葛文德表示，医护人员在医院重症监护病房使用检查清单，可以大大降低患者的感染率。按检查表上所有的方框做检查，人们可能会感到很乏味，但是它可以让我们做出更好的决策。在日常环境中，检查清单和标准操作流程可以起到很好的作用，因为相关问题在很大程度上都是事先预料到的，每次的结果都是相同的，或者几乎相同。

　　有些公司，特别是那些员工流动率相对较高的公司，对标准操作流程战略采取了进一步措施，它们将一些规则和程序嵌入公司的工具和技术中。例如，安全操作一台焊接机，要求我们必须先手动关闭一个防护屏，这样我们就可以先将一个传感器连接到焊接机上，在传感器确认防护屏已经关闭之前，机器将无法启动焊接功能。① 随着机器变得越来越精密，可编码的规则也变得越来越复杂。但是与标准操作流程相比，下放决策权的能力是受到可预测性的限制的。基于机器的规则只适用于已经被详细研究过的常规任务。

　　这些信息处理策略可以千变万化，那些远没有那么严格的策略也是如此。每个公司的领导者都需要采用这些策略，来将决策权下放到下级手中。他们既要减少自己的信息负担，也要让整个公司保持一致性，将公司牢牢地控制在自己手中。他们希望在这两点之间找到正确

●─○ ① 　这种"标准化"最有代表性的例子，是医疗领域中应用的临床路径（clinical pathway），即针对某疾病建立一套标准化治疗模式与治疗程序，最终达到规范医疗行为的目的。很多医院的信息化系统也是按照临床路径设计的，这类似于确认防护屏关闭，医生如果没有按照临床路径的标准操作，就无法进入到下一步。这种方法对于医疗资源缺乏、医疗水平较低的区域来说是有利的，但也有业内人士诟病说，这种方式会压缩高水平医生面对非常见病例时的自主发挥空间。——译者注

的平衡。这就是阿尔弗雷德·P. 斯隆在通用汽车公司所做的事情：平衡集中决策和下放决策。斯隆将其称为"协调控制分权法"。

20世纪末，公司的决策者掌握的信息比以往任何时候都更多了。这是一个令人惊讶的飞跃，它开始于五六百年前记账簿的实践。建立和保持全面的信息流动，已经成为良好管理的基本原则。正如亚马逊的案例所强调的，即使是数字宠儿，也要坚持那些管理信息流动所需要的，或者正在尝试的，或者已经确信的理念。

当然，公司仍然存在一些不正确和不完全的信息。有时候，即使是最重要的信息，也可能无法到达决策者那里，不论是因为员工的恐惧，或者群体思维，还是因为在有些情况下，可能根本没人在乎这件事。但总体来说，公司已经成为一种人类高效合作的最佳模式。作为一种可供选择的合作机制，公司的重要地位与市场已经相差无几。公司获得了效率红利，但是这些红利大部分已经被吸收，要获得更多的红利，公司以后还需要专注于提高其高层决策者的信息处理能力。然而，在这个问题上，公司将要面对一个更大的挑战：人类认知的局限性。

提高企业决策者的决策能力

正如心理学家丹尼尔·卡尼曼和阿莫斯·特沃斯基在他们所创建的研究体系中所指出的那样（这个研究体系推动了一个新的学术领域——行为经济学的建立），人类受到一系列基本认知局限的困扰，这些限制削弱了我们做出良好决策的总体能力。我们在价格方面已经觉察到了这一点，而实际的限制范围远不止于此。例如，我们通常都会不自觉地将新信息与我们容易想到的信息进行比较，借此来对新信息做出评估，这就导致我们很可能会高估发生戏剧性事件的可能性，比如飞机失事。此外，与维持现状相比，我们更倾向于低估做出改变的好处。与未知的事情相比，我们更喜欢已知的事情。公司改善高层决策能力的一个更大的挑战是，人们并不是以完全相同的方式受到这些偏见的困扰。我们中的一些人比其他人更容易受到某些偏见的影响。在市场上，各类决策者更容易使认知局限缩小（但他们绝不会消除局限性）。相比之下，在公司里，集中决策的做法则会使认知局限放大。

　　要提高公司的决策能力，就必须提高决策者的认知能力。这可能做到吗？也许有人会说，公司可以选择那些不太可能在决策过程中出现认知偏差或类似错误的人来担任领导职务。确实有证据表明，我们中的一些人在评估信息时，在某些方面可能比其他人做得更好。研究表明，男性比女性更有可能表现出确认性偏差——更喜欢找出或者更重视那些可以证实自己已有信念的信息。比起受亚洲文化熏陶的人，来自西方文化背景的人更容易出现基本的归因偏误——相信别人的表现和行为源于他们的个性与性格，而不是来自更大的文化或环境。但是，这些相对而言的不利因素，通常不会集中在一个人身上，每个人都会有自己经常出现的偏差。智力和认知偏见之间也没有直接的关系，至少在我们所谈的此种情况下，聪明并不一定会让你更擅长做出决策。因此，在选择公司的领导者时，没有一种万无一失的方法，可以让我们找到那样一个能够神奇地克服所有人类认知局限的人。我们无法通过选择，来逃避美国管理学家赫伯特·西蒙所提到的"人类理性的局限性"，也就是说，人类做出最优决策的能力有限。

另外一个弥补的办法，是公司可以采用领导小组制。被聘用的小组成员在认知优势上必须互补，这样整个团队的认知偏差就可以减少。但即使这样做是可行的，我们也不清楚团队成员各自的认知优势，是否能保证他们在担负其他责任时不会出现疏漏。毕竟，公司的领导者也需要担负激励和鼓舞员工、研发产品与服务、与客户和股东进行沟通等责任。作为公司领导者，个人魅力、专业知识和充沛的精力也是其决策能力的重要组成部分。我们如果选择领导小组成员时，将注意力过于集中在一个人的信息分析技能上，就不能保证这个人在其他角色中的表现。

一些公司一直在寻求提升各级管理者决策能力的方法，但收效甚微。公司会雇用、提拔商学院毕业生，以及一些管理培训项目的毕业生，因为公司觉得他们应该学习过如何将信息转化为决策，如何更少地受到认知偏见的影响。一些研究显示，针对某项决策的明确反馈可以减少认知偏见。这就像飞行员知道机翼没有打开，飞机就没有足够的升力起飞，或者医生知道使用某种药物，就可以使病人的血压降低一样，准确无误。但是，按照这种反馈做出管理决策的情况是非常少见的。

探索法可行吗？

在过去的十年里，关于如何改善人类决策的另一种观点，开始吸引人们的注意力。这个观点认为，只要我们跟着自己的直觉走，坚持使用一些简单的探索法，或者始终遵循经过反复试验的便捷方式，在信息处理上，其实我们人类没有那么糟糕。探索法的支持者，包括马克斯·普朗克研究所（Max Planck Institute）人类发展研究中心主任、畅销书作者格尔德·吉仁泽。他们并不否认那些能够证明决策偏差存在的广泛证据，但他们认为行为经济学家精心构建的实验是脱离现实的。

这个批评是合理的。几乎所有科学实验的目的，都要减少所涉及的变量，从而梳理出因果关系。很多心理学实验也都以二元选择为主。但是真实生活鲜有如此黑白分明的时刻。根据吉仁泽的说法，人类已经开发出了自己的信息过滤器，以"保护我们不受处理太多信息的威胁"。他说："答案不是要找到弥补我们认知局限的方法，而是要依靠我们已经成功利用了数千年的'内在感觉——直觉'。"

你如果是一位高管，每天都要做很多既重要又非常不同的决定，那么这个方法对于你来说可能会是一个很诱人的选择。别再想通过分析信息来获得更深入、更丰富、更详细的理解了，别再惦记世界的复杂性了，让我们为简单的直觉欢呼吧！对信息一无所知也同样值得欢呼，依赖你的直觉比处理信息过载更快更省钱。吉仁泽的建议得到了相当多的公司领导者的拥护，这并不令人意外。2014 年的一项调查显示，约有 3/4 的公司高管相信决策时的直觉；甚至有 2/3 自称"数据驱动型"专业人士的人，也表示他们很重视自己的直觉，尽管他们"在做出决定之前会尽可能多地收集并分析（信息）"。比起选择花费大量时间分析信息并将其转化为决策，谁不愿意选择那个既便宜又简单的方式呢？谁不愿意不用付出很大努力就可以取得成功呢？

探索法的根本问题，与中世纪放血法的问题如出一辙。只要没有更好的选择——如果一个人不能全面地收集信息，处理信息，并将其转化为适当的决策，我们就试试这种方法。但是就像婴儿在学会走路后就会放弃爬行一样，最终每一个次优的解决方案都会被我们真正想要的方案取代。如果我们从启蒙运动中学到了什么，那就是无知绝不是好事，最多只能算作一个应急措施，它提醒我们还要更加努力。所以探索法没能给我们提供一个简单的解决方案，来帮助我们面对企业的认知决策挑战。

海量数据让公司面临挑战

在过去的几个世纪里，公司确实改善了其内部信息的流动情况，并将其转化为一种强大的组织创新手段。这不仅为公司在基于货币的市场上带来了竞争优势，而且为其在信息简化方面带来了优势。但是在将信息转化为决策方面，我们并没有取得同样的进步。这不是因为公司没有尝试这样做，而是因为人类认知的局限性。权力下放、标准化（通过标准作业程序等）、选择（正确的员工），甚至是探索法，能起到的改进作用也就这么大了。由于我们已经收获了信息流动的果实，下一步的发展必然来自决策能力的改进，这就将更具挑战性。杰夫·贝佐斯选择将亚马逊塑造成一家比较传统的公司，如此做法也说明了决策改进是多么大的一项挑战。尽管我们现在已经进入数字时代，但传统的层级管理结构依然是公司最高效的选择。

海量数据的出现彻底改变了这种局面。可以用来加速我们所做事情的数字工具，也可以帮助我们重新组织社会合作机制。通过使用尖端的以数据为核心的工具，市场参与者可以大大提高自己找到最优匹配的能力。这不但有助于市场机制与公司机制在竞争中保持平衡，而且对市场更加有利。随着市场的发展，在货币市场转变为海量数据市场的过程中，传统公司是否是最大的输家？公司能否利用同样的数据驱动工具来处理自己的信息过载问题，以减少相关的决策数量，升级经营决策，并且像市场一样，从数据时代中受益呢？

问题的答案是：公司不会达到与市场一样的程度。我们在接下来的章节中会做讨论。这并不意味着公司没有未来，但它可能会促使许多公司重新评估自己的组织方式。那些受到来自数字颠覆者的巨大压力的传统公司，可能会是第一批实现转变的公司。不过，随着时间的推移，即使是杰夫·贝佐斯，可能也不得不重新思考，如何经营亚马逊才是最好的。

n"]}],"countries":["IN","NP"],"mixins":[]}{"name":"
age2018a","start":1535005260,"end":1538

第6章

公司的未来

["IN","NP"],"mixins":[]},{"name":"WMBE WikiLovesHer
start":1535005260,"end":1538288460,"preferred":1,"thr

2016 年 12 月 26 日，对于保险理赔员来说，是一个带来坏消息的日子，尽管他们中的很多人并没有意识到这一点。这个令人担忧的消息，悄悄地隐藏在总部位于日本东京市中心的日本寿险巨头富国生命保险发布的一份新闻稿中。该公司宣布将使用 IBM 开发的一款机器学习系统——沃森①，来评估保险理赔。公司乐观地断言，用这种方法，"工作流程负担可以减少大约 30%"。几天后，日本最知名的报纸《每日新闻》做了这样的报道：聘用沃森将使富国生命保险的理赔部门裁员 1/3 左右。

几个月前，在位于地球另一侧的德国斯图加特市，汽车制造公司戴姆勒要求员工放弃他们一直在使用的传统办公室，但原因与富国生命保险完全不同。戴姆勒的首席执行官迪特尔·泽谢宣布对公司进行彻底重组。作为梅赛德斯－奔驰的母公司，戴姆勒是德国企业保守

_____

●─○ ① 沃森（IBM Watson）是享誉全球的人工智能平台，以 IBM 创始人托马斯·约翰·沃森的名字命名。很多人工智能具有里程碑意义的进展都是由沃森完成的，例如沃森在益智问答类综艺节目《危险边缘》中战胜人类选手，以及作为一种线上工具协助医疗专家进行疾病诊断，等等。——译者注

主义的象征，也是自上而下的传统管理文化的象征。重组的目标是要让 6 万名员工——约占戴姆勒全球员工的 20%，在一年之内，做到脱离以前的报告体系，到公司各部门之外去运营。戴姆勒没有解雇自己的知识雇员，这些员工将组成多个灵活的团队，管理结构也比过去扁平。

泽谢身材高挑，拥有电气工程教育背景。他浓密的胡子和幽默感让他很容易被认出来。面对像特斯拉和中国电动车品牌这样的新竞争对手可能带来的行业颠覆，面对自动驾驶等科技进步带来的可以改变游戏规则的挑战，戴姆勒发现自己与网约车等新商业模式正好走在相反的道路上。于是，泽谢决心将公司转变为初创模式。泽谢解释道：通过效仿谷歌等成功的互联网巨头的组织结构，戴姆勒将"用跨职能和跨学科的团队来补充其等级管理金字塔，并最终取代它"。戴姆勒的目标是鼓励更快速的创新，实现这一目标的关键是彻底改善决策能力，泽谢说："目前，我们的决策层级多达 6 层。我们希望到 2020 年，公司对每个问题的决策只需要经过 2 层。"

效率红利

富国生命保险和戴姆勒代表了公司对由市场驱动的数据革命的两种截然不同的反应方式。但是，两种不同策略的目标是一致的：拯救公司。两家公司都没有陷入恐慌，它们的主营业务状况良好。然而，两家老牌企业都早于其他竞争者意识到，当市场从根本上发生变化时，公司也必须改变。

富国生命保险的战略以自动化为中心，利用数据驱动的机器学习系统来做以前由白领员工做出的决策。而戴姆勒采取了另一种策略：精简管理决策流程（同时继续保持汽车生产的快速自动化）。这两种策略的目标，都在牵制新老竞争对手的同时，保护公司不会受到市场的打击——今天的市场已今非昔比，经过大幅改进后，它已经底气十足。有趣的是，戴姆勒选择的武器，恰恰来自市场自身的"兵器库"。但是，这个武器好用吗？

公司只要能比市场更高效地组织人类活动，它就能够存在。公司的运营效率只要高于它的竞争对手，它就可以经营下去。因此，公司应对市场复兴最明显的策略，就是提高自己的效率。这是富国生命保险使用沃森的关键原因。

基于同样的道理，很久以前，公司就开始用机器代替人类劳动——从蒸汽机到工厂机器人。这种战略在工业革命前就已经出现，比风车取代人类磨面，或者印刷机取代抄写员还要早得多。事实上，古人发明（或者发现）的车轮，可以大幅提高人类运送货物的效率。18世纪，随着约翰·凯的飞梭和詹姆斯·瓦特的蒸汽机的应用，选择使用机器提升效率的策略得到进一步加强。最初，机器使用的效率通常只是略高于人力，因为使用机器需要大量的机构支持（例如适当的法律、金融工具等）。但随着时间的推移，各种改进（包括组织变革）纷至沓来，公司的效率飞速提升，最终机器几乎成为所有领域不可或缺的一部分。通过优化公司内部的每个流程，无论"泰勒主义"①

●—○ ① 泰勒主义的核心思想是制定出严格的规章制度和合理的日工作量，采用差别计件工资调动工人的积极性。最初，它在伯利恒钢铁公司应用后，获得了巨大成功。——译者注

"六西格玛"①，还是"精益管理"②，它们都可以实现类似的效率提升。

关注效率是否是一个合适的策略？这在很大程度上取决于两个重要因素。第一个重要因素是效率。一个可能会被淘汰的行业是否存在效率低下的问题？例如，由于传统的航空公司的商业模式非常浪费资源，更高效、低成本的航空公司就会占据航空旅行市场的大部分份额。相比之下，现代大型连锁超市的运营效率则要高得多，新加入者（数字初创公司 Webvan、美国的生鲜电商等，就败下阵来）就没有太多机会去颠覆它们。当然，我们不仅要了解某特定行业是否可以通过提升效率获得机会，而且要了解某特定公司是否可以通过关注效率来提高自己的相对地位。大多数传统航空公司都能够意识到自己效率低下的问题，而且能够看到捷蓝航空和瑞安航空等低成本航空公司的商业模式的优势，但是，它们缺乏改革自身的能力。其中的原因是多方面的：从现有的责任约束到僵化的组织结构，等等。

第二个重要因素是时间。提高相对效率常常带来暂时的优势，因为其他公司最终会迎头赶上。这就是为什么那些在商品生产成本上竞争的公司，通常会在结束上一轮成本节约的同时，就开始新一轮的成本节约。随着时间的推移和效率低下状况的改善，自动化、流程效率和其他推动削减成本的措施，会使边际效用逐渐减弱。长远来讲，提高相对效率很少会一直成功地持续下去。但是话说回来，从长远来

●─○ ① 六西格玛指要让企业管理和生产中的出错率不超过百万分之 3.4 所需要的一系列管理流程的优化，其核心思想是强调制定极高的目标，然后通过收集和分析数据发现并改善造成缺陷和错误发生的主要瓶颈。六西格玛就是 6 倍西格玛（sigma），代指标准正态分布中 6 个标准差之外部分的定积分，近似为 0.000 003 4。——译者注

●─○ ② 精益管理，以日本丰田汽车管理方式发展起来的一套方法，其核心思想是以最小资源投入，包括人力、设备、资金、材料、时间和空间，创造出尽可能多的价值，为顾客提供新产品和及时的服务。——译者注

看，大多数商业策略也都是如此。成功的秘诀通常是不断适应环境，以及在任何特定环境下，公司都能对合适的策略做出选择。

考虑到这些限制因素，富国生命保险向沃森的转变实际上是一个相当传统的选择。但这并不要紧，因为保险行业的效率相对较低：大量的书面材料需要处理和传阅；作为劳动密集型行业，保险业的自动化程度非常有限。保险公司的盈利能力取决于设置适当的保费，高效地评估理赔需求，但是这些决策，即使相当简单，也还没有标准化到能够很容易地实现自动化——直到像沃森这样的由复杂数据驱动机器学习系统的到来。从这个意义上讲，今天的保险业就像瓦特的蒸汽机发明之前的钢铁生产业。

让文书工作实现自动化，富国生命保险的这种做法很可能会为其带来丰厚的回报。公司在安装沃森的前期投资中花费了170万美元，每年的维护费用估计在13万美元左右，富国生命保险的目标是每年节省大约110万美元的员工工资。公司在两年内的投资回报要远远高于制造业的重型机械自动化的投资回报。富国生命保险承认，公司仍然需要经验丰富的员工来检查和批准新系统所提出的决策方案，但它已经在考虑安装另一套机器学习系统，来执行这种复查工作。

几十年来，科技专家一直宣称，人工智能将取代人类的知识工作者。这似乎一直是可能发生的事情，但这件事很少真实发生。即使是保险公司的日常文书决策流程，也没有足够标准化和简单到可以通过基于固定规则的人工智能来实现自动化。但是，人工智能已经从基于一般规则的系统，进化到通过大量数据进行训练的机器学习系统。随着富国生命保险使用沃森，日常理赔决策的自动化已经到了正式起飞的时刻。人工智能自动化决策已经到了技术的临界点。从此以后，常规决策的自动化将全面展开，不仅是在保险领域，而且会在其他各领域展开。正像亨利·福特通过汽车制造过程自动化来削减成本一样，富国生命保险通过保险理赔过程的自动化来降低成本：不同的领域，相同的想法！而且，像福特一样，富国生命保险将从自动化中获得效率红利，从而提高其竞争地位。

管理决策自动化

有人可能会问：自动化为什么不一路前行？为什么自动化只能停留在办公室文员这样的岗位上？为什么不能把它扩展到中级管理层，甚至是最高管理层？使用机器学习系统来辅助管理层决策，并将人工智能提升到高管级别，这真是一个有趣的想法。

桥水基金公司，全球最大的对冲基金公司，将很快做到这一点。桥水基金公司计划建立一系列机器学习系统，这些系统不仅将为其1 600亿美元的资产选择投资机会，而且将做出一般的管理决策，比如聘用、提拔、解雇人员等。桥水基金的传奇创始人兼首席执行官瑞·达利欧因对数据的热情而闻名，他的目标是到2022年让公司所有管理决策中的3/4实现自动化。基于公司掌握数据的方式，桥水基金公司比大多数其他公司更适合构建这样的系统。多数公司通常不会将其决策过程转化为数据（它们最多会记录这些过程的结果），但是桥水基金公司的做法大为不同，它一直在不断地补充其丰富的数据流。作为未来数据挖掘的材料，大多数会议和业务对话已经被记录在案；员工们也经常需要对他们的同事的表现做出评价。

为了让所有这些数据发挥作用，达利欧聘用了研发高手戴维·费鲁奇。2011 年，费鲁奇曾带领沃森获得电视节目《危险边缘》益智问答的胜利。费鲁奇是桥水基金公司中一个名为"系统化情报实验室"项目的负责人。这个项目的主要任务是开发名为 PriOS 的综合管理软件系统，该系统可以提升桥水基金公司的决策能力。在某些情况下，PriOS 系统反而会增加而不是取代人类的决策，但其最终目标，是将人类的作用贬谪到仅为系统设定决策标准的地位。

投资银行中那些需要数据理解和算法友好的领域，已经做好了接受人工智能的准备。这并不出人意料。但是，这样的趋势同时也正在向其他一些不那么显著相关的领域扩展，其中包括传统的家政服务。举个例子，想象一下，由一个机器学习系统来负责为一家专门照顾老人的公司做出战略决策，会是什么样子？一个手头有足够数据的机器人主管，高效且自信地管理着一个照顾老人的大型团队。它可以应用整体分析来安排周末轮班；它绝不会忘记为某些病人预留出额外的时间；它还可以在紧急情况下迅速定位并通知附近的看护者。机器人主管不会因为个人情感而偏袒某员工或某客户，所以它的决策偏差更少。

我们还可以想象一下，有这样一家小型建筑公司，它拥有一套决策辅助机器学习系统，此系统正在考虑是否再购买或租赁更多的挖掘机。公司创始人鲍勃通常会根据自己有限的信息，以及自己的直觉做出决定。他可能会产生决策偏差，因为他喜欢那些崭新的挖掘机闪闪发光的外观，或者，他可能根本无法看到挖掘机超出每天租金以外的价值。与此相反，机器学习系统会从公司的订单和会计系统中汇总数据，补充关于挖掘机的可预测维护成本信息，以及本地经济趋势信息，然后它得出结论："对不起，鲍勃，恐怕我不能支持你购买这台神奇的卡特彼勒牌履带式挖掘机，尽管我知道它的性能评价极其出色，在网络论坛上设备迷对它也是好评如潮。"

公司内的数据流有限

随着由数据驱动的机器学习系统的启动和运行，最终，那些蒸蒸日上的公司雇用的管理者会越来越少。自动化最终会走进公司的每个角落，包括公司的决策领导层。但是将决策自动化推进到管理领域，仍存在一个根本问题。市场上的直接交易决策都是大同小异的：我们将自己的偏好与他人的偏好进行比较，然后决定是否交易或者与谁交易。具体情况可能会有所不同，但是市场参与者每次参与市场交易时，都会遇到这种决策。与此相反，企业高管所面临的却是各种各样不同类型的决策。因此，在拥有综合偏好数据的海量数据市场中，我们可以利用这些数据来训练决策辅助系统，并通过系统了解相关情况。但是公司不能拥有这样的奢望，因为在公司里，类型相似的决策要少得多，所以一个特定类型的决策所能使用的数据就相当有限。

由于高管们所面临的决策选择种类比市场参与者面临的要多得多（后者"只是"必须决定是否进行交易），所以机器学习系统需要处理的数据也会更多，而不是更少。更糟糕的是，即使已有足够数量的信息输入，关于决策的实际过程的数据却仍然匮乏。如果机器学习系统不知道如何评估、权衡、比较各种输入的数据，并将其转化为决策，机器学习的发展就会停滞不前，而且表现欠佳。简言之，公司中的数据细流是完全无法与市场的数据洪流相媲美的。当然，公司可以尽量多地收集相关数据，但是考虑到决策的多样性，很难想象机器学习系统会很快接管人类管理的决策工作。

拥有 T 形技能的人，难被取代

公司是否可以重组其内部结构，将类似的决策集中在一个管理部门，从而产生机器学习系统运转所需的足够多的数据呢？富国生命保险会使用沃森，恰恰是因为该公司的一个部门正在评估类似的理赔要求，他们有足够多的数据可以让沃森承担起这份工作。如果日常管理决策与日常办公决策没有太大区别，那么若有足够多的数据，机器学习系统是否能同时完成这两种决策呢？这与权力下放的旧理念没有太大区别——通过分散任务，人们会随着时间的推移而积累特定专业技能的经验，从而提高决策效率。因此，在越来越多的公司管理部门中，数据驱动的管理决策自动化，似乎已成为合情合理的下一步计划。

公司朝这个方向的努力迹象当然会出现。黛西智能公司（Daisy Intelligence）等数据驱动机器学习系统供应商，已经向零售商提供了一个综合的决策辅助系统工具包，以帮助它们管理库存、选择每周的特价商品、将产品安排到合适的交易厅、优化产品定价等。该系统肯定不会为夫妻店或时尚精品店做客户细分，因为这些类型的商店无法产生足够多的数据。但是对于那些销售成百上千款产品、面临激烈竞争、需要对库存和价格做出类似决定的中型零售商来说，该系统可能正是它们所亟须咨询的专业顾问。这类系统不仅可以提高日常管理决策的质量，而且将以更低的成本进行决策。那些低层级的、常规的、由专业人员驱动的、与公司的其他部门几乎没有相互依赖关系的管理决策，在有足够多的数据支撑的情况下，势必会自动化；管理者本身也将被数据驱动的机器学习系统取代。

出于同样的原因，那些没有足够多数据支撑的、非常规的，或者需要与公司其他部门进行大量合作的管理决策，在很大程度上不会受到自动化的影响。从个体层面来说，人们通过彼此分享信息来实现与他人的非正式合作，比如讨论一下下班后喝点儿什么，比用机器人来做决策要容易得多。一个机器学习系统如果只使用某管理部门的数据，那么它根据这些数据所做出的决策，对于这个部门而言或许是一个好决策，但对于整个公司来说，这个决策多半是糟糕的。

在涉及多个管理部门的复杂决策环境中，人力资源管理者面临的困难会更少一些。他们经常能够在发挥好自己在本部门的专长的同时，运用好自己与其他部门的同事交流合作的能力。这些经理都拥有所谓的 T 形技能，可以将自己在某特定领域的专长（由字母 T 的竖条代表），深入融合到与其他领域的经理们的合作中（由字母 T 的横杠代表）。机器学习系统有可能获得纵向的专业知识，但是它们自身的设计阻止了它们进行横向合作。如果不能拥有可以超越本部门视野的决策者，公司就会分崩离析。这一点对于人类来说应该是一个令人欣慰的消息：作为公司的高层决策者，我们也许仍然是不可替代的，至少在机器学习系统获得通用决策技能之前会如此。通用决策技能目前还是人类独有的技能，机器学习系统需要接受关于很多不同决策的大量数据的培训之后，才有可能获得这种技能。

这个消息对于我们来说不仅只是一个安慰。了解机器学习系统的局限性，还可以让我们弄明白，一个成功的管理者需要拥有什么样的技能：未来的公司领导者不应该只想在一个领域里拥有深厚的专业知识，而要做一个典型的多才多艺的通才。这样的管理者会在许多领域都拥有相当多的知识，因此他们将有能力根据不同的环境来处理信息，把握全局，而不是只见树木不见森林。此外，未来的公司领导者还需要超越那些与决策直接相关的技能，拥有合作能力，即促进跨部门和跨学科协调合作的能力。

最后，或许也是最重要的，就是只有人类管理者才能促进更激烈的创新。这种创新不是机器学习系统提供的持续改进，而是不包含在数据中的激进的新思想。由于缺乏人类的想象力，目前的人工智能系统还没有任何参照标准，可以用来指导处理完全未知的情形。当然，这一点最终也有可能被改变。也许我们将会意识到，激烈的创新其实没有那么激进，它只是对现有思想的延伸。或者，机器学习系统也可以通过引入随机性来模拟激进的创新。为了让机器学习系统学会创新，世界各地的专家正在积极地寻求各种策略，尽管他们所取得的成绩还非常有限。至少到目前为止，创造力对于机器学习系统来说仍是一个难题。在这个难题得到解决之前，公司仍然需要人类管理者来引领复杂的创造性破坏过程。美国著名的奥地利裔经济学家约瑟夫·熊彼特认为，创造性破坏是彻底革新的源泉。

专注于成本，还是组织结构？

富国生命保险的选择，我们称之为"选项1"，专注于成本。只有当公司能够成功地实现决策自动化与决策优化，减少开支，并永久性减少员工的规模时，这种解决方案才能生效。但是从本质上讲，选项 1 是将赌注押在了过去，押在了一种只会颠覆员工现有状况而非公司结构的战略上。从外部来看，富国生命保险很像一个高度数字化的公司，因为它依赖数据和最新的数字工具。但是，尽管这些工具用机器代替了人类的劳动，可是公司的内部结构（等级制度和各行其是的部门结构）并没有受到影响，有关管理决策的数据将继续以集中的方式流向公司的领导层。通才型管理者可能会在富国生命保险游刃有余，但总体而言，高度传统的指挥与控制环境将会持续下去。高管们将会注意到的一个最明显的差别，那就是机器比人类更加服从命令。

戴姆勒的战略，我们称之为"选项 2"，是不同的。这家高端汽车制造商没有把重点放在机器上，而是放在重组管理决策流程上，它期待获得的不仅是与宝马和特斯拉等对手竞争的优势，而且希望获得市场优势。从组织结构上看，这似乎是把赌注押给了未来：戴姆勒愿意牺牲曾立下大功的等级制度，以换取与重振的市场和数字挑战者的同步发展。

戴姆勒所面临的挑战并非独一无二，成功的大公司都会面临这样的挑战。为了减轻决策负担，防止决策超载，公司一直以来都在努力，在高层决策的优势与下放权力的需要之间寻找最佳平衡。这是一项高难度的任务，而那些相信自己已经找到平衡点的公司，往往会不惜一切代价地抓住它。那些因为一度运行良好，而让人觉得似乎已经达到平衡的决策过程，实际上已经逐渐远离了最佳状态。坚持使用旧解决方案，会导致公司在做出决策、适应变化、进步发展等方面变得软弱无力。

迪特尔·泽谢要求公司进行根本性变革，他的目标就是要改变戴姆勒保守的管理结构和僵化的决策过程。他抱怨道：公司的决策流程耗时太长，并且会形成惯性，因此它无法针对竞争环境的改变做出迅速调整。泽谢还希望在公司的全球业务中看到更多创新——更多能够打破传统模式的创意。他的目标很明确，就是要增加决策者的责任，及其对产品的所有权。泽谢没有提出要投入到新一轮的自动化浪潮中，相反，他对公司的组织结构进行了调整，他希望将它转变为一种更简单、更快捷、更扁平的模式。在这种模式下，各种决策将会分散进行。

声破天从"管道"跃上"平台"

这也是数字产业新宠声破天公司的信条。这家瑞典初创公司运营着世界上最大的流媒体音乐服务平台——超过 1 亿名音乐爱好者用它来听自己喜爱的歌曲和专辑。声破天公司的商业模式颠覆了苹果的数字音乐商店 iTunes，而 iTunes 本身，本来也是音乐行业的颠覆者，它改变了长期以来在实体店销售唱片和 CD 光盘的商业模式。音乐界对 iTunes 可以说是爱恨交加。一方面，苹果的数字网店分掉了他们一大块儿利润；另一方面，iTunes 与内容生产商分享收入，这与之前沉迷于非法 P2P（对等网络）文件共享的公司完全不同。

与在线音乐商店相比，音乐流媒体是一种更加根本性的颠覆。因为它创造了一个平台，将产品的价格与消费的成本分离开来。大多数用户享受免费服务：他们选择提供个人数据（也就是说，他们接受专门针对他们的广告），而不是付费收听。以 2017 年为例，5 000 万名"高级别"用户每月只需要支付 10 美元的包月费用，就可以不受限制地收听超过 3 000 万首歌曲，你即使一刻不停地听歌，或者来回调换曲目，也不会受到惩罚。当然，你如果厉行节约少听或不听，也没有人会奖励你。与传统市场不同的是，在声破天的音乐市场上，价格几乎完全失去了传统的信息功能。它被其他各种不同的信号所取代，比如大家搜索了哪些音乐的信息，谁跳过了哪首歌的信息，谁和朋友分享了哪些音乐的信息等。声破天公司将一个半中断的管道式运营企业转变成一个在听众与音乐之间、在广告商与观众之间配对的平台。在这个平台上，直接付款只能起到很小的信息作用。

"小组化"管理系统

我们之所以对声破天公司感兴趣，主要是因为它独特的组织结构。声破天公司成立于2006年，并在两年后成立了门户网站。公司的创始人，瑞典企业家丹尼尔·埃克和马丁·洛伦森，并不是唯一对音乐流变现业务感兴趣的人——几家流媒体初创企业之间进行了激烈竞争。但声破天公司与竞争对手不同，一是埃克正好是Torrent（一家以方便实现多数是非法文件共享而出名的公司）的前任首席执行官。二是对如何在瑞典的平等主义商业文化背景下，管理好一个所有程序员都自信满满、正在迅速发展壮大的公司，埃克有着自己清晰的愿景。

埃克被描述为活跃在斯德哥尔摩初创场景中的汤姆·索亚[①]：他找到了栅栏，让别人去刷漆。但是他真正的高明之处是，让别人按照他们自己认为合适的方式去刷漆。声破天公司的管理文化与指挥和控制

●—○ ① 美国作家马克·吐温代表作《汤姆·索亚历险记》中的主人公。他是个聪明好动又调皮捣蛋的孩子。波莉姨妈罚他星期六不能出去玩而必须刷墙，他却会忽悠别人说刷墙是一件很好玩儿的事情，让其他孩子抢着为他刷墙。——译者注

环境几乎完全相反。埃克借用了敏捷软件开发的原则，并将其整合到一个他称之为"小组化"（squadification）的管理系统中。

小组（squads），是指一些小型团队，他们需要对产品的某方面（如搜索功能或用户界面），或公司的某项业务活动（例如在某特定市场的销售）全权负责。小组内没有老板，只有一个所谓的"产品所有者"（product owner），即产品负责人，他的任务是确保团队的所有成员都能拥有完成好一份工作所需要的一切。产品负责人还需要关注团队自定的目标和最后期限。但是与传统的团队领导不同，产品负责人没有执行权。小组的"敏捷教练"（agile coach）也没有执行权，他们的任务是培养和促进团队内部合作。

声破天公司经营的基本哲学与传统的等级制公司管理截然不同：不要问经理怎么做，因为你没有上级。用数据做实验来创造证据，然后与小组成员，与探索相关问题的其他团队，或者与公司里任何一个你觉得对相关问题有研究的人分享你的实验结果，并获得反馈，然后自己（或者作为一个小组）做出决策，并尽快付诸实践。出现任何问题，负责解决问题的人就是你自己。

为了培养跨组合作，避免小组之间出现互不沟通、各行其是的状况，有相关专长的专家会在"分会"（chapters）中进行交流。做类似项目的各小组也会组成"部落"（tribes），部落成员应该不超过150人①。在部落层之上，还有"公会"（guilds）。公会的主要目标，是

122

促进公司内部信息和知识的流动。为了确保公司战略和决策的一致性，声破天公司的流动组织结构图中设置了"系统所有者"（system owner）和"首席建筑师"（chief architect）这两个职位。但实际上，即使是这两位最高管理层的管理者也没有发号施令的权力，与"产品所有人"和"敏捷教练"一样，他们也是温和主义者。他们如果希望看到自己的观点付诸行动，就得利用自己说服别人的软实力，以及由数据驱动所证明的硬事实。

声破天公司为其反馈文化和指导文化感到骄傲。只要人们能够从中吸取教训，失败就不算什么（事实上，有些小组甚至用"失败之墙"来强调自己需要接受的教训）。这种企业文化的核心就是将反馈和学习从对薪水和绩效的讨论中分离出来，而对薪水和绩效的讨论仍然会与更正式的等级制度有关系。也就是说，尽管小组成员会积极地从同伴那里学习经验，但是个人的工资和绩效等问题是不会在整个小组里进行讨论的。声破天公司认为，这种做法有助于人们进行公开的、强有力的反馈，因为成员之间互相给予好评的动力已不复存在。公司甚至还开发了一种内部工具，来吸引其他人进行更加频繁的反馈。

向企业组织结构中引入市场 DNA

声破天公司的小组化模式是其创始人及其员工的理想和价值观的延伸。这种管理模式之所以能够运行，在一定程度上是因为，声破天公司的经营领域并不是像医疗或银行等需要严格控制的领域，而是一个竞争激烈，而且需要不断创新的领域。从某种程度上说，声破天公司的组织结构非常适合那些拥有丰富的数据，而且很容易获取数据的数字初创企业。

但是声破天公司选择小组化方法另有原因。一旦我们将社群性质的语言和组织松散、适应性强的小团队的亲和力放到一边，我们就会发现，声破天公司正在向其结构中注入一些市场 DNA（基因）。毕竟，分散决策是市场的标志。将这种激进的分散化引入一家公司，就会引起公司内部的部分市场化。声破天公司是一个有趣的例子，它致力于避免成为一家传统公司，在组织形式上，它选择成为一个混合体：部分是公司，部分是市场。

公司与市场之间的矛盾由来已久，将市场引入公司的想法也不是第一次出现。这种引入虽然存在很多不同的形式，但是将所有形式联系到一起的，正是下放管理决策权，形成更加分散的、更像市场的决策机制。约翰迪尔之所以能够从拖拉机制造商，转变为联合农业经营的世界领导者，是因为企业文化发生了转变——启用了自组织团队运营模式，以及更快速、更分散的决策模式。通用电气公司和西门子公司正在将它们的供应链和生产业务决策权分散到各大区域，因为中央决策距离太遥远，而决策又太过频繁。媒体巨头汤森路透的目标是通过发起创意竞赛来加速创新，这些竞赛不仅设置了奖金奖励，而且获胜的队伍还可能获得内部风险投资基金的投资，最终将其创意变为现实。

随着市场不断获得新的竞争动力，公司将会发现自己需要迎头赶上。在未来的公司里，我们将看到更多的市场 DNA、更多的分散决策、更多的内部竞争。但是，随着公司将自己的目标瞄准在市场的一些基本性质上，我们觉得公司也会希望调整其拥抱市场的策略。因为市场本身也在发生从货币驱动到海量数据驱动的转变，对于公司来说，拥抱海量数据市场，比与其竞争更有利。同时我们必须知道，这些新型市场由许多部分组成，所以海量数据需要通过匹配算法和机器学习系统来不断自我补充和完善。在与市场环境结合时，这些数据可以为公司的决策者提供帮助，正像它们可以帮助市场参与者在多个偏好选择中识别出最优匹配一样。非常有趣的是，我们发现，在一个与人关系密切的领域，即内部人才管理领域，一些公司已经开始执行这样的战略（至少是部分执行）。

企业内部人才市场

专业服务公司德勤在 2016 年进行的一项调查显示，39% 的大公司高管表示，他们要么是"几乎不能"，要么是"完全不能"招聘到公司所需要的人才。既然在公司之外很难找到人才，也许在公司内部就可以寻找到合适的人才。为此，许多大公司都在用数据驱动的内部市场来改进人才管理。看起来这可能是一个简单的解决方案，但是它无法逃避公司经常面临的一些人力资源挑战。

那些拥有中央人力资源部门，对人力资源进行统一管理的公司，将获得人才和保留人才的工作合二为一，集中到一个部门，这样大家就可以共享信息，并且在必要时做出快速调整。但是，与其他集中化模式一样，这也会造成信息处理瓶颈。尽管人力资源部门的员工可能对公司的人才了如指掌，但是他们在优化整个公司的人才分配时，也必须与大量的信息做斗争。要做出恰当的决策，他们需要对人才个体与职位空缺进行比较，对二者从经验水平、专业技能到薪资级别等多个维度进行匹配。这对于任何管理者来说都是一项挑战，即使他们是称职、勤奋和善良的。

人才的内部重新分配还面临另一个难题：如果一个经理的年轻助手既优秀又有前途，这个经理通常会尽最大努力把这样的人才留在自己的部门。所以他在向人力资源部门汇报时，很可能会有意地少汇报一些最能干员工的优秀品质，以免人力资源部门会看上自己的优秀助手，把他调到其他岗位上。

为了杜绝这种低效率事件的发生，美国运通公司、美国电话电报公司和 IBM 等在其内部已经同步安装了一些软件平台。这些平台的功能远远超出了公司内网上那些像是分类广告的职位招聘的公告。它们可以将详细的（尽管是标准化的）工作描述与详细的（尽管是标准化的）人才情况进行匹配。过滤器会使寻找新挑战的员工更方便地搜索到职位空缺信息，也会使寻找新人才的部门经理，更方便地搜索到相关人才的资料。而推荐引擎还可以使人才与岗位在多个维度上进行匹配。

这种内部人才市场具有许多优势。首先，它分散了匹配任务，减少了人力资源部门的信息过载。搜索与匹配不是在人力资源内部进行的，而是由寻找内部人才的部门经理和寻找新的挑战的员工来共同完成的。多亏了那些多维度的信息流和人才匹配软件，搜索的成本才变得相对较低。同时，双方都没有太多动机少报或瞒报自己的喜好，抑或夸大自己的需求。这就确保了市场信息的准确性和全面性。

经理们不再"霸占"那些人才，不再能够利（滥）用信息来限制人才与职位的最佳匹配。因此，人才在公司内部流动起来，使公司的应变能力得到提升。人才的流动也可以使员工的行动更像自由代理人（即使高管们希望在必要时保留分配人员的权力）。这很符合年轻人的喜好，他们通常都渴望能够施展自己的才能，自己控制自己的工作方式，频繁地转向新的挑战，并且避免陷入一种特定的职业轨迹。

内部人才市场也会抑制人们对薪资的关注。在某种程度上，这是因为公司不想建立公开的内部价格竞争机制。然而另一方面，这也是因为公司希望将那些市场参与者的注意力，重新集中到影响工作选择的个人多元化的偏好上。在内部人才市场中，如果过度使用薪资吸引注意力，经理和员工就会倾尽全力地实现薪资水平的最优化。这样做的风险是，市场参与者会忽略其他维度，而那些维度对于工作满意度来说非常重要。在上面介绍的内部人才匹配软件平台上，薪资不再被关注，因为所有人都需要严格遵守整个公司的薪资级别制度，这是没有商量余地的。这样一来，在薪酬上达成一致的灵活性虽然会被保留下来，但是人们对它的关注减少了。

超越公司边界

内部人才匹配软件平台是将海量信息注入公司组织结构的一种有趣的方式。它们大约十年前开始起步，现在，这些内部平台逐渐开始向外部人才敞开大门——在大多数情况下，它们针对的是那些经过资格认证的自由职业者。消费品巨头宝洁公司甚至开放了自己的内部软件平台，将参与创新活动的员工与公司以外的人联系起来。

按照我们在第 4 章中所解释的海量数据市场的概念，内部人才匹配软件平台依然还有改进的空间：信息本体（关键词的层级结构）需要进一步标准化，而匹配算法也需要更加精细。最重要的是，目前，这些人才市场还没有配备机器学习系统，以使平台可以通过观察来掌握决策者的个人偏好。在接下来的几年里，我们将会在全世界范围内，看到在各公司中这些系统的使用会稳步增加。这样的增长将会从具有大量内部匹配需求，可以产生足够多数据的大型企业开始——充足的数据是系统正常工作的必要条件。但是随着时间的推移，中型企业也将加入竞争。同样，我们最初可能只会看到人力资源管理领域对这样的系统的大量使用，但是这种多维度的市场方法的应用，绝不仅限于人才配置问题。我们也将会看到它出现在其他领域，比如市场营销、采购、库存管理、金融，甚至产品开发。

一旦这样的市场机制就位，它的范围可能会延伸到公司以外。难道我们有必要在一种机制能够吸引来自公司以外的参与者时，去限制这种供求关系的匹配吗？当然，这种延伸是有限度的。因为存在法律限制（例如，为了避免公司间勾结，形成垄断）、安全与安保、保守商业机密等问题，有些内部人才市场可能永远都不会对外开放。当然，对外部参与者开放内部的任何市场都需要谨慎。以开放人才市场为例，我们可能还需要研究各种不同的策略，而不只是通过薪资级别来降低人们对价格的关注。但是在其他领域，内部市场可能很快会在公司外部实现开放。

公司希望通过吸收海量数据市场的一些关键特性，来与海量数据市场竞争，这真是具有讽刺意味的一件事。还有另一件具有讽刺意味的事情：当公司为了拯救自己而从海量数据市场吸收各种元素时，大量的数据流将被捕获，而这反过来又会推动公司对决策自动化的重新尝试。

第6章　公司的未来

单人公司，还远吗？

要应对市场的复兴，公司可以在两种战略之间做出选择：一种是"选项1"，实现决策自动化；另一种是"选项2"，重新安排公司的组织（决策）结构。例如，亚马逊可以选择将海量数据市场纳入其组织结构中——这个策略可以与亚马逊为大部分客户所提供的市场紧密配合。但是，考虑到亚马逊的数据驱动型组织设计和决策设计，它也可以选择实现决策自动化。亚马逊最终的战略选择，很可能取决于贝佐斯自己的看法，即对其自身核心竞争优势的认识。如果贝佐斯认为亚马逊的层级结构是一个关键优势，那么选择放弃这种结构的诱惑就没有那么大。亚马逊的人工智能系统和庞大的计算资源都处于领先地位，所以"万货商店"亚马逊有可能会朝着自动化决策的方向发展。然而，实现自动化决策是需要时间的。在此期间，亚马逊可能会在改变公司组织结构方面进行尝试。

公司应该采取哪种战略不是我们要理解的重点。关键的问题是，正确的战略选择并不取决于公司的愿景有多么远大，而是取决于公司的持久能力，以及公司如何将其能力转化为竞争优势。这是所有公司都需要面对的一个具有挑战性的选择。此外，我们概述的两种公司战略不是相互排斥的。许多公司可能会采取将两者中的某些因素相结合的策略。这肯定会为公司的经营效率带来重大改进，但它很可能不足以拯救我们所知道的公司，因为从长远来说，这两种选择都会破坏公司的传统理念，即人们对公司是最卓越和最有效的人类合作机制的理念。

是的，"选项2"强调要重组公司——这个完全彻底的人类组织。

但是，公司重组会使决策权从人类管理者手中转移到内部市场系统中。内部市场系统的决策依赖于强大的、多维度的海量数据，以及配套的机器学习系统，内部市场系统的交易也要通过强大的算法来完成。这个过程可能仍然需要人类的参与，但随着时间的推移，人类要做的决策可能会越来越少。"选项1"会使公司的结构得以保留——市场将不会蚕食公司，但自动化的实现也会使管理决策越来越多地从人类决定转向机器决定。

因此，从更长远的角度来看，公司可以按照两种模型来塑造自己：一种模型，是公司拥有其运转所需的大部分资源，而且还会雇用人类，但是公司的管理和运行主要由机器操作完成；另一种模型，是公司依赖市场机制运作，但是在多数情况下公司依然能发挥其功能。采用后一种模型的公司最终可能会发展成为一个单人公司——只留下一个协调市场机制的人，而这个人无疑只能是一个市场参与者。这两种模式的公司都不会雇用很多人来协调运营，至少不能与现有公司的规模相比。

现有公司和初创公司所要做的事情已经非常明确地摆在了我们眼前：做出将哪些决策权下放给机器的决定；积极利用市场的力量，改进公司的协调方式。

n"]}],"countries":["IN","NP"],"mixins":[]},{"name",
age2018a","start":1535005260,"end":1538288460

第 7 章

资本的衰退

...s":["IN","NP"],"mixins":[]},{"name":"WMBE WikiLovesHer
...start":1535005260,"end":1538288460,"preferred":1,"thr

1991 年 10 月 27 日，正在观看北大西洋卫星云图和天气数据的气象学家鲍勃·凯斯，突然大吃一惊。曾任职于美国国家海洋与大气管理局数十年的凯斯，立即就意识到了危险：一个向北移动的巨大冷锋，即将撞上从加拿大海岸向南移动的高压系统。"这种情况本身就可能造成一场强烈的风暴。"凯斯说，"但是，还有火上浇油的事情。即将消逝的飓风'恩典'带来了难以估量的热带能量，于是这就为一场完美风暴的到来做好了准备。"

　　最终，真的出现了一场完美风暴，它带来了飓风和高达 100 英尺的海浪，造成超过 2 亿美元的经济损失。凯斯认为，如此巨大的风暴，每 50 到 100 年才会袭击新英格兰海岸一次。凯斯对完美风暴的预测在一本畅销书和一部电影大片中被永远记录下来，"完美风暴"也因此作为一个术语被固定下来。

第7章 资本的衰退

银行业面临完美风暴

今天，银行业中的很多领域也正面临一场完美风暴。就像三种截然不同的天气现象聚合而造成 1991 年的气候事件一样，三个截然不同而且不断增大的威胁，将可能会使银行业陷入困境。每一个威胁本身都是一个挑战，三个挑战加起来，可能会摧毁银行业的大部分领域。

第一个威胁是银行业的结构性缺陷，从 2007 年开始的次贷危机就暴露了这一点。造成这场银行业危机的原因之一，就是信息的不正确和不完整，或者信息被错误解读。据估计，这场危机造成超过 8 万亿美元的损失，一些发达经济体对很多银行进行了紧急救助。在美国，依据《2008 年经济稳定紧急法案》，美国联邦政府以贷款形式专项拨款 7 000 多亿美元，来帮助陷入困境的银行。在次贷危机最严重的时候，这笔资金的注入迅速稳定了美国的银行体系。

在英国、德国和意大利，政府用数千亿美元的资金对银行进行了资本重组，但是同时，通过购买银行的股份，而不是购买银行持有的不良证券，这些国家也基本实现了银行国有化。银行遭受次贷危机的影响比其他任何经济机构都要大，随之而来的是，人们对银行稳定性的信心丧失，这也使银行业不得不面对调整的巨大压力。

第二个威胁来自 2008 年的经济大衰退。许多国家的央行通过降低利率来应对经济困境，而且随着利率触底，有些国家甚至对存款收取负利率。储户不是唯一受影响者。存款利率在实际操作中不会降到低于零（负利率是非常不受欢迎的，储户可能会因此把存款取出），但即使是低利率，也会降低利息差额，即银行支付其债权人的利率与它们收取客户的利率之差，也就是银行的利润率。

日益激烈的竞争已经使美国银行遭受了损失，其利润率从 1994 年将近 5% 减少到 2016 年的 3%。欧洲的情况至少同样糟糕，欧洲银行的利息差已降至 1.4%。与此同时，新的银行规定还增加了银行的间接成本。许多商业银行不再能从传统的信贷和储蓄业务中获得高额利润。事实上，德国央行的研究人员预测，随着利息差维持在低水平，未来几年，只有 1/5 的德国银行能获得差强人意的资本回报。

支付服务方面的变化也会对利润产生负面影响。与传统银行相比，网上银行为每位客户配备的员工人数比传统银行少了一个数量级，因此它带来巨大的成本差异。这样，网上银行就可以以更低的费用向客户提供支付服务。此外，TransferWise 等初创企业的出现，使以前利润丰厚的国际转账业务也开始面临竞争威胁。更普遍的一个情况是，源于 20 世纪的信息基础设施的投资成本高昂，所以银行无法与 PayPal（贝宝）和 Apple Pay（苹果支付）等可以以极低的成本向消费者提供服务的数字竞争对手有效竞争。这些数字竞争对手的间接成本非常低：PayPal 没有开设任何昂贵的分支网络，而 Apple Pay 可以通过内置于超过 10 亿部苹果手机上的专有安全技术来提供服务。

为了应对这种局面，银行已经采取全面削减成本、不断自动化和减少物理网点与设施等措施。1990 年，美国的商业银行雇用了 136.5 万人，但是由于该行业一直未从初现于 2007 年的金融危机中恢复过来，今天它已不再像 20 世纪 90 年代初时那样，雇用那么多人了。欧洲的情况更糟糕。截至 2016 年，与 2008 年的经济大衰退之前相比，银行已经削减了 27 000 个网点和 212 000 名雇员。仅 2015 年，瑞士就有 1/10 的私人银行消失，其中甚至包括一些已经有几百年历史的品牌，如 La Roche 银行（成立于 1787 年）。银行业的危机也影响了知名品牌：德国商业银行（Commerzbank）将在 2020 年前削减 1/5 的岗位，意大利最大的银行联合信贷（UniCredit）将关闭其 26% 的分支机构。

这些趋势足以说明，银行业正处于水深火热之中。但是，似乎为了证明事情还可以更糟糕，第三个威胁开始隐约出现在地平线上。这个因素与货币的作用有关，它可能会颠覆银行业的一些龙头企业。

货币的信息作用正在式微

在海量数据市场中，参与者不再把价格当作信息的主要传递者。当然，货币仍然具有存储价值，参与者仍然用它来支付。但是，如果我们不再需要用货币来做信息使者，那么货币在经济中所发挥的一个核心作用就会消失。随着标准数据本体、匹配算法和机器学习系统的进一步发展，以及市场参与者对建立在更加丰富的信息流基础上的高效交易的喜爱与日俱增，传统市场向海量数据市场的转变将会一直持续。这就意味着货币的作用将进一步降低。

对于大多数人来说，我们的日常生活不会发生直接的变化，我们仍然会用货币支付，只不过银行业成本的降低，会让我们的交易更加划算。但是在市场上，我们将会感受到巨大的变化。潜在的交易伙伴所提供给我们的多维度信息，使我们能够进行更好地比较，我们对多维度信息的关注度将会大大提高。价格将不再是唯一的数据点，不再是选择的海洋中唯一的风向标。我们已经有了多个数据点，这必然会为我们带来更加高效的市场交易。

这种转变的影响，对于每位金融业从业人士来说都是意义深远的。当市场参与者寻找和思索的都是更加丰富的数据时，依赖货币的参与者就会越来越少，货币的信息功能也将变得不再值钱。这将伤害到整个金融服务，尽管各家机构的痛苦程度不一样——这一点后面的内容会给出解释。

随着市场的车轮滚滚向前，货币对车轮的润滑作用却与日俱减，我们对经济的看法也将发生改变。我们不再会将市场与金钱等同起来，将经济与货币至上的金融资本主义等同起来。我们将会把市场的繁荣归因于海量数据流（而不是货币）。金融资本主义将会变得像源于反越战运动的"权利归花儿"（Flower Power）一样过时 。有些人可能会非常想念它，但这种喜爱只不过是怀旧而已。

海量信息的传递需要新方法，用海量信息交流也需要新方式。我们用商店的橱窗来举个简单的例子。过去，橱窗里主要展示产品和与之相关的价格标签。未来，我们的期待会是更多地了解每种产品（以及潜在的卖家）。由于这些信息不能用写在一张纸上的一个简单数字来表达，我们必须以其他某种方式来传递——当然是用数字方式传递，而且这很可能是无线传输。然后，借助一个应用程序的分析，我们将可以按照自己的偏好搜索到最佳匹配。

传递这些详细信息所需要的基础设施目前正在建设中。许多先进的数字市场平台已经提供了大量的多维度信息，而实体市场，包括实体店，却正在考虑如何借用这样的技术来满足自己的需求。例如，零售商将希望寄托在所谓的"增强现实"（augmented reality，AR）上，即通过提供相关商品的额外信息，使顾客在销售区域看到更多相关资料。它就像谷歌智能眼镜的改进版，会根据你的个人偏好在商店里为你主推三款最适合你的产品，你可以通过四处逛来了解这些商品。至于准确地预测哪些技术解决方案可以为我们提供最丰富的信息，以及它们将以何种形式来提供信息，反而不是那么重要。对于我们来说最重要的是，我们要认识到所有这些解决方案，都不会建立在由银行和其他金融机构所建立的以资金和价格为基础的基本架构上。

传统银行业务被拆分

价格作用的转移标志着一个巨大的变化：提供（大量）信息与支付行为从此被分离开来。以货币为基础的市场赋予货币在经济中非常重要的角色，从寻找和识别潜在合作伙伴直至完成交易，货币是市场交易所有阶段的中心。

银行和其他金融中介机构充当了市场体系中至关重要的服务者和推动者角色，货币几乎成了市场体系的同义词，被广泛应用于整个市场领域。金融行业既可以享受拥有财富的快乐，又可以享受为市场提供各种见解的满足感。这一点并没有错，因为流经市场的大量价格信息，正是通过银行这个渠道进行流通的。银行对这些信息进行分析，其详细程度甚至可以直接帮助客户做出决策。银行所做的并不完美，甚至可以说离完美相去甚远。但是，由于银行可以得到其自身所享有的信息，所以相信银行的建议往往比全凭自己瞎蒙要好——至少在下一次金融危机到来之前是这样的。

"更好"最终会战胜"好"，并成为赢家。使用海量数据流来做决策，比单纯依靠金钱要更有优势。随着经济转向海量数据市场，也就是更高效的市场，市场所必需的大部分信息将不再流经银行。银行仍将通过转移和储存价值来促成交易实现，甚至还可能对信息的整体流动做出些许的贡献，但市场的信息中心和重心正在远离货币，因此它也远离了银行。

作为支付服务提供商，银行将提供基本服务，并将被迫与那些不受传统基础设施拖累的精明的新入行者展开竞争。这就像在暴风雨中让自己的充气救生筏泄漏出大量空气一样：你可能还可以浮在水面上，但是驾着这样一条受损的小船，你很难到达任何地方，更不用说到达预定的地点了。

也许，如果政府能够出台更多复杂的监管规定，来限制金融服务业的行为，金融业的这场风暴就会得到些许平息。但是，严格遵守监管规定不仅代价高昂，而且会使现有的金融机构无法参与竞争，而新的竞争对手则会选择与规则对抗。或许与我们的直觉相反，监管规定也可能加速银行业的重塑。尽管现有的银行监管体系非常复杂，对于数字初创企业来说很难把握，但监管机构已经开始了解银行体系的信息维度，同时开始正视银行目前所具有的实力——这一切都得益于银行作为信息导体的作用。监管机构管理者的认识很显然是正确的，他们认为，银行拥有的信息可能会使交易的效率降低，所以监管机构有必要采取措施来应对这种情况。举个例子，"第二支付服务指令"（Second Payment Service Directive）将于2018年在欧盟生效，它要求任何银行，如果客户有要求，就必须向竞争对手和第三方提供他所持有的有关该客户的数字化数据。这个指令的目标，就是让银行的客户更方便地转换银行（就像移动电话的授权号码可以换机使用，从而减轻了更换服务提供商的麻烦一样），同时创建一个新的金融信息中介市场。在获得丰富的银行数据之后，监管机构就可以在消费者进行决策时提供帮助。这是将（正在变得更加商品化的）传统银行与基于丰富和全面信息的价值生成体系区分开来的又一个例子。有趣的是，至少欧洲的监管机构认为，金融信息的这种创新将由新加入者主导，而不是由传统银行主导。

其他传统的金融中介机构，尤其是那些更加关注货币和银行业信息作用的机构，在这种新环境下，将会比银行更糟糕。它们没有支付功能可以依靠，所以也没有救生筏可以救它们。就像独立经纪人和传统的保险代理，他们可能会被淹没在可以重塑市场的"信息的海洋"中。

资本的两个功能分离

随着货币作为市场信息传递者的作用日渐衰减，资本的作用也会下降。在市场体系中，金融资本是关键，因为它是一个易替换的生产要素：必要时，它可以很轻松地换来急需的物资，从而实现有效的资源利用。反之亦然。

但资本也传递了信息。它向世界表明，某家公司拥有某项资产，可以用来交换其他生产要素。它意味着选择自由和相对权力。外部投资也一样，它增加了公司的灵活性，同时传达了更多信息——关于公司的实力以及投资者对公司的信任。

有时，外部投资的信息维度可能比资本流入本身更有价值。当红杉资本，一家备受尊敬的风险投资公司，投资于一家硅谷初创企业时，这就宛如19世纪的英国授予了其一个贵族头衔，接受投资的公司立刻会获得知名度，而且结果往往是获得额外的市场价值。

数据资本时代

随着市场对多样化信息流的接受，资本的信息功能和价值功能不再必然交织。相反，它们将会更频繁地各行其是。这里的重点不是未来资本将无法发挥任何作用。资本作为价值的功能将继续在我们的经济中发挥作用，但是作为信息的资本，将不再是唯一的游戏玩家。

当我们将资本的两个功能分开时，我们就会意识到，两个功能的相对重要性取决于环境。举个例子，有时候，一家公司可能真的需要资本流入，但是在其他情况下，这家公司所需要的可能只是向市场发出一个信号，告诉大家，有一个在行业内信誉很高的专家对该公司很有信心。当然，并非所有的信号都同样诚实。空话人人会说，一个随意的口头推荐也必然是廉价的。一个承诺的背后如果是一张人人梦寐以求的大支票，那么情况则完全不同。然而，诚实的信号是需要成本的，因此它会阻止那些潜在的滥用者。金钱并不总是诚实的信号，也不是唯一的信号。比如，当货币充裕时，金钱这种信号的信息价值就大大降低了。正如麻省理工学院教授亚历克斯·桑迪·彭特兰所说的，各种各样的信号，包括来自网络和社交媒体数据的信号，都可以是诚实的。

消化和传递这样的信号，对于经过重组的市场来说，将不会有任何问题；将这些信号转变为经由计算机辅助的、我们个人的决策因素，对于市场参与者来说也不会有困难（当然，这并不能保证完美的选择，除非这些选择反映了所有可用的个人偏好信息）。当资金充裕，投资机会有限时，这一点尤为重要。在这种时候，资本投资本身不再是一个强有力的承诺信号，它失去了一部分信息价值。举个例子，在资本充足的时候，一家风险投资公司有可能无法为自己喜欢的初创公司投资，因为这一轮投资已经被超额认购了。公司可能会在其他地方投资，但这样的投资无法表明，被投资的公司就是最好的选择，它只是一个可用的选择。

一个资本丰富的世界听起来可能不真实，但是实际上，资本投资交易量已达到了自 2000 年互联网泡沫以来的最高水平。随着交易量增加，最近人们重新讨论关于全球风险资本活动的发展状况。总体而言，更多的资金正在转化为投资资本，因为投资者试图找到更高的回报，而传统和保守的投资机制所能提供的最低利率，无法在这方面帮助他们。吸引资本比过去几十年要容易得多，对于地理位置极佳的初创公司来说尤其如此。位于硅谷的一家初创公司的首席执行官说，他的公司之所以筹集资金，是因为可以筹到资金，其实他的公司并没有筹集资金的迫切需求。与此同时，传统股票市场的投资选择越来越少。在美国，上市公司的数量从 20 世纪 90 年代末的 9 000 多家，下降到 2016 年的不足 6 000 家。

金融资本主义终结的代价

如果资本充足，但寻找资本的公司越来越少，资本的供应就会超过资本市场的需求。这意味着投资回报率将直线下降。这就宣布了（我们所知道的）金融资本主义的终结，因为金融资本主义本该是将市场运转与巨大的投资回报联系到一起的，但现在这种联系消失了。而且，资本的好日子很可能一去不复返：随着货币市场向海量数据市场转换，人们不再那么需要用资本来发出信号。经济会繁荣发展，但金融资本不再会繁荣——从货币市场向海量数据市场的转变就集中体现在这一点上。随着市场经济的发展，在数据的帮助下，我们可能不再把未来的"资本家"标记为"集金钱与权力于一身者"。

从本质上讲，海量数据市场会使货币贬值，而投资者将会为此买单。这对于任何投资者来说都是一个大问题，但是影响尤其大的，是那些为了以后每个月稳定的退休金存钱和投资的人。他们把钱存入银行，而且始终把这件事放在最重要的位置上，而现在他们却面临意想不到的资金缺口。这自然会招致人们普遍的不满——有些人一辈子都在努力存钱，现在却觉得自己舒适的退休生活被人骗走了。对于政策制定者来说，这也是一个具有挑战性的困境。正如人类之前的创新也都造成了种种破坏一样，面对海量数据市场所带来的货币贬值问题，我们除了进行痛苦的调整变革，将别无选择。而且目前，我们还没有显而易见的政策解决方案，可以让个人财物规划的核心原则保持不变。这个核心原则就是：在工作生涯中，我们应该为退休存钱。

如果还有什么可以让人安心的事情，它就是尽管海量数据市场会对金融体系造成巨大冲击，投资回报率下降，投资失去价值，成千上万美元的个人资产被蒸发，但是这种冲击很可能会是一次性的，而不是反复出现。一旦资本贬值，我们对回报的预期被重新设定，资本的价值可能就会开始保持稳定，而不是继续下滑。当然，对于当前的投资者来说，这不能算作一种安慰，尤其是对于那些还有 10 年左右就要退休的人来说，因为他们只能依赖坚实可靠的资本回报。这些投资者可能最终会成为最受打击的一代，金融资本主义对他们夸下海口，但它自己突然消亡了。

数字投资顾问

然而，从长远来看，海量数据市场会让投资者找到更符合投资需求的匹配机会，而且它也较少受到个人偏见的影响。新的中介机构将蜂拥而至，利用复杂的匹配工具和机器学习系统分析信息洪流，并将分析转化为结合实际的建议来满足人们的需求。我们仍然需要金融建议，但是这种建议可能来自机器而不是人。由于数字投资顾问本质上是运行在海量数据上的软件，它们可以在我们的个人计算机设备（包括智能手机）上工作，而不是在外部投资顾问的办公室里工作。这就为我们创造了空前的私密环境——如果我们需要的话。我们可以授权一个机器学习系统访问我们非常私人的数据（包括我们的投资行为），以便系统可以提取我们的投资偏好数据，帮助我们找到最佳匹配。而在这个过程中，我们不需要与任何其他人分享这些数据。

反之亦然。为了降低成本，我们也可以允许机器学习系统将我们的数据用于其他目的，比如做系统自身训练，或者做整体市场预测。操作一个机器学习系统比依靠人力顾问更便宜，至少原则上如此。系统通过模式设定，可以确保不会因为顾问暗藏让用户多花钱的动机而提出一些偏离最佳匹配的建议（比如，如果某顾问可以抽取提成，他就可能产生建议客户进行一些没必要交易的动机）。而且，因为这样的系统可以按照任何需求来设计，现有的捆绑服务（比如一个可以执行交易任务的投资顾问）更有可能被拆分，它将会为"投资顾问生态系统"腾出空间。在这个生态系统中，不同的服务提供商可以提供不同的服务。将这些服务组合起来，对于个人投资者来说也变成了很容易的事情。最后，当所有服务都运行在综合数据的基础上时，这些服务自然就可以给人们提供自身的数据，投资者就可以选择最适合的顾问和服务提供商。投资咨询市场，就像未来的投资市场一样，将会转变为完全以海量数据为基础。投资者可能会为过去的高回报一去不复返而感到惋惜，但是提供最佳匹配的海量数据市场，也将会让投资者获益良多。

银行的应对策略

货币作用的降低，也给银行和传统金融中介机构提出了一个复杂的挑战。到目前为止，它们采取了两种主要策略来应对挑战：第一种削减成本，主要通过自动化来实现；第二种在海量数据市场中重新定位，将自己变成信息中介。

降低成本要从实体基础设施向数字化基础设施转变开始。随着越来越多的客户在网上和移动设备上购物，银行不再需要全覆盖的分行和网点，也不再需要那么多柜员和出纳——降低每笔交易成本的行动随之而来，无论降低的是投资管理成本、贷款成本还是支付成本。正如嘉信理财在20世纪七八十年代所证明的那样，如果交易成本足够低，即使降低收费，公司也仍有钱可赚。

但是，21世纪的银行不是在与嘉信理财这样的公司竞争。相反，它们面对的是新一代初创企业。这些新兴公司可以利用数字技术从数据中获得见解，并以极低的价格提供服务。通过将高频交易技术应用于传统股票市场，位于硅谷的罗宾汉市场为其100多万名客户提供了在美国交易所交易股票的机会，客户无须交纳手续费。这一切成为可能，就是因为今天的电子交易的实际成本非常低。放弃了昂贵的实体基础设施（如店面或大型客服部门），罗宾汉公司就可以将已经存入但还未投资的资金所产生的利息作为运营成本。银行即使降低了成本，也很难与免费服务竞争。

支付解决方案也在进行类似的开发。PayPal、Apple Pay 和中国的微信等老牌数字玩家，在诸如 Stripe 和 Square 等移动支付初创企业的帮助下，正在吞噬银行业。此外，这些公司能够获得所有有价值的交易数据，而它们传递给银行的却只是银行完成业务所必需的最低数据量。在支付业务中，我们看到了移动电话一次又一次的发展变化：电信运营商过去常常可以从客户那里看到所有的通信数据，但它们很少使用这些数据。如今，电信运营商只相当于一个传输管道，他不能（或者不被允许）再窥视任何通信数据——数据通信所产生的所有价值都被其他人捕获了。

一些金融科技初创企业，比如英国的 Coconut 或芬兰的 Holvi，它们关注的不是降低费用，而是创新服务。它们瞄准的是缝隙市场（例如，Holvi 关注的是小型企业，Coconut 关注的自由职业者），以及高度定制的支付与银行账户捆绑服务包。例如，Coconut 为客户提供了这样一种服务，即无论何时收到或支付一笔款项，客户都可以迅速（重新）计算税额，并把支付税金的钱预留出来。Holvi 的服务则包括完整的免费发票服务与记账服务。

一些银行试图通过与正在开发新型支付系统的公司合作或者对其投资，来进一步推动成本削减和自动化。在金融界，比特币以及支撑比特币的基础技术——区块链，虽然引起了人们的恐惧，但是它也给人们带来了银行可以得救的希望，哪怕具体解救的方式还不清楚。那些积极主张利用信息分布式技术（比如区块链），将货币转账、持有等做信息分布式处理的银行，可能还没有完全意识到，恰恰是这些技术消除了人们对银行所提供的集中服务的需求。

总体而言，削减成本听起来似乎很明智，但是在银行业，就像在其他任何公司一样，这种做法会受到组织机构和内部结构的限制。银行已经开始意识到这一点。降低成本可能会在短期内对银行业有所帮助，但从长远来看，它可能只相当于在"泰坦尼克"号上，把折叠躺椅重新摆放一下而已。

信息具有价值

银行对资金成本所做出的反应，忽略了资金的信息作用即将消失这一事实。随着货币市场转向海量数据市场，金钱不再需要为大多数信息流动提供便利。没有任何一种数字化货币能够从根本上改变这种情况，即使最先进的区块链技术也做不到。从本质上讲，这些技术都是针对其他不同问题的解决方案。

即使作为商品交换媒介，货币也不再具有绝对垄断地位。如果市场能够提供促进交易的信息，信息本身就具有价值。我们每使用它一次，它就可以给我们带来更好的见解和更顺畅的市场交易。这些市场信息变成了一种有价值的资源，它不仅对某特定的市场参与者是有用的，而且对整个市场都是有用的。

只要信息的应用范围足够广泛，价值足够高，有足够多的市场参与者想要得到信息，而且只要交易的成本足够低，将来我们就会看到以数据而不是金钱来支付的交易。从某种角度讲，我们已经开始做这样的交易了，而且是每天都在做：在使用谷歌的搜索引擎或者登录脸书网时，我们必须容忍那些为了收集我们的个人数据而付费的广告。事实上，如果没有数十亿用个人数据来买单的用户，谷歌就不是谷歌，脸书网也不是脸书网。同样，我们可以在越来越多的案例中看到，公司与外部服务商签订合同，让它们为自己提供数据分析，公司却不需要支付货币，只要允许这些外部服务商将公司的这部分数据用在其他可能产生价值的地方。

但这并不是货币的终结。数据作为一种交换媒介有一个重要的缺点：与纸币不同，像盐和金币一样，数据本身也有价值，这就使数据在市场交易中扮演的角色更加复杂。因此，货币将继续发挥辅助交易的重要作用（各国央行仍需要继续管理货币供给）。

货币作用的变化不会在一夜之间发生，但是从这些变化中我们可以看出，哪怕是货币的非信息功能，也未必能免遭影响。如果货币的重要性总体下降，那么既主要集中于成本削减，又同时继续依靠货币来润滑市场的战略，在短期和中期可能还会起到一定作用，但长期而言，这样做不会有大的效果。

信贷的颠覆式创新

越来越多的银行和其他金融中介机构开始采用截然不同的策略，它们希望重新转型，将自己打造成精通数据的中介机构。它们甚至与金融服务行业的新加入者合作，为货币消失后的世界做准备。

银行为金融科技公司提供资金，让它们有机会利用数据技术提供金融服务，而很多金融科技公司的目标却是将传统银行推下神坛。这听起来虽然不合理，但实际上不无道理。银行打的算盘是：如果被挤垮了，我至少应该在抢走我生意的对手那里占据一席之地。仅 2015 年，金融科技公司就吸引了超过 190 亿美元的全球投资。一些权威人士将这种疯狂的举动描述为金融科技泡沫。尽管许多金融科技公司更专注于支付解决方案，但它们中的一部分也在关注如何在贷款与投资规划两个领域，提供颠覆式创新举措。下面我们简要介绍一下这两个领域。

资金借贷原本是一个个人信用问题，社区银行经理在决定是否让某人获得抵押贷款时，依据的就是个人信用的高低。最近几十年来，资金借贷已经发生变化，借贷决策是根据个人信用评分这个单一的统计数字做出的。将信用浓缩为一个数字似乎可以让银行更容易选择借款人，但正如我们所知道的，现实往往并不美好。传统的信用评分在很大程度上是基于过去信贷交易的记录，它会受到数据匮乏的限制。如果缺少重要的数据点，数据中的错误就会被放大，信用评分就会被严重夸大或低估。这样一种判断人的贷款偿还能力与意愿的做法，是既可笑又原始的。

为了解决这个问题，一整套全新的"贷款提供者生态系统"应运而生。此系统不仅会接收大量信息，而且会提供大量信息。例如，以专注于学生贷款起家的金融初创公司 SoFi，将许多数据点用作信用评级预测的参考因素，这使公司有胆量向信用信息不完整的个人提供低利率贷款；另一家初创公司 Kabbage 也为小型企业提供类似的服务。从传统的信用评分转向分析更多不同数据点的风险模型，与货币市场转向海量数据市场是相似的：在这两种情况下，我们都放弃了简化复杂性的想法，转而利用技术和自动化，来指导人们依据各种不同来源的综合海量数据，做出相关决策。这种做法最终会转化为对实际违约风险进行更好的评估，因此 SoFi 能够以低于传统贷款的利率向许多客户发放贷款。

SoFi 的模式取得了巨大的成功：到 2017 年，SoFi 已经提供了超过 160 亿美元的贷款，为客户节省了约 14.5 亿美元的利息。另一个新加入者，金融科技公司 Upstart，在传统的信用评分之外，还使用了教育数据来评估信用风险。而像 Avant 和 ZestFinance（由谷歌前信息总监道格拉斯·梅里尔创建）这样的金融科技公司，也在与发薪日贷款做斗争。通过使用机器学习系统，分析每个贷款申请人的大量数据点，这些金融科技公司坚信，它们可以比传统银行更好地评估风险，因此它们可以为那些过去依靠发薪日贷款的借款人提供贷款。2016 年，中国互联网巨头之一百度对 ZestFinance 进行了投资，其目的就是将海量数据消费者信用评分系统带入中国。

投资管理的颠覆式创新

金融科技初创企业还颠覆了传统的投资管理。举例来说，Stash 公司一直在努力推动一件事情：按照可能的最小交易单位，将股票进行分割，让顾客能够购买一只股票的一部分。这样，消费者就可以根据特定的投资策略投资一小笔钱，这有点儿像我们从专辑中拆分出单曲。

许多金融科技初创公司都表示，它们比传统的金融顾问拥有更优越的偏好提取和偏好匹配工具。例如，Betterment 公司一直在夸耀，说自己具有识别资本损失的能力，可以使客户少缴些税。另一个竞争者 SigFig 公司，也在收集并分析用户通过经纪公司进行投资的数据，确定具有类似风险系数的备选基金，为用户提供更多选择。SigFig 公司还计算了投资者向这些经纪公司支付了多少费用（以及客户从传统经纪公司转到 SigFig 可以节省多少费用）。

金融科技已经催生了海量数据平台的一个全新的细分领域，如ZuluTrade 和 eToro 等平台，它们为客户提供的投资方法，是选择或者复制千万个其他交易者的投资模式。也就是说，这些平台的目标就是为投资者提供一种学习机会，让他们来仿效那些具有匹配偏好的交易者。平台通过它们所促成的交易来抽取部分利益。其他网站，如PeepTrade（窥探贸易），则会为客户提供渠道去"窥探"成功交易者的决策信息，并从每笔"遵从"成功交易者策略的交易中抽取部分利益。

在金融科技平台上，融资与投资是通过提供 P2P 贷款来实现的，平台上的一些消费者向另一些消费者提供贷款（或者像是 Funding Circle 这样的平台，向小企业提供贷款）。平台为这些贷款的配对提供了便利，只是目前这样的配对过程仍然相对简单。英国的 Zopa 公司是 P2P 贷款领域的先行者之一，它已经促成了 20 亿美元的融资。但是，P2P 贷款真正实现起飞，却是在中国。数千个平台已经开放，最成功的一个陆金所，已经超过了 Zopa 公司的总融资量。据估计，2016 年中国的 P2P 贷款市场总额已超过 1 000 亿美元。美国的 Kickstarter 及其竞争对手 Indiegogo，提供的是一种相关服务。仅Kickstarter 就帮助初创企业获得了超过 30 亿美元的直接融资，其中1/3 的项目成功获得了融资（只有大约 15% 的项目最终失败）。最近，Kickstarter 与股权众筹平台 MicroVentures 合作，为投资者提供了购买小企业股权的机会。有趣的是，Kickstarter 建立了一个初创企业平台，此平台能够超越简单的购买或融资交易，为投资者提供全面、丰富、连续的信息——这有些像早期的海量数据市场。这个平台的目的就是要为这些初创企业在决策时提供大量信息，同时让它们在做出决策后也依然保持消息灵通。

与一般的公司一样，对于金融科技公司来说，获得数字技术与获得海量数据的方法是非常不同的。有些公司，比如提供低成本资金转账的公司，只是为现有服务提供了一个廉价版本。它们基本上把赌注押在了过去，希望利用金融领域的完美风暴来谋求生存。其他人则完全专注于丰富的数据流，Betterment 和 SigFig，以及一些 P2P 贷款机构都属于这一类：它们的做法，是将综合数据与用户偏好和算法进行匹配，来确定最优交易伙伴。从长远来看，在投资领域的金融科技企业，或许还有与它们合作的银行，都将自己的目标锁定在成为能力超越金钱和价格的信息中介。

金融科技公司把关注焦点从货币转移到海量数据，这种做法彻底动摇了人们对金钱和银行业力量所持有的信心。与此同时，许多金融科技公司也在利用市场，来完成一些原本属于传统大银行的任务。这也进一步凸显了本书所强调的，整体经济从公司模式向市场模式转变。

传统银行风雨飘摇

到目前为止，银行与金融科技公司联手的结果喜忧参半。在一定程度上，这肯定是因为我们仍处于从资金重心转移阵地的初始阶段，所以在稳定和成功的商业模式出现之前，市场存在大量不确定性、尝试和错误。这有点儿像 20 世纪 90 年代中期互联网热潮之前的电子商务。但是，出现这种情况，也可能是因为更深层的文化原因。尽管从理论上讲，银行应该非常乐于使用大量数据，因为它们已经收集了几十年各种各样的金融数据，管理运行着包含详细客户信息的大型数据存储设备，但它们对自己拥有的数据没有做更多的利用。在这样的情况下，我们可以说银行是数据上的富人，却是见解上的穷人。

这可能是早期习惯的余音，过去数据分析既困难又昂贵。而且银行都是很传统的，它们的观念通常都是保守的而不是冒险的，银行的员工也体现了这种风气。也许，这也强烈地反映了顾客的个人选择：人们不那么信任银行，因此不同意银行利用其收集的海量个人数据来创造新的产品或服务。这也可能是结构性问题：如果一家公司一直致力于通过资金来润滑经济，那么它将很难考虑那些超越其成功的因素，即资金以外的东西。就像全心全意地专注于资金的做法，使银行和相关金融中介机构变成了金融资本主义的核心一样，这种全心全意也限制了人们的想象力，阻止了人们拥抱海量数据的未来。

但有一个反例表明，情况也并不一定真是这样的。早期的投资银行在一个多世纪以前，都是一些帮助公司寻找外部投资的规模较小的合作伙伴，它们也会帮助很多高净值私人客户或大型机构客户确定最合适的投资目标。这些银行相当于媒人，它们的成功取决于它们获取信息的特权。它们与客户保持着长期合作，投资银行的成功与其和合作伙伴心照不宣的默契、与合作伙伴全方位的联系，是分不开的。为了保持良好声誉，很多银行保持了诚实的品格，它们所获得的珍贵的信息也成为机密。从本质上说，它们是数字模拟时代的海量数据信息的中介。

随着时间的推移，银行业开始发生变化，这种变化在20世纪60年代开始加速。究其原因，部分是大型银行开始与传统投资银行竞争。这些新加入者虽然没有信息网络特权，但它们规模巨大，而且更加关注资金流。一些投资银行的应对方法是将自己改造成金融机构，而不是信息机构：它们通过放弃合伙企业、发行上市股票、兼并和迅速扩大规模、大幅提高杠杆作用，也就是将自己变成高杠杆银行，来实现这一点。当 2007 年次贷危机爆发时，世界上最大的三家投资银行贝尔斯登、雷曼兄弟和美林，都倒闭了，许多投资银行与传统银行合并，行业的大部分领域进行了彻底重组。

然而，有些投资银行拒绝向金融机构方向转移。它们仍然还是信息中介，而且做得很好。今天，越来越多高度专业化的小公司开始利用最新的数字技术，与 Con-tix 和 Kensho 等大数据分析公司合作，利用机器学习系统来做投资银行最初所做的工作：提供海量信息，以及有关市场参与者最优投资交易的见解。

这个案例既反映了重塑自我的机会，又反映了其中的危险。我们原本以为，那些专注于资金的银行和其他金融资本主义的核心机构，最终可以转变为创新型的初创企业。现在看来，我们的乐观态度可能会受到打击。但是，我们也可以将这种情况理解为一个暗喻，它暗示了货币市场的兴起和最终衰落，也暗示了优于货币中介机构的信息中介机构将取得最后的成功。我们认为，随着金融资本主义被数据资本主义取代，整个金融服务业可能都会受此影响。风险投资家艾伯特·威格的公司已经投资了从 Kickstarter 到 SigFig 等很多金融领域的成功初创企业。他将大数据时代传统银行的命运比作在暴风雨中航行的船："一艘西班牙大帆船，满载着掠夺来的黄金，在风暴中即将沉没。"银行虽然拥有所有资金，但是由于缺少对信息的基本见解，它们无法避开恶劣天气。

n"}]},"countries":["IN","NP"],"mixins":[],{"name":
age2018a","start":1535005260,"end":1538

第 8 章

反馈效应

["IN","NP"],"mixins":[]},{"name":"WMBE WikiLovesHer
"start":1535005260,"end":1538288460,"preferred":1,"thr

2009 年 6 月 1 日，法航 447 号航班（空中客车 A330 客机）从巴西里约热内卢的国际机场起飞，逐渐飞上夜空。法航 447 号航班上的 216 名乘客期待着一趟平安的巴黎之旅。

商用客机已经取得了惊人的安全飞行记录，这在很大程度上归功于强大的电脑和训练有素的机组人员，他们一起构成了一个复杂、精密的反馈系统。飞行控制电脑可以处理来自几十个传感器的大量数据，使飞机能够保持在预定航线上飞行（飞机本身就是一个反馈环），而且是安全飞行；而飞行员则负责监控电脑，查看系统提供给他们的关于飞机位置、飞行航线和飞行状态等海量数据。电脑和飞行员可以互相检查——如果有必要，电脑能够忽略可能危及飞机安全的飞行员指令，而飞行员也可以关掉电脑的飞行控制。两种情况都不会经常发生。事实上，电脑已经非常擅长控制飞机（并进行调整以补偿错误的人类指令），所以飞机制造商将其安装在所有的商用客机上。最终的结果是，大多数时候，电脑负责驾驶飞机，而飞行员则负责盯着电脑。

法航 447 号航班在飞行的前几个小时就是这样的。然后，在漆黑的夜空中，当飞机接近大西洋上空遭遇雷暴时，飞机速度传感器因结冰停止运转了。电脑意识到这个问题，并且解除了自己的部分控制，以便让飞行员接管。飞行员现在可以按照自己的意愿驾驶飞机了，而不需要电脑再次做出预测。我们不清楚出于什么原因，副驾驶决定让机头朝上，向上飞行，尽管当时飞机已经接近飞行高度上限。此举使飞机的飞行速度降低到临界点，飞机面临失速坠落的危险。

电脑发出了警报，有一个声音向飞行员报告"失速"，但飞行员没有做出反应。由于飞机继续不断地向上飞行，失速警报停止了，因为计算机不再相信它接收到的关于飞机处在极端位置的数据，而是认为数据出现了问题（其实不是）。当飞行员试图弄明白状况时，飞行员进入了一个致命的反馈回路：每当飞行员将机头压低时，电脑就会认为关于飞机在上升的数据似乎是可信的，因此发出了失速的警报；当飞行员将机头抬起时，失速警告就停止了——这并不是因为飞机没有失速，而是因为失速得太严重了，电脑对数据失去了信任。从某种程度上说，无论人类还是电脑，他们都表现得相当合理。当机器认为数据可信时，它就发出警报，于是人类会对失速警告做出反应。他们绝对没有意识到这架飞机正朝大海坠落。片刻之后，机上所有人员全部遇难。

反馈循环存在两种危险

直到最后，飞行员都在试图弄清楚到底发生了什么事情。在大多数情况下，人机系统的反馈循环都是完美的，即使不完美，它也会容易弥补。但是，基于复杂反馈循环的系统是难以捉摸的：它们在如此多的一般情况下表现得如此出色，以致人们容易忽视，甚至忘记，还有出现极端错误的风险。

70 年前，麻省理工学院教授诺伯特·维纳，一位曾经是天才少年的杰出数学家，构想出关于反馈的一般理论，以及反馈在帮助人类和机器控制自己行为方面的作用。反馈回路是维纳系统控制概念的核心，即收集和解释反馈数据，从而控制系统并调整系统目标。维纳认为，只要有足够多的反馈回路，任何系统都可以朝着我们想要的方向前进。从概念上讲，理解机器如何独立工作——用今天的话说就是机器如何自动运行，是一个巨大的飞跃。从洲际核导弹（和阿波罗登月的飞行器）的制导系统，一直到现代自适应机器学习系统，反馈理论为这些系统的技术发展奠定了基础。但是，维纳既关注又担心反馈系统的灾难性故障，正如法航 447 号航班的事故所凸显的那样，事故会由突发情况引发，或者反馈系统的元素会被错误的环路所困。

维纳的系统控制概念也培养了人们对控制的渴望：如果某东西可以被控制，它应该是，而且通常是以集权的方式实现的。数学家在选择术语"控制论"时已经预料到了这一点。这个词来源于希腊语 kybernete，意思是"总督"。第二次世界大战后，维纳成为他自己参与发动的控制论革命的最早批评者之一。在他的著作《人有人的用处：控制论与社会》一书中，维纳指出，信息流是由反馈驱动的控制论的关键推动者。他同时对自适应系统公开表示了担心。这种担心不是"因为可能会出现机器主动控制人类的危险"，而是因为系统"可能会被一个人或一群人利用，来加强他们对其余人类成员的控制"。

建立在反馈驱动系统基础上的海量数据市场，也表现出了类似的状况。系统在大多数情况下都能良好地运行，但有时它也会变得非常危险。危险要么是由于系统学习缺乏多样性，要么是由于控制权的隐性集中而造成的。在我们拥抱海量数据市场时，我们必须通过适当的控制措施来防范的就是这两种危险。

市场分散决策变得集中化

市场不仅建立在无数的个人决策基础上，而且是既混乱又无序的，这就是它的本质特征。市场没有中央控制机制，但是就像任何其他社会机制一样，它也不是一个空荡荡的容器。市场的每一个特征，无论是物理的还是社会的，无论是内在关联的还是外部植入的，都可以决定哪些交易会发生。中世纪著名的香槟集市要求商人遵守一套规范，否则他们就会被驱逐，失去交易的机会。

市场行为也会随着市场的物理设计而变化。人们如果给交易广场上的部分区域加上由柱子支撑的屋顶，就会使商人更容易进入或离开交易场所。那些令人印象深刻的曾经遍布欧洲主要城市的交易大厅，其装饰设计可以帮助买家和卖家无须担心恶劣天气。这意味着交易市场在一年中比较寒冷的季节也可以很好地运行，这也决定了交易市场可以卖什么、什么时候卖、由谁卖。

毫无疑问，拥有正确的功能特色的市场比其他市场会更高效一些。虽然塑造市场的许多依据取决于具体情况，但有一些关键原则超越了具体情况。这些原则中最重要的，也许就是决策的分散性。如果违反了这个原则，市场就失去了有效协调人类活动的能力。

不幸的是，在实践中，很多市场随着时间的推移已经变得决策集中化了。在 19 世纪末的钢铁工业中，少数大型生产商串通一气、操纵价格。同样情况也会出现在有很多卖家却只有一个买家的情形中。举个例子，许多小农户不得不把他们的牛奶卖给当地唯一的牛奶场，所以牛奶场在购买牛奶时就更有定价优势。集中的市场是有问题的，因为它剥夺了许多参与者达成更好交易的机会，而把过多的利润集中于强者身上。

三种效应导致市场集中化

在线市场似乎特别容易受到集中的影响。举例来说：台式电脑每发出 5 个搜索请求，就有 4 个是在谷歌上发出的；移动设备每发出 10 个搜索请求，就有 9 个是在谷歌上发出的。再想想亚马逊在美国所占据的在线零售市场份额超过 40%，以及脸书网在全球拥有近 20 亿用户。而且，这些只是头部企业的例子。即使在较小的缝隙市场，市场集中度也很高。GoDaddy 是互联网上最大的域名注册商，规模大约是其最大的竞争对手的 4 倍。WordPress 主导了博客，而 Netflix 则控制着电影流媒体。至少从卡尔·马克思的时代起，关于市场集中的确切原因就一直存在激烈的争论。我们认为，在市场变得集中时，通常会有三个不同的效应在起作用：前两个效应规模效应和网络效应，已经得到了很好的研究，但第三种效应是由反馈对适应性系统的作用引发，我们称之为"反馈效应"。这三种效应都源自市场参与者在扩大利润时所采取的策略。

在工业革命时期，制造商开始意识到大规模生产的潜力。如果一家工厂每周生产 1 000 辆 T 型车，而不是 100 辆，那么每辆车的成本就会降低，因为生产的固定成本会分摊到更多的车辆上。开始于制造业的这种认识传播到经济领域的其他产业，包括零售业和服务业。20世纪下半叶，超市、快餐连锁店和零售连锁店如雨后春笋般涌现，因为它们的目标都是通过增加总量来降低成本。这种策略奏效了，消费者已经享受到了规模效应带来的好处：商品价格更低了，商品选择范围更广了。

我们可以在电信行业里找到网络效应的例子。1890年，电话已经在美国市场掀起了一股热潮。电话提供了一种迅速、简单地与他人合作的方式，没有它大企业就无法正常工作。但是因为几家电话公司相互竞争，而且每个公司都有自己的专用网络，所以经理们的办公桌上经常放着好几部电话机，这样他们就可以打电话给使用不同电话网络的业务合作伙伴。世纪之交，当电话市场合并到美国电话电报公司手中时，客户才意识到对于每个已经入网的人来说，加入网络的每一个新用户都增加了系统的效用，因为他们可以通过电话找到的潜在合作伙伴的人数增加了。这为更多的人加入美国电话电报公司网络提供了强大的动力。人们似乎感觉人越多服务越好，其实服务本身并没有得到改善，只是人们使用服务的机会增加了。今天，这种网络效应（经济学家有时更喜欢用"网络外部性"这个术语）是我们非常熟悉的。正是因为网络效应，互联网才主导了数字信息流，是网络效应使从脸书网到微信，再到推特和Instagram（照片墙）等社交媒体平台大获成功。网络效应也提高了市场平台的价值，从亿贝到阿里巴巴再到Uber和滴滴出行等叫车平台，从在线约会平台Tinder到P2P先锋Funding Circle，每个新参与者所增加的确切价值不只依赖于其本身，而且依赖于市场中已有的平台使用者。例如，当一个男人加入一个异性恋约会平台，而平台的会员90%是男性时，他对平台的作用是微乎其微的。在这种情况下，更有价值的是新的女性会员加入——至少对于该平台上的男性来说是这样的。同样，在一个有大量卖家的市场中，每个新买家都会受到特别欢迎。

第三种效应虽然与规模效应和网络效应有关，但只有当电脑系统使用反馈数据学习时，这种效应才会发生。当谷歌自动更正我们的一个拼写"错误"时，我们会做出反应，我们的反应就会创建反馈信息，来帮助谷歌改进其拼写检查功能。IBM 的沃森"看到"的皮肤癌病例越多，它就越能够识别出皮肤癌。最受欢迎的产品和服务是最容易获得改进的，因为它们拥有更多数据。在这样的背景下，所谓创新不再是突破性想法，而是如何收集最多的反馈数据。

规模效应降低成本，网络效应扩大效用，反馈效应改进产品。每一项都给市场参与者带来了显著的好处：他们可以降低生产成本，提升服务价值，提供一种似乎可以不断自我完善的商品。

这三种效应之间并不相互排斥。公司可以同时实现两个甚至三个效应。比如亚马逊，由于规模庞大，它可以以低成本完成客户订单。网络效应使亚马逊成为一个庞大的市场，拥有大量买家和卖家，还有许多为其他人留下宝贵的产品评价的顾客。每一个新增的顾客都增加了整个群体的价值。最终，亚马逊使用自适应系统和反馈数据来完善它的推荐引擎，以及它的智能个人助理 Alexa。另外，苹果的 iPhone 也是一个例子。因为苹果公司可以批量生产手机，所以苹果公司可以保持较高的利润率，同时还能将价格保持在消费者可以接受的范围内。iPhone 用户越来越多，也带来了充满活力的 APP（手机应用程序软件）市场。由于反馈数据量越来越多，Siri（和其他一些服务）也可以不断改进。这三种效应共同作用，给市场上现有产品和服务带来了巨大进步。然而不幸的是，这三种效应也带来了市场集中——它是市场效率的致命毒药。

阻碍新进入者

一个多世纪以来，各国已经陆续制定了各类规则，来防范市场集中的危险。但是这些规则没有普遍禁止市场集中这一现象。反垄断专家与竞争专家都知道，市场集中是一个非常值得怀疑的现象，它本身并不是干预的理由。只要大企业不滥用市场力量，规模效应和网络效应所引起的市场集中就是可以容忍的。这就是为什么1998年美国的那场差点儿导致微软解体的反垄断诉讼，把重点放在了微软的行为上，而不是它的市场地位上。同样，最近在欧洲针对谷歌的反垄断案，其重点也是该公司的行为，而不是其所占的市场份额。谷歌反垄断案认为，谷歌搜索引擎在其搜索结果中，将谷歌自己的服务排在了它的竞争对手前面。

除了审查企业行为，监管机构也在研究市场的新加入者与大型老牌企业竞争的难度。如果竞争不是很困难，新加入者有机会加入竞争行列，市场就不需要任何干预。如果新公司很难加入竞争行列，监管机构就可能准备行动了。

在制造业或连锁零售业等市场，规模起着重要的作用。这些市场的规模效应曾经给新加入者带来巨大的障碍。从传统来看，要在这些市场上达到一定规模，企业通常需要惊人的初始投资。但是，随着风险投资与低利率兴起，筹集资金变得更加容易，这就使初创企业有机会在经营规模和范围上迅速扩大。此外，由于信息处理和存储成本大幅下降，尤其是借助云计算，初创企业所需的初始投资往往比工业时代要低得多。

相比之下，网络效应确实存在一些问题。即使资金非常充裕，初创企业也很难吸引客户。通往成功的唯一路径似乎就只有创新：初创企业要拿出比现有企业好得多的产品。关于创新在多大程度上抵消了网络效应，律师和经济学家一直都在进行激烈的争论。一些人指出，占主导地位的平台会持续存在，比如个人电脑的操作系统微软视窗和社交媒体中的脸书网；而另一些人则强调，脸书网其实取代了之前的MySpace（一个社交网站），现在它正受到 Snapchat（一款"阅后即焚"照片分享应用）的威胁。Snapchat 是一家聪明的初创企业，它的创新理念就是信息的阅后即焚。这些人还指出，Linux（一种操作系统）的崛起将超越微软视窗，因为个人电脑操作系统在今天已经不再那么重要了，运算通常会在移动设备和平板电脑上运行（微软在这些领域并未占有很大的市场份额）。

关键在于分享什么

到目前为止，监管机构主要关注的是规模效应和网络效应，它们尚未了解反馈效应对市场构成威胁的严重性。建立在反馈数据基础上的机器学习系统，用它所提供的服务"购买"更多的数据进行创新，其购买成本会随着用户基数的增长而降低。这种感觉就像奇妙的炼金术：将一种通过使用而产生的副产品转化为改进所需的原材料，这就像将铅转化为黄金一样。

这对市场竞争有巨大的影响。由于其庞大的客户基础，现有企业占有大量的反馈数据流，因此它也拥有强大的、基于机器的、可以随意处置的创新资源。初创企业想要与它们进行有效竞争是不可能的，因为初创公司的反馈数据总量还达不到推动产品开发的要求。

越来越多的专家开始担心，机器学习系统正在破坏竞争，其中包括法律学者埃里尔·埃兹拉吉和莫里斯·斯图克。他们主张在现有反竞争行为规定的基础上，人们应该采取另外一些措施。还有一些人甚至建议，应该强迫大公司像开放源代码软件那样"开放"它们的算法，让竞争对手和普通大众都能接触到这些算法。

对算法开放的呼吁误判了问题的根源，对遏制市场集中起不到任何作用。算法既是学习的方法，也是学习的结果。作为方法，算法在公共领域已经得到广泛的使用。输入自适应系统的数据所产生的具体结果，可能会随着每次系统从新数据中学习到新东西而发生变化。因此，能够接触到这些具体结果，也只是相当于获得了对过去进行一次快速浏览的机会。这就像以货币为基础的市场价格，虽然价格包含一些信息，但它缺乏细节。仅靠算法，还不足以让小竞争者和新加入者与现有的竞争者竞争，因为算法不是自适应数据驱动系统在学习时所需要的原材料。

开放算法的错误不在于分享这个观念，而在于分享什么。监管机构要想确保良好的市场竞争性，就应该提出数据共享的要求，而不是提出算法透明度的要求。为此，经济学家延斯·普吕弗（Jens Prüfer）和克里斯托夫·绍特穆勒（Christoph Schottmüller）提出了一个有趣的想法。他们建议，使用反馈数据的大公司共享这些数据（去掉明显的个人身份标识，并严格保证隐私不会被以不恰当的方式泄露）。在权衡这种强制性数据共享对各种不同情况的影响时，他们认为，在大多数情况下，大家的整体净收益会得到提高，特别是在一个现有企业几近统治相关市场的时候。

累进数据共享授权

基于这样的总体思路，我们提出了一个可以被称为"累进数据共享授权"的建议。一旦公司的市场份额达到起始阈值，比如10%，公司就要开始遵守这个规定。也就是说，公司就不得不与同一市场上的其他所有参与者共享其反馈数据的一部分，如果其他参与者提出类似要求。公司需要提供共享反馈数据的数量，将取决于该公司占有的市场份额。一家公司越接近统治地位，就越需要与竞争对手分享更多的数据。这不同于我们在第七章中提到的银行共享授权（尽管它们要确保市场竞争性的最终目标是相同的）。银行共享授权的关键是要降低转换银行的成本，而这里的共享是要将数据作为创新的源泉来广泛传播。

大公司收集反馈数据所带来的利益并不会遭受损失，它们收集的数据越多，其产品就会越完善。但是，由于它们必须与其他公司共享一部分数据，来自这部分数据的价值就会广泛传播。这就会让较小的竞争对手获利，帮助它们与大公司竞争。此外，实施累进杠杆原则就可以实现市场集中度越高，数据共享量也越大的目标。这是一套抗衡反馈效应的反馈机制：威胁市场竞争的数据集中度越高，就会有更强大的数据共享授权生效。

尽管大公司也可以请求从较小的公司获得反馈数据，但相对于那些小公司，大公司从额外的反馈数据中能够获得的利益要少得多。与市场上的每个参与者分享反馈数据的要求，使参与者不再会产生谎报或夸大其市场份额的动机。假设有一个由两大竞争对手把持的市场：一家拥有 45% 的市场份额，另一家拥有 40% 的市场份额，剩下 15% 的市场分散在许多小公司手中。如果数据共享授权只是单向的，即从最大的公司到其他较小的公司，那么两家大公司中那个占有市场份额更大一些的公司，就必须与另一家大公司分享数据。这就会鼓励大家去做市场份额游戏。然而，一个更加普遍的双向共享授权将使两家大公司都受益，因为每个公司都可以获得另一方的数据——尽管相对而言，受益更多的公司将会是那些规模小的竞争对手。

累进数据共享授权计划的目标群体，就是越来越多地使用反馈数据和自适应机器学习系统来改进服务的公司，从谷歌、脸书网、苹果、微软，一直到特斯拉。乍一看，它们可能只占了整体经济中的一小部分。然而，那些在数据驱动的自适应系统下进行的产品改进如此出色，以至一定会有越来越多的公司采用这样的系统，因此累进数据共享的范围也将进一步扩大。

虽然我们的市场正在从货币市场向海量数据市场转移，但是市场过于集中的危险并未消失，甚至可以说危险有增无减。这需要我们对那些大公司的非法行为保持警惕。我们还需要制定独立于行为之外的新措施，就像累进数据共享授权，以中和反馈效应——这可以说是数据时代的网络效应。

防止出现集中控制倾向

在海量数据市场中，虽然机器学习系统与匹配算法相结合，将有助于我们做出决策（或者在某些情况下甚至为我们做出决策），但是它们并非没有自身的结构性缺陷。

市场不仅会受到集中化的负面影响，而且会在许多市场参与者做出同样错误决定的时候，受到负面影响。比如，在许多参与者受到同一偏见的影响时，它们也会犯同样的错误。虽然市场决策是分散的，但决策者仍然是人，是具有相似认知限制的人。正如我们在第四章中所建议的，这些学习系统将会在我们想要的程度上，帮助我们克服一些困扰我们的偏见，使海量数据市场不太容易受到体系性的错误决策影响而导致崩溃。比起传统货币市场，这是一个显著的改善。

但是，这不仅需要机器学习系统运转良好，而且需要它们彼此足够独立。这是一个至关重要的要求。想一想，如果自适应数据驱动的机器学习系统为我们提供的交易决策，都是由一个或者少数几个供应商提供的，那么会发生什么事情？这些供应商会更全面地影响市场决策，而且比我们过去经历过的任何市场集中化更不透明。如果海量数据市场的致命弱点，是帮助我们做出决策的自适应系统可能会带来集中控制的危险，那么我们必须坚决防止被一个或少数几家公司操控，以免出现我们不得不接受商业"老大哥"控制的局面。

我们的警惕性不应该只停留在操控问题上。即使提供决策支持系统的公司完全出于好意，但是海量数据市场结构中嵌入了哪怕一个独立的故障点，也会使他们（和我们）特别容易受到来自外部的攻击。这就好像我们每个人都只驾驶同一类汽车：当我们发现有人对这类汽车的刹车系统动了手脚时，我们该怎么办？法航447号航班的飞机是空中客车，而现代空中客车飞机上的所有飞行电脑都会出现同样的反应。在那次可怕的事故之后，所有驾驶空中客车飞机的飞行员都开始被要求接受训练，来学习正确理解失速警告到底在警告什么，以及警告是什么时候发出的。我们所使用的系统的同质性放大了系统的缺陷，并可能成为整个系统的安全隐患。

为了避免这种潜在的大范围灾难性系统错误，面对由各种提供者设计和维护的各种各样的决策辅助系统，海量数据市场参与者必须做出明智的选择。如果每个系统的设计和开发都是独立于其他系统的，它们就不会有共同的缺点。但是，要实现这种决策辅助的异质性对于我们来说是一个挑战。市场如果建立在由反馈数据驱动的系统上，就会趋于集中，可以防范系统性缺陷的激烈竞争就会被摧毁。因此，尽管市场具有内在的集中趋势，我们依然要确保决策辅助系统之间的竞争，这是海量数据市场实现可持续发展的关键。

累进数据共享授权，作为与机器学习系统相关的、市场集中问题的解决方案，其实就是一个选择机制：如果较小的竞争对手可以使用大公司的反馈数据，决策辅助系统的创新就不会只集中在头部，规模较小的公司仍然可以生存。

与其他市场一样，数据驱动的市场也需要规则（以及对规则严格执行），这样才能确保决策分散与市场高效。与传统以货币为基础的市场不同，海量数据市场可能不那么容易受到人类系统性偏差的影响，并因此导致毁灭性崩溃。但是，要保持这种决策优势，需要为市场参与者提供帮助的系统就必须是多样的，它们必须为人类提供真正的选择。这要求我们采取独特的监管措施解决最根本的问题，即反馈数据分布极不均匀的问题。

会计准则需要与时俱进

所谓数据的丰富性，体现的正是市场参与者如何彼此通报情况。因为现实是多种多样的，有很多侧面，所以我们用来捕捉现实的工具也必须是敏感的，是能够传达细微差别的。这意味着我们的报告制度和会计制度，以及有关透明度的规则，都必须更加全面和详细。

例如，会计准则很久以来一直规定，公司资产负债表上的某些资产的价值，必须与它们的原始成本相等。这是一目了然的事情：如果一块儿土地的购买价格是100万美元，其账面价值也会是100万美元。但这一账面价值并不一定反映其现实价值：这块儿土地可能已经变得更值钱或更不值钱了。账面价值作为单一数字，提供的是关于历史交易的信息，却没有传达太多关于当前价值的信息。因此，资产负债表上的数据可能并不可信——不是因为数据错了，而是因为数据可能过时了。

20世纪90年代，美国开始会计制度改革，随后改革扩大到其他许多国家，新观点认为，某些资产必须以"公允价值"定价，这个价值通常与当时的市场价格相同。这种做法使资产负债表可以更准确地反映公司在某特定时刻的资产情况。这样做的困难在于市场价格的波动。因此，"调整到市价"（这个会计术语）的资产负债表在发布时就已经过时了，而且这些变化表现的也可能只是暂时的波动，所以它们不能准确反映公司的财务状况。例如，那块儿土地的价值可能会因为附近的车流量增加而下降，但这种可能只是暂时的，只是因为修建新公路时车辆绕道而行所造成的。这些变化如果都体现在公司的资产负债表上，就可能显示为土地价值的一次急剧下降，之后又显示为一次急剧上升，而这种价值的摇摆可能会导致投资者出售或购买该公司的股票，从而导致银行催要该公司的贷款，即使该公司的财务状况并没有发生实质性改变。公允价值会计制度的批评者甚至认为，这个制度导致了严重的全球金融危机，包括 2007—2009 年美国的次贷危机。

尽管公允价值可能比原始成本用处更大，但它也只是用单一数字来捕捉价值，这就像在时间的长河里留下一张快照。公允价值可能很容易被读懂，但是从概念上讲，它是信息过于简化的结果，人们很难根据它来采取行动。因此，随着海量数据市场的兴起，我们必须开发新的会计核算方法，来传递更丰富、更详细的信息，比如企业预期拥有某资产的时间长度、资产价格的波动性，以及与之相关的风险等。这将使第三方可以更好地了解公司的真实价值——不仅是一时的价值，而且是公司今后很长一段时间内的总体情况。

对公司更全面的看法并不局限于价值和价格问题。资产负债表反映的不仅是一家公司的财务状况，而且包括那些代表其能源使用、环境影响和劳工标准的数字。对于海量数据市场的投资者来说，获得关于某公司如此全面的数据，会让他们更容易找到超越典型要素的、能够反映其偏好的合适匹配。适用于投资者的情况，也适用于一般的交易伙伴。这里的先决条件是，相关的数据必须是可用的，而且必须以标准化的形式呈现。这就需要制定关于报告制度和透明度的规则。

监管机构应关注数据使用限度

到目前为止，我们强调了政府如何通过共享授权和报告规则等强制手段来开放信息，以及政府在促进信息流动和平衡信息不足方面所起的作用。然而，在有些情况下，监管机构一直在试图减少信息的流动，其目的就是减少一方比另一方拥有更多信息的情况出现，这样，拥有更多信息的一方就无法将信息不平衡转化为对自身有利的交易条款。这是传统的信息隐私立法所做的事情。这样做的目标是令人钦佩的，但是这种关于信息收集限制的规定在实践中会遇到麻烦：规则会使公司产生规避的动机，或者有些公司会诱导消费者同意其无限制的信息收集（就像我们很多人所做的那样，在注册一个在线服务的过程中，我们点击"同意"时根本不会阅读那些小字）。在实践中，限制信息收集的措施很少能纠正信息不平衡，所以它也无法促进海量数据市场的竞争与效率的提高。因此，政府针对海量数据市场的监管不应该是限制信息收集，而应该是限制来自一方的信息如何被对方使用，换句话说，政府监管应该关注数据使用限度，而不是数据收集。因此，使用数据来改善最优匹配可以得到鼓励，但是利用数据来促进低效率的信息不平衡会被阻止。在与信息隐私相关的社群里，一场关于从收集信息转移到使用信息的激烈争论已经展开。在海量数据市场上，我们已经可以开始强调对这种转变进行思考的必要性了，同时可以开始仔细研究一些细节问题了。

政府机构将负责执行本章所概述的、用于提高效率的监管框架要素。至于是否需要现有机构扩大其管辖范围，或者设立新的机构，这取决于各个国家的具体情况，而且与机构的执行力相比，这些问题都没那么重要。无论哪个机构来承担这些责任，并在海量数据市场上执行这些规则，它都不仅需要有组织能力、人员配备、必要的调查和执行权威，而且需要有适当的专业知识。做到这些既不容易，又不便宜。人才是稀缺的。从华尔街到硅谷的各类公司和初创企业，都为人才提供了丰厚的薪水和绝佳的工作环境，监管机构也要与它们争夺人才。除此之外，监管机构别无选择。如果不想冒险让市场失控，监管机构就需要那些具备数据分析专业知识的专业人才，即 "quants"（金融工程师）。我们丝毫没有拥护官僚主义的意思，但是如果没有官方机构的介入，海量数据市场就很容易受到决策权和控制权过于集中的威胁。

失败案例："协同控制工程"

我们需要面对的还有另一种威胁，至少对于市场经济国家来说是这样的：政府可能抵制不了利用海量数据市场机制（如决策辅助系统）来控制经济的诱惑。半个世纪以前，当大型计算机仍然占据统治地位的时候，显露这种迹象就已成为一种可能。

1973 年 9 月 11 日，历史上最雄心勃勃的一项政府治理试验结束了。试验从 1971 年 7 月开始，时任智利生产开发公司负责人的费尔南多·弗洛里斯，请英国运筹学和控制论大师斯塔福德·比尔建立了一个计算机系统，来帮助智利政府进行经济规划。

在这件事一年前，萨尔瓦多·阿连德·戈森斯成为拉丁美洲首位通过竞选获胜的具有共产主义倾向的总统。他的目标是实现社会主义经济的 "第三条道路"——既避开自由市场，又避开苏联式的计划经济。他的试验平台搭建在土地改革和大规模工业国有化基础上。但是国有化的产业首先需要管理人员。

这就是为什么弗洛里斯找到了比尔。他们是古怪的一对：一个是社会主义经济管理者（他后来成为智利的经济和财政部长），渴望集中管理智利的大部分工业；另一个是英国商学院教授出身的叛逆的管理顾问，喜欢雪茄、巧克力和威士忌。他们拥有一个共同的梦想，那就是建立一种由精确数据和快速反馈来推动的新型管理模式，它既适用于那些领导者，又适用于那些被领导者。这是一个通过将组织结构与现代技术融为一体，来实现全国统一决策的愿景。通过将人民想象成需要政府支持的集体，而不是选择自己道路的个体，这一愿景与弗洛里斯的社会主义思想产生了共鸣；再通过使用规模宏大的最新的通信与控制机制，这一愿景也迎合了比尔对控制论的喜好。

他们所构想的计划叫作"协同控制工程"（Cybersyn，西班牙语昵称为Synco），这是一个旨在管理和指导智利工业的社会技术系统。他们的想法是，每天，全国有400家国有化工厂会将数据发送到位于首都圣地亚哥的协同控制工程的神经中枢，在那里，这些数据将被传输到一台大型计算机上，在经过仔细审阅后，再与预测结果进行比较。如果结果与预测有出入，不同之处将被标记出来，请工厂的主管们注意，然后交给坐在"未来操控室"的政府决策者。决策官员们会从未来操控室把指令传回工厂。从当时来看，协同控制工程是一个相当复杂的系统，在捕捉和计算经济活动时，它采用的是网络模式和贝叶斯统计模型。最重要的是，协同控制工程依赖的是一个可以回环到决策过程的反馈系统。

然而，这套系统从未完全真正地投入使用。它的通信网络已经就位，并于 1972 年秋开始运作。其间，正在罢工的运输工人阻止了货物进入圣地亚哥，协同控制工程的通信网络被用来保证智利正常运转。协同控制工程的计算机分析部分也基本完成了，但分析结果往往不可靠，运行速度也非常缓慢。在一定程度上，这是一个结构性问题，因为流向协同控制工程的信息既不全面又不准确。但这同时也是一个技术问题，因为当时的计算机的处理能力还严重不足，这导致协同控制工程标记问题的时间会相应延迟——有时会比需要做出决定的时间晚好几天。

后来智利军方发动了政变，推翻了阿连德总统，也摧毁了这套系统的基础设施。协同控制工程夭折了。然而，那个基本的构想一直流传到了今天。一起保留下来的，还有人们对用科技来管理整个国家的希望。

协同控制工程的中央管控机制不是苏联模式。苏联模式要实现国家工业化，苏联的经济部门要求每个人都要为实现这个目标努力，不太考虑个人的需要与意愿。由此产生的短缺经济可能会让少数精英心满意足，但它给大众带来了痛苦。很多国家都放弃了中央计划的想法。当然，在国家安全和公共安全方面，也许还包括教育和医疗保健等方面，中央计划已经被证明是有效的。但是，从全球来看，中央计划就如在分散合作的海洋中零星露出水面的小岛。

严防海量数据市场的"老大哥"

协同控制工程这样的项目最诱人的地方，或者是既令人心动又令人生厌的地方，就是它可以通过使用基于最新数字技术的反馈驱动系统，而不是通过发布野蛮的单向中央指令来实现政府控制，同时它利用海量数据市场的机器学习系统，来巧妙地塑造个人决策。

一开始，这种做法看起来似乎有益无害。正如我们所解释的，数据驱动的机器学习系统能够帮助我们将人类的偏见降低到我们期望的程度。但是，如果这些系统既能够消除人类偏见，又不用理睬个人的愿望，这难道不是更好吗？为什么要限制这些系统对人类偏见的纠正行为？难道我们不能设计出将文明、公正和公平等附加价值注入决策过程的系统吗？最近，一些专家主张用巧妙的"助推"（nudges）来吸引人们进行合适的交易。随着海量数据驱动的机器学习系统的广泛应用，我们可以加速推进一个高度个性化（也是十分精准）的塑造人类感知的程序。想想福克斯新闻网与脸书网联合起来的力量吧。人们仍然会在市场上做出自己的决策，但因为大家都会接受同一个系统的建议，社会将会沿着一条平坦的大道朝着共同的目标前进。

这是一个现代版的协同控制工程，却比旧版的协同控制工程多了一些邪恶。协同控制工程至少是透明的：对于所有智利人来说，计划和决策权的集中是显而易见的。与此相反，在海量数据市场中，政府控制的自适应机器学习系统，虽然保留了分散协调的外形和自由意志的表象，却将诺伯特·维纳强大的控制论观念，转化为一个利用海量数据反馈环的呼风唤雨的"老大哥"。这正是维纳所担心的。这样的系统，也许即使从表面上看是在提倡自由主义价值观，会让善于写"老大哥"故事的乔治·奥威尔汗颜，也会让德意志民主共和国的秘密警察头子斯塔西垂涎——外表看起来它似乎是自由的，但内部完全受国家控制。

这就是在向海量数据市场过渡时，我们的社会所面临的反空想主义任务。这就是为什么我们必须在数字经济中更好地应用传统的反托拉斯法（反垄断法）。这也是为什么我们所提出的累进数据共享授权等新措施如此重要。它们不但可以保护决策的分散性，而且可以保护市场的开放性，以及社会的总体开放。

n"}}],"countries"["IN","NP"],"mixins"[]}{"name
age2018a","start":1535005260,"end":153

第 9 章

工作权益与分配正义

["IN","NP"],"mixins" []}{"name":"WMBE WikiLovesHer
"start":1535005260,"end":1538288460,"preferred":1,"thr

第一辆自动驾驶卡车

沃尔特·马丁很想开一个玩笑，于是他说："我得练习瑜伽了。"这是 2016 年 10 月的一天，沃尔特在美国科罗拉多州的州际 I–25 公路上以每小时 55 英里的速度驾车时，对陪他一起坐在 18 轮大卡车上的《连线》杂志记者说的话。就这样，卡车司机马丁爬进卡车驾驶室后面的卧铺车厢，伸了伸四肢，然后开始翻找他的平板电脑了。其间，卡车和车上载着的 5 万罐百威啤酒正在向南驶往科罗拉多州的斯普林斯市。这位《连线》记者在卡车上报道了物流史上第一辆自动驾驶卡车的运输过程，他写道："开车的过程就像挂车里的啤酒一样平淡无奇。"

马丁引导卡车驶上州际高速公路后，就按下了一个标注着"启动"（engage）的按钮，于是一个由位于美国旧金山的初创公司奥托集团开发的价值 3 万美元的系统平台，开始控制这辆卡车。该系统带有激光探测、雷达、高精度相机、军用精密全球定位系统（GPS）和一个强大的数据处理计算机。2016 年夏，被优步公司以 6.8 亿美元收购的奥托集团，可以提供高速公路上所谓的"四级自动驾驶系统"。有了它，除非汽车发生故障，否则人类司机没有必要一直驾驶车辆。奥托集团称，它的愿景是将一辆传统卡车变成"行驶在软件轨道上的虚拟列车"。到目前为止，这个系统运行良好。虽然它还不能应对一些不可预测的突发事件（比如，突然而至的雷暴等），但是这些问题可以留给快速迭代的软件新版本去解决。

在这次试驾驶的路上，在沃尔特·马丁翻找他的平板电脑时，奥托集团的愿景似乎已经达成。只要天气条件允许，马丁本人只需要先驱车几英里，从位于科林斯堡市的百威英博啤酒厂行驶到州际高速公路，再从高速公路的出口驾驶几英里，到送货目的地的停车场就可以了。

这次成功的试驾表明，高速公路上的自动驾驶技术差不多已经准备就绪。在美国，卡车司机运送的 70% 的货物都是由高速公路运输的，所以如果能够通过自动驾驶提高行车安全，那么美国每年死于卡车事故的 4 000 人的性命也许可以被挽救。不过，提高经济效率，也就是降低燃料消耗、提高昂贵设备的利用率和降低劳动力成本等，才是推广自动驾驶系统的真正动机。难怪世界各地的企业，从奥托集团等初创公司到戴姆勒集团旗下的福莱纳，再到德国大众集团的斯堪尼亚和 MAN 重卡，以及与奥托集团合作的沃尔沃等卡车制造商，都在努力争取从自动驾驶领域分一杯羹。

与此同时，奥托集团的联合创始人利奥尔·罗恩发现，有必要让美国的卡车司机放心，自动驾驶系统不会抢走他们的工作，因为还需要他们"监控车辆"。奥托集团表示，他们想减轻卡车司机的工作压力，而不是让他们变得多余。这可能是这个世界上数百万名卡车司机都想听到的话。但是，考虑到物流业的残酷竞争，这真能实现吗？

美国劳工部劳动统计局的数据显示，在美国，卡车驾驶是现有为数不多的不需要大学学历，但可以获得一个比较体面的、超过 4 万美元平均年薪的工作之一。卡车司机的工作比大多数其他工作都更有保障，因为美国明尼苏达州的卡车司机是无法被中国深圳的工厂工人取代的。而且，卡车驾驶也变得越来越复杂，现在的卡车都配备了动力转向系统、刹车、自动变速箱、卫星导航和现代化的车队管理系统。如今，卡车司机与其说是一名体力劳动者，不如说是一名精密数字设备的操作者，尽管他们需要做出的决策大多数是例行公事。同时，卡车司机还需要处理相当多的管理工作。

这种不同可能会让日本富国生命保险公司感到困惑，因为富国生命保险用 IBM 的机器人沃森取代了保险理赔员，而卡车司机所做的工作与中产阶层白领员工的工作，并没有太大差别，预计它们都将会随着自动化普及而消失。即使卡车司机有了新的工作机会，他们也需要学习不同的技能。

劳动报酬和工作机会都降低了

海量数据市场和数据驱动的机器学习系统总体上给人力资源带来了巨大的变化，并进一步加速了已经开始的劳动力市场的重新配置。在美国，参加劳动的人数比例从 2000 年的峰值已经下降到 20 世纪 70 年代末的水平。这种衰退与数字技术和互联网经济的兴起，以及海量数据市场的出现，在时间上不谋而合。相关研究（尽管有些还属于猜测性研究）表明，在所有发达经济体和其他许多国家，未来 10

年，白领员工的就业数据将令人沮丧。当然，这并不是什么新鲜事。在整个 19 世纪和 20 世纪，随着自动化的逐渐普及，数以百万计的工作岗位遭到淘汰。与此同时，人类的聪明才智又为我们创造了更多的就业机会。随着制造业变得更加自动化，服务业的规模开始扩大。

如今的问题是，这种情况是否会再次发生。服务业目前已经非常发达，同时它还面临自动化不断普及的挑战，那么，海量数据市场上的中产阶层劳动者该被分配到什么地方？这会是"第二次机器时代"的降临吗？这个词语是麻省理工学院教授埃里克·布赖恩约弗森和安德鲁·迈克菲造的一个新词，以用来描述自动化取代白领员工的现象。正如我们在第六章中所建议的那样，未来人类的工作岗位很可能会减少。但是，无论劳动参与率如何变化，几乎可以肯定的是，将来的工作岗位将与今天的工作岗位截然不同。

实际上，如果我们不只关注劳动力的参与人数，而且考虑一下工人和雇员薪资在全国个人总收入中所占的比例，情况就会变得更富戏剧性。在美国，自 20 世纪 80 年代以来，"劳动力收入份额"大幅下降，从 67% 下降到 47%，其中很大一部分是在 2000 年之后发生的。美国并非个例。在大多数发达经济体中，劳动力收入份额都在下降。在如中国和印度这样的大型经济体中，这一份额也有所下降。事实上，经济学家估计，自 20 世纪 80 年代以来，全球的劳动力收入份额一直都在下降。

这一趋势令经济学家感到困惑。在这种变化发生前的几十年中，劳动力收入份额一直保持相对稳定。在竞争激烈的经济体中，情况应该是这样的。理由很简单，如果被雇用的人数减少，他们所生产的商品数量保持不变，每个员工的生产率就会提高：每个员工都会产生更多的价值。到了一定程度，这个价值就应该转化为更高的薪酬，因为公司需要争夺生产能力更强的员工。按理说，劳动力成本上升，意味着劳动力收入份额提高，因此它抵消了与生产率相关的劳动力失业的影响。然而，自20世纪80年代以来，劳动力收入份额并没有反弹，而是继续下降。与此同时，在美国，资本份额，一个国家的个人收入中流入资本的那部分，却似乎增加了。其结果就是，在美国经济中，从全国总收入来看，劳动者的收入减少了，而那些资本提供者，如投资者和银行家的收入却似乎增加了。

对劳动力收入份额下降的深入分析表明，下降的原因不是劳动力密集型产业在衰退，而是比较不属于劳动密集型的产业正在兴起。几乎所有行业的劳动力收入份额都在下降，这就说明影响所有行业的因素是一样的：数字与数据处理技术。而且，劳动力收入份额没有在不同收入水平上均匀下降——收入最高的1%的劳动者所占份额比其他收入水平的下降速度要慢，所以自动化似乎是这种改变的主要驱动力。它首先取代的是蓝领和中低收入白领阶层。

尽管科技进步的直接影响至关重要，特别是数字技术的影响，但是一些间接因素也起了一定作用。例如，劳动参与率统计除了包括公司雇员，还包括个体经营者，这两类人在数量上的波动是无法体现的。在美国，没有雇员的个体经营者的数量大幅增加，从1997年的1 500万人增加到2014年的近2 400万人。布鲁金斯学会的研究人员认为，这种转变在一定程度上是"零工经济"的结果。当个体经营的白领们接受那些收益有限甚至没有收益的临时工作时，他们通常是通过数字平台进行任务协调的。对个人收入，他们几乎没有讨价还价的能力。与传统制造业中加入工会的工人们不同，他们很少有组织，而且他们的人数往往超过了市场需求。这种情况虽然范围有限，但它是造成整体工资与劳动者的实际价值不同步的原因之一。

机器人税可行吗？

目前我们还处于海量数据市场的初期。在较近的未来，由数据驱动的自动化会以更快的速度使工人失业。如果这种情况与劳动力收入份额之间的联系是真实的，它就会促使工人的收入份额进一步缩小，却会使投资者和银行进一步受益。

从托马斯·皮凯蒂等经济学家，到各种民粹主义运动，包括玛丽娜·勒庞和唐纳德·特朗普所领导的民粹主义运动，许多不同的领域都对劳动力作用的降低和收入分配的转移提出了警告。托马斯·皮凯蒂在其 2014 年出版的著作《21 世纪资本论》中，对资本主义提出了尖锐的批评。这本书很快成为全球最畅销的图书之一。而民粹主义者则承诺要彻底解决工人失业的困境。作为对这个令人不安的趋势的回应，政策制定者提出了两套相对传统的应对方案：一种是关于分配的；另一种是关于参与的。许多国家的决策者都参加到了关于这两套方案的讨论中。

由于收入似乎正从劳动者向资本转移，针对分配方面的拟议措施就是对这种自动化驱动的收入来源征税。例如，可以通过对运行机器学习系统的计算机等机器征税（或者更准确地说，对机器新增的附加价值征税），来实现这一目标。正是这类机器使新一轮自动化浪潮成为可能。这种机制的一个通俗名称就是"机器人税"，它可以用来补充工人被机器取代后的税收缺口。该机制的目标不一定是征收更多税金，而是征收不同的税金。2017年年初，世界首富比尔·盖茨宣布，对某项机器人税的征收表示支持。与此同时，欧洲议会讨论并最终否决了一项在全欧洲范围内征收某种机器人税的提案。尽管该提案得到推崇，被认为是为社会事业筹集资金的好办法，而且它可以缓解欧洲的劳动力市场中白领被自动化设备取代的趋势，但它最终还是被否决了。因为人们担心，这样做可能会扼杀人类创新的动力。

还有第二种稍有不同的分配策略，那就是不要对机器产生的价值征税，而是对在经济收入中占据越来越多份额的资本征税。我们可以通过增加资本收益税或者制定新的财产税等，来实现这一目标。后者是一个更受欢迎的选择，也是几个欧洲国家所提倡的。在大多数提案中，这些分配措施将会使整体税收保持平衡，或者仅实现迭代递增，只要它们刚好足以抵消由于劳动力收入份额下降而导致的税收减少即可。

这些分配措施试图建立一个更公正的税收体系，其焦点在于价值增加的地方，其目的就是以此来抵消劳动力市场的动荡所带来的负面税收影响。但是在实践中，这些措施的影响可能是非常有限的。即使是机器人税的支持者比尔·盖茨，也只把重点放在了维持社会保障项目的资金上，就像他关注劳动合同一样。盖茨没有断言，征收机器人税可以解决收入集中所带来的社会问题。同样，财产税虽然可能会让人感觉更公平，但专家预测它只会带来少量税收，对解决社会分裂问题不会有根本作用。

新技能等于新工作机会？

相比之下，参与性方案则提出了一整套政策措施，以支持对那些失业的工人进行再培训。这些工人的失业原因，具体来看是决策辅助系统的应用，总体来看是数字化转型。这一方案的支持者认为，如果能够确保劳动者具有特殊技能（包括机器学习专家，还有专门针对老龄人口的专业医护人员等），就可以满足市场需求，增加劳动力收入份额就可能实现。其中的假设是，劳动力收入份额下降不仅因为自动化，而且因为市场需要专业技术技能的工作，而在当前的劳动力市场上找不到合适人选。但是这种对再培训工人的依赖，首先假定了数据革命将会像工业革命那样发展：开始时许多工人被替代，但最终会出现各种各样的新工作。再培训的想法接受了这样一种观念：当人类的创造力与市场的魔力结合在一起时，它就会创造出新的工作岗位。

　　这是一种积极的回归心态：人们只要能够获得新技能，就可以重新回归劳动大军。但是，随着我们的市场向海量数据市场过渡，自动化系统将不断地取代那些拥有丰富专业知识的白领员工，比如富国生命保险的保险理赔员，以及那些具有行政和管理技能的员工。

　　了解我们今天所需要的工作技能，并设计出可以让人们获得相关技能的培训项目，这相对来说也许比较容易，但是这种策略不大可能会让劳动者为明天的需求做好准备。而且，如果我们培训的技能是今天我们认为以后可能会有用的技能，我们就承担了错误预测需求的风险。在海量数据市场的时代，谁能确切地知道什么样的新工作将会出现（也就是哪些技能将会成为未来的需求）？技能需求的不断变化意味着，未来三年内需求量很大的技能，到未来十年时可能将不再那么受欢迎。现在加入劳动大军的年轻人，在他们一生的工作中可能需要多次重新培训岗位技能，而且重新培训的频率会越来越高。如果我们不能充分了解市场到底需要什么，市场就会出现技能培训错误的风险，从而导致发生供应与需求不能匹配的情况。这有点儿像掷骰子游戏：玩家有蒙对的可能，但更有可能会错得离谱。

全民基本收入

这些分配性和参与性措施相对来说都比较传统，只是对世界许多发达经济体的现有政策做了部分调整。它们不是没有优点，但缺点也确实存在。也有人按照全民基本收入的形式提出了一个更加激进的替代措施。全民基本收入被其支持者亲切地称为"UBI"，这项提议获得了令人惊讶的高度支持——尤其是在高科技领域的领军人才中。超级天使投资人马克·安德森，一个最早被广泛使用的网络浏览器Mosaic 的联合发明人，就对这个措施持支持态度。其他支持者还包括：另一位非常成功的风险投资家，纽约的艾伯特·威格；初创企业孵化经理人萨姆·奥尔特曼；PayPal 的联合创始人，看似傲慢却可以与志趣相投的人打成一片的埃隆·马斯克——他也是特斯拉的首席执行官。硅谷不是唯一一个对全民基本收入充满热情的地方，但确实是硅谷的数字和数据驱动创新催生了这一理念。

这个措施虽然有无数变体，但其核心思想是一致的。每个人每个月都会获得一张固定数额的支票，它足以支付食物、衣服、基础教育、一个温暖的家所需要的费用，甚至可能支付某种形式的健康保险。在海量数据市场上失业的人，无须担心他们和他们的家人怎么生活。从这个意义上讲，全民基本收入既具有分配性，又具有参与性。因为钱是纳税人交的（关于哪种税收最适合全民基本收入，人们正在做非常激烈的争论），再分配给每个人，所以它是分配性的。它也是参与性的，因为它的目标不仅是满足人们的一些基本需求，而且要让他们能够非全职地重新加入劳动大军。

自 18 世纪后期以来，经济学家和进步政治家就一直在传播全民基本收入的概念，当时托马斯·潘恩曾提议为 50 岁以上的人提供基本收入。20 世纪中期，激进的市场派经济学家、诺贝尔经济学奖得主米尔顿·弗里德曼提出了一种所谓的负所得税，它具有全民基本收入的许多分配特征，但它管理起来更加复杂。1972 年，民主党总统候选人乔治·斯坦利·麦戈文曾公开提倡过全民基本收入。当时的总统理查德·米尔豪斯·尼克松批驳了这一提议，麦戈文最终不得不撤回计划。但是尼克松随后提出了他自己的家庭援助计划。如果不是在参议院胎死腹中，这一计划几乎可以成为大部分社会成员的全民基本收入。

全民基本收入是一个对自由主义者[①]和自由意志论者[②]都有吸引力的想法。一方面，自由主义者在全民基本收入中看到了一项全面的福利计划——它给每个人提供了足够的资金，让他们过上有尊严的生活，让那些在贫困中挣扎的人解脱出来。全民基本收入与现有的基于需求的社会福利项目大为不同，现有项目需要人们去申请，而全民基本收入则可以不带有任何耻辱标签，因为每个成年人都将获得同样的金额。

另一方面，自由意志论者欢迎全民基本收入，因为他们可以借助全民基本收入实现一石二鸟的目的。首先，全民基本收入可以消除运行一些庞大的政府官僚机构的必要性，即那些确定个人需求和计算个人支出的政府机构。因为每个人的全民基本收入都是相同的，所以它不需要任何官僚机构进行单项评估。在许多提议中，全民基本收入将

[①]　自由主义者，英文 liberals，即左派自由主义者。——译者注
[②]　自由意志论者，英文 libertarians，即右派自由主义者。——译者注

简单、直接地取代现有基于需求的福利项目。这将使人们有权力选择如何花费自己的月收入，而不是必须把钱花在指定的特定用途（如住房补贴）上。其次，每个人都能获得同样数额的收入，即使是非常富有的人也会因此受益（不是因为他们需要这些钱），这在一定程度上回避了收入再分配的议题，该议题是一个多世纪以来改革进步派倡导的社会政策核心。另外，如果只给予每个人刚够用的基本生活费，而不是更多，全民基本收入就不一定会消除人们的工作动力。

芬兰和荷兰正在进行关于全民基本收入管理的有限试验，他们将获得一些关于全民基本收入对人类动机影响的经验性数据。瑞士就全民基本收入举行了全民公投，但选民拒绝了一个非常慷慨的方案提议（每个瑞士公民每月可得到约 2 000 美元）。从 2016 年开始，创业加速器 Y Combinator 公司甚至在美国发起了一个小型项目，旨在调查获得基本收入是否会对人们的工作动机产生影响。20 世纪 70 年代，加拿大曾尝试一种类型的全民基本收入，当时加拿大给位于曼尼托巴省的多芬（Dauphin）小镇里每个符合条件的家庭每月发放一定金额的支票。此举带来了教育水平的提高（尽管提高幅度不大），住院和少女怀孕的情况也有所减少。参加劳动大军的人数没有受到太大影响，因为没有人因此辞去工作，专门靠政府发放的支票过日子。然而，关于那些已经失业正在找工作的人员情况，该试验并没有带来足够多的数据。

全民基本收入的困境

批评人士指出，许多关于全民基本收入的提议都是事与愿违的：

它取代了福利，从而取消了向有特殊需要的人群提供特殊支持的项目，这样从有学习障碍的儿童到身体残疾的人都将受到影响。毕竟，一个轮椅，更不用说一年的化疗费用所带来的经济负担，都不是仅仅依靠全民基本收入就能解决的。通过取消基于需求的项目来换取全民基本收入，穷人，从本质上说将会补贴中产阶级和富人，因为那些需要补贴的人将会得到比现在更少的收入，而那些更富裕的人也将会得到每月的全民基本收入支票。

其实，全民基本收入面临的最大挑战是找到必要的资金。举个例子，如果把美国每个成年人每年的全民基本收入定在一个较低的水平1.2万美元上，整个美国就需要大约3兆美元，它相当于2016年美国联邦社会保障预算总额的2倍多，约占美国国内生产总值的10%，将美国所有的社保资金都用来支付全民基本收入也不够。当然，这个问题可能不会说服全民基本收入的一些支持者，他们会提出进一步节省预算，比如减少官僚机构、提高整体社会福利、积极利用由此产生的经济刺激等办法，来证明在一个单独的政府项目上花费如此巨额的资金是合理的。但是，相对于全民基本收入很容易获得融资这一信念来说，现实的资金问题是一个沉重的打击。

全民基本收入不一定是一个坏主意。但是在这场辩论中，比起站队更重要的是理解全民基本收入运动的重要意义和它的局限性。高科技创新者正在寻找创新方法，来应对由数据驱动的市场所带来的社会挑战和经济资源的重新配置，也许这并不令人惊讶。甚至连硅谷都无法摆脱习惯性思维模式：如果你相信颠覆性创新，那么你对任何问题的反应可能都会以颠覆性创新为出发点。

但是，这个想法可能根本就没有那么创新。如果数据能让我们超越货币，那么为解决数据驱动市场所带来的问题而设计的社会创新，为什么还在强调货币？为什么我们在很明显需要对资金以外的需求进行评估的情况下，依然要通过全民基本收入来引入一种简单的、固定的货币解决方案？毕竟，数据驱动市场的整体想法，就是要摆脱货币的束缚，以及由信息凝结成的单一价格，从而转向可以提供更优偏好匹配的人类合作方式。令人奇怪的是，将相关讨论简化为传统的单一货币层面的人，正是那些富人和综合数据的拥有者。从这个意义上讲，全民基本收入与其说是退步，还不如说是逆潮流而动，是紧盯着过去，而不是向前看。当然，我们知道人们仍然需要金钱来支付食物和住房费用，但令人困惑的不是全民基本收入可以为人们提供基本收入，而是它除了金钱之外什么都不提供。这似乎人为地限制了我们可以并且应该做的事情的范围。

经济增长的果实被少数高管窃取

这三套政策措施（传统式、分配式、参与式），以及更激进的全民基本收入，都建立在某些经济假设的基础上：流入劳动力的收入份额会继续下降，而流入资本的份额却会增加，由此造成我们的经济中存在非常危险的不平衡。此外，这些政策都假定两者之间有直接的负相关：如果一个减少，另一个就会增加。否则，对资本（机器或财富）而不是劳动力进行征税，就没有意义了。而事实却证明，这些假设远没有人们之前想象的那么确定。

在劳动力份额与资本份额的负相关的关系中，经济学家对资本份额的预期更加关注。西北大学经济学家马修·荣利的研究表明，要是把房地产行业排除在外，大部分资本收入所增加的份额就会蒸发。另一位经济学家西姆哈·巴凯（Simcha Barkai）指出，传统资本份额的计算方法假定了固定的回报率，而实际上，多年来，利率一直在下降，降到了一个非常低的水平。巴凯根据实际利率重新计算了资本份额后发现，自1997年以来，资本份额实际上是大幅缩减的——其数额大约是劳动力份额缩减数额的3倍。这一研究结果打破了人们普遍坚信的说法：数据摧毁了劳动力，却让资本肥得流油。那么实际情况到底是什么样的？

其中可能有几个因素在起作用。首先，随着处理能力、存储容量和网络带宽自20世纪90年代末以来大幅提升，数据处理的成本急剧下降。因此，数据处理需要的资金减少了，从而导致资本份额减少。技术成本降低是出现这一现象的重要原因之一，但是它并不能解释一切。其次，还有一个重要原因，今天的资本更加充裕，而且由于利率更低，资本的成本要比以前低得多。同样，不是所有的数据处理都会替代人类工作岗位，数据处理也可以使现有工作的效率提高（或者用经济学家的话说就是"劳动力扩张"。），这样，劳动力从技术中获得的利益就会比资本更多。这些因素综合起来，或许可以解释为什么劳动力收入份额的下降比资本份额的下降要慢一些。

但是，如果劳动力市场份额和资本份额都在下降（尽管二者速度不同），那么谁又是最大的赢家呢？余下的收入累积在哪里？巴凯的回答是，余下的收入迅速积累，形成利润的飞速增加。这里所说的利润，指的是经济学家所说的对产品和服务随意涨价所获得的利润。这将导致市场效率低下，竞争匮乏，而且这也意味着投资者（包括所有为退休而储蓄的人）被占了便宜。近几十年来，公司股价可能已经上涨，但是如果考虑利率降低这一因素，那么投资者获得的总体回报远远低于本应得到的回报。这就意味着，无论是工人还是投资者都没有得到公平的补偿，而且消费者为他们所购买的商品和服务也付出了过高的费用。正如批评者多年来一直所争论的那样，是收入过高、中饱私囊的高管们让其他人遭受了损失。更糟糕的是，相关研究表明，随着利润的增长，创新活动和商业活力都在下降，至少在美国是这样的。

超级巨星公司

由麻省理工学院经济学家戴维·奥特领导的一个研究小组，进一步阐释了其中的潜在动因。他们指出，公司不会通过利润增加而成为市场通吃的赢家。应该说，是一种特定类型的公司正在获得前所未有的利润，它获得了远远超过人们在有足够竞争的环境里所预期的利润。奥特和他的同事们称这些赢家为"超级巨星公司"。这些公司经常是在"赢者通吃"的市场里经营，拥有强大的、导致市场高度集中的网络效应和反馈效应。而且，它们已经完全掌握了技术应用，可以通过相对有限的劳动力和资本成本来获得非常高的收益。谷歌、苹果和脸书网都是超级巨星，而实际上，这样的公司在世界各地都存在。我们可以想想欧洲的声破天、中国的网络商城阿里巴巴、通信科技公司华为，以及韩国的科技巨头三星。

我们需要搞清楚很重要的一点，就是这些超级巨星公司的利润没有完全反映在它们正式的利润表上。账面上，它们可能不会公布很高的利润。在某种程度上，这是因为公司需要精明的避税计划，但这通常也反映了这样一个事实：这些超级巨星公司每年在研究和开发新产品和新业务方面投入了大量资金。我们以亚马逊为例，仅 2014 年，它公布的主要用于研发新技术的成本就达到 93 亿美元。能够投入如此巨额的资金，反映了亚马逊在其主营业务上所获得的相对利润是巨大的。在某种程度上（但远不是 100%），股票市场已经意识到，超级巨星公司正式公布的利润，与其获利能力之间存在差异。股票市场在股价的变化轨迹中将这一点凸显出来：2015 年，几乎占据纳斯达克综合指数所有涨幅的 6 只股票中，有 5 只（亚马逊、谷歌、苹果、脸书网和网飞）都是耀眼的超级巨星公司。

然而，这并不是公司复苏的证据，而是公司消亡的一个微妙迹象。传统的公司是一种社会结构，旨在协调人类活动——它成功地让许多人在一个组织单位里协作。相比之下，这些超级巨星公司的员工数量相对较少，它们的成长壮大是以自动化为基础的，包括决策辅助自动化。作为具有强大市场力量的实体，它们中的许多公司都可以在任何可能的情况下，利用全球的竞争管制。坦率地说，这些超级巨星公司在组织上取得了成功，因为在使用贸易及税收法规来保护自己不受竞争威胁时，它们尽可能地简化了内部协调流程。我们说超级巨星公司正在变成聚敛利润增长的合法容器，而不是协调人类活动的大型组织单位，这其实并不是一种夸张的讽刺。

金融资本主义正在以数据驱动的方式消灭劳动力，并实现复苏。这种看法正在被一个更加微妙，但同样令人不安的观点替代：利润，尤其是那些科技行业超级巨星公司的利润，正在飞速增长。因此，我们都必须大幅调整自己的政策措施，不论是从分配性角度，还是从参与性角度。

革新税制

在分配方面，新增资本税种（包括对机器人征税）和提高资本税将从本质上加速和深化资本份额的减少，然而它并未触及"企业掌握巨额利润"这一问题根源。这将是一个可以被写入教科书做反面案例的糟糕想法。

针对某些公司利润飙升的状况，更恰当的分配政策是对这些公司征税。当然，这不是一个全新的想法，它本来就是古已有之的规矩。实际上，虽然美国的税率还不到40%，但名义上它是世界上企业税率最高的国家之一。但问题是，没有一家超级巨星公司的利润是按照这个税率缴税的。在实践中，美国对最大的几家公司所征的税还不到名义税率的一半，甚至有些美国公司根本就不缴税。

这种可耻的情形激怒了公众，并导致了两党中许多政客支持税制改革。关于此类改革的细节几乎无法达成共识，这并不令人吃惊。一些人认为，税务机关需要对企业采取更严厉的措施，迫使它们不再利用那些复杂的法律漏洞。企业利用这些漏洞可以减少自己的税务负担，并把其在海外避税港所获得的利润转回国内。另一些人则更加关注名义税率相对较高的问题。他们认为，降低名义税率将会是促使企业遵守规定的最强有力的动力。

不管一个人的政治倾向如何，从分配的角度来看，显然一些美国公司在享受利润飙升时，其缴税额度也应该相应增加，这样才能达到平衡。这才是在劳动力收入份额和资本份额都下降时我们所需要做的。但问题的难点在于，在美国，需要通过政治体制来推动企业税收增加，而这一体制却往往受制于某些特殊利益集团。

欧洲的情况也大同小异。尽管相对而言，欧洲企业缴纳的企业税比美国企业的要多，但专家估计，在欧洲，企业利润按照有利的税制进行超出法定限额的转移，由此每年会给政府造成超过2 000亿美元的税收损失。

经济学家指出，如果巨额利润能够作为投资回流到经济体系中，他们的担心可能就会少一些。美国已经开始采取行动，用所谓累进消费税（PCT）来取代累进所得税。有了这一税制，个人所得税只会针对没有被再投资的那部分收入征收。在美国，累进消费税在各政治派别中都得到了支持，但这并不能保证它能很快被立法。别忘了，总体来说，投资不再能获得高额回报，所以不要期待市场会出现大量的新投资。

用数据缴税

如果我们认同经济正在从依赖货币向依赖海量数据转变，我们就应该更有创造性地思考，如何让公司支付它们本该支付的税款。政府可能会考虑让它们用数据而不是用货币来支付部分税款。汽车制造商可以匿名提供汽车上的传感器数据，这样政府就可以利用这些数据来识别道路交通中特别危险的地方，从而改善交通安全。同样，从农场和超市收集到的反馈数据，也可以用来改善食品安全。在线学习平台的反馈数据可以帮助公共教育部门改善决策，而用于交易匹配的决策辅助数据则可以用在早期预警系统中，从而政府可以对市场泡沫更好地进行预测。

如果再与我们建议的累进式数据共享授权相结合，这就会使小企业，特别是初创企业有机会获得数据，并与大公司展开竞争。这也可能会是启动创新的好方法。政府还可以利用这些数据改善服务。我们还可以把这些数据提供给非营利性组织、研究人员或全社会，让每个人都能从超级巨星公司的利润中获益。

这种强制公司公开有价值信息的想法，其实并非新鲜事。事实上，专利制度就是建立在这一想法的基础上的：获得专利的条件是，发明人必须公开此发明在应用过程中的工作原理（至少原则上是这样的）。这样，每个人都可以从中学习，知识就能得到传播，在专利到期后，别人也可以按照自己的用途利用这些发明。通过以公开有价值的数据来纳税的做法，也能达到类似的目的，因为企业正在从利用新想法转变为利用由数据驱动的反馈循环，来改进其产品和服务。

与传统的税收不同，对于那些必须用数据来"支付"税收的公司来说，用数据缴税的任务可能没有那么繁重。与货币不同，数据不是竞争性的。它不会被用完，某公司即使允许其他人使用它的数据，自己也依然可以使用这些数据。那些初创公司可能会对用数据缴税尤其感兴趣，它们可以用节省下来的钱扩大业务。用数据缴税不完全属于分配性质，因为双方都将受益，但随着数据被多方一再使用，总体来说它将越来越具有福利性质，因此它会得到更有效的利用。

公司只被允许用数据支付部分税收（尤其在政府需要用钱来履行职责时），但即使公司的年度缴税账单中只有很小一部分是以数据支付的，这也会产生很大影响。用数据支付部分税收带来了创新动力，刺激了新的经济增长——由此产生的新税收将主要以传统的货币支付。

用数据缴税可以让整个经济和社会获得大量数据，这可能是开放数据的支持者们一直梦寐以求的事情，但这个目标尚未实现。开放数据的传统观念，即把政府所持有的数据向公众开放，受到政府数据的商业价值和社会价值过低的限制。企业的数据往往已经转化为价值，因此可以更直接地拿来投入使用。

聘用新员工可享税收抵免

在参与性方面，政策制定者不应该只从供给方的角度考虑应对措施，比如（重新）培训工人，还应考虑从需求方的角度采取措施。这一建议并不是针对政府资助的大型公共工程项目的，但是确实有些聪明的激励措施是可以刺激需求的。

其中的一个措施，就是为企业创造的每一个工作机会提供税收抵免。这将使公司在新员工聘用上降低成本。每增加一个新员工，公司就会得到税收抵免。这不会对工资产生直接影响，但总体来说，劳动力需求增长会间接地促进工资增长。

企业雇用人类员工可以抵免税收的政策，不属于勒德分子[1]。它不只是针对那些白领工作即将自动化的公司，其目标也不是要阻止这些公司或其他公司自动化。相反，它将支持以创新的人类服务为重点的商业模式的发展。因此可以说，该政策是劳动力市场转型的催化剂，是用来促进公司对新服务产品和新商业模式的尝试。

税收抵免一直存在一个副作用，那就是如果税收抵免使人力成本

---

[1] 勒德分子，指持有反机械化和反自动化观点的人。——译者注

低于自动化成本，那么公司会更倾向于雇用人类员工，而公司的整体效率因此会小幅下降。但是，如果能够减缓或阻止劳动力收入份额的下降，效率的降低也是值得的。那些特别担心数据以及海量数据市场所带来的排挤就业的国家，可能会选择这条道路。我们如果想要再现工业革命后期创造就业机会的奇迹，并应对商业活力的减弱和企业创新的放缓，就有必要努力创造出不大可能实现自动化的工作。

税收抵免可能会在表面上给高科技产业带来效率降低的负担，然而仔细观察，我们就会发现一种更加微妙的关系。让自动化成本比人力成本更贵，并不能消除企业自动化的动机，而是让自动化的回报（实现成本节约）必须比以前更高（更有效）。

因此具有讽刺意味的是，人类劳动的税收抵免，可能反而会刺激实现技术进步的努力，而技术进步又可以带来更高的成本效率。税收抵免的结果，反而会使自动化已经成熟的行业变得更加自动化。对创造与自动化毫无关系的（至少从中期来看）就业机会的鼓励，将会刺激那些人类即将被机器取代的领域进一步自动化。①

不论再培训和新技能培训项目需要如何进行，项目设计都一定首先要以快速反应调整为基础。对特定技能的需求变化做出事后反应是远远不够的，新技能培训项目需要对海量数据，包括来自领英等大型在线人才市场的数据，进行实时分析，并做到及时发现技能需求的变化，实时地将其反应在新技能培训中。事实上，我们认为，政府需要

●─○ ① 税收抵免的直接效果是不鼓励以生产自动化为目标的科技创新，这类政策与人类发展进化的整体思路是相悖的！至于发明更高效率的自动化技术，则是无论是否有税收抵免政策都是有利可图的。如果因为自动化技术，只需要10%甚至更少的人就能养活全世界，则一个最佳的方案是大家平均工作1年就玩5—10年。税务部门可以核定一个员工在不同企业的累计工作时间，对公司聘请累计工龄较低的员工给予税收上的优惠。这种税收政策有助于累计工作时间较少的员工找到新工作，加上那时候肯定可以实现作者推崇的全民基本收入，我们的生活境况会更好，科技发展也不会受到阻碍。——译者注

制定政策，来帮助企业将新技能培训嵌入其内部组织结构中，而不是依靠来自外部的政府资助进行再培训。

让数据时代的高利润公司为那些因此承受巨大损失的人买单；确保市场保持竞争活力，让整个社会从数据中获得利益；让人类劳动力成本比机器更便宜。这三个政策措施将可以确保所有人都可以从数据红利中获益。我们坚信，这些行动可以帮助我们的社会，应对数据驱动的自动化所带来的变革。

超越薪酬

以上的探究方式基于这样一种信念，即市场竞争是社会健康和繁荣的关键与基础。这与高科技领域的企业家和投资人彼得·蒂尔等的观点形成鲜明对比。蒂尔在发表于《华尔街日报》上的文章中写道："竞争只属于失败者"，"你如果想创造和获取持久价值，就寻求建立垄断吧"。从一个充满激情的垄断主义者的角度来看，蒂尔的说法不无道理。但是，从评估海量数据市场的基本经济原理及其所带来的结果的角度来讲，蒂尔是完全错误的。蒂尔的成功秘籍可能会为少数公司带来天文数字般的利润，但是，创新放缓与效率低下，将会给消费者、工人和投资者带来惨重的损失。这种做法可能与特朗普政府的政治言论、保护主义、支持企业且削弱市场的愿望一致，但是它从根本上误判了大数据时代的意义：第一，大数据时代摆脱了金钱和资本的束缚；第二，大数据时代通过数据的丰富性来提升现实的丰富性；第三，大数据时代更加欢迎市场而不是公司；第四，大数据时代提供了提升人类合作能力的特殊机会。

数据资本时代

数据正在取代货币，市场也正在取代公司，我们如果想要针对数据驱动的市场的影响来制定政策，首先就必须认可"以数据支付部分税款"这一变化。为此，我们提出了累进式数据共享授权和以数据缴税。① 但是在人类劳动领域，我们还需要特别关注货币以外的事情。大家都知道，许多工作提供的不仅是金钱，而且有参与社会交往的机会，而且它们为人生而为人的一些重要因素赋予了意义。

过去，就业所带来的一系列利益是不容易改变的，货币一方占了绝对上风。工资问题常常是劳资纠纷的焦点。尽管我们都需要钱来生活，但问题是一个工作所带来的那一揽子具体福利，是否必须保持不变，还是说我们可以并且应该重新考虑这个问题，重新平衡其中的各个元素。当我们向海量数据市场过渡的时候，选择工作仅仅考虑金钱是不够的。与过去相比，我们更应该提出的问题是：这份工作是否有意义？公司是否与我们具有同样的价值观？这个工作是否提供了与同事和商业伙伴进行有价值的社会交往的机会？越来越多的正在争取人才的公司，特别是在高科技领域，为了招到并留住人才，已经开始关注就业领域的非货币因素。但是通常，关注非货币因素在实践中并没有被连贯地表达出来，未来的员工也因此无法找到明确的方法，来确定最适合自己的工作场所。更重要的是，现行的这些人力措施很少能反映出一个综合协调的战略来全面跟踪、调整、改进，并具体地提供这一系列的利益。随着无形资产，诸如意义、体验和身份等，在人们选择工作时变得越来越重要，一个工作岗位的一系列利益所具有的诸多要素，就成为公司整体人力资源战略的重要考量。

●—○ ① 虽然未来的数据资本主义会弱化货币的作用，但是数据缴税和累进式数据共享授权是否充分，都依赖于一个前提——人们是否能够以货币的形式让人信服地给不同数据定价！如果没有一个价格，那么数据无论如何都和资本主义扯不上关系。因此，为数据定价和推动数据交易市场是这本书的主要论断成立的前提。——译者注

一个公司如何招聘员工，如何利用网络人才平台，这是我们首先要谈论的问题。在这个方面，我们需要一个更好的本体论，来捕捉工作所带来的一系列利益中的核心要素，它超越薪酬和金钱，转而拥抱丰富的数据。但事情还远不止于此。让员工无须全职工作或者全职工作时间更短，让员工可以部分时间在家工作，这些并不够。我们还要在员工选择打破常规模式时，为他们提供清晰的职业规划。与过去相比，聪明的公司更加意识到，让人力资源部门更具灵活性，创造灵活性，超越其目前所做的一切，才是公司的真正目标。

让更多的人选择工作

未来人类工作的关键，就是为"就业"松绑，就像我们把 CD 拆分为单独的歌曲，让听众创造他们自己的音乐组合一样。我们需要定义工作的诸要素，使其足够灵活，并可以重新组合。要想大规模地实现这种灵活性，对于公司来说绝非易事。同样不容易做到的事情，就是使各种工作因素都能够有章可循，这样个人才能真正地实现选择。对于工会等劳动组织来说，最大的挑战会是，如何在工作体验与就业所带来的一系列利益都在碎片化时，保留其作为集体协调者的角色。

然而，公司内部为就业所带来的一系列利益松绑的措施只能到此为止。如果我们想让人类在选择自己的工作时真正行使更广泛的自由选择权，我们可能就需要提供协作，至少在某种程度上，超越金钱。工人们会继续关注自己的工资，因为他们需要钱来生活，这就是全民基本收入的核心理念有可能产生最大影响的地方。正如我们上面所提到的，全民基本收入作为一种真正的基本收入，要涵盖个人的大部分日常开支，对于大多数国家来说这些开支都是很难负担的。但是如果为每人都提供一个部分全民基本收入，比如一个月500美元，它就可以为大家提供更多灵活性，特别是对于低收入工作者来说，这部分收入会使他们可以选择一个自己喜欢的工作，而不是收入最高的工作。他们可以选择非全职工作，这样就可以有更多的时间陪伴家人。他们也可以选择做志愿者，或者选择实现自己的创业梦想。研究表明，这种灵活性不但不会导致懈怠，而且通常还会为人们提供机会，让人们去参加一些能够超越自己身份限制、意义重大的活动。

如果部分全民基本收入可以让人们减少工作量，我们就能够留住更多的劳动力——即使是在全面实现自动化之后。而部分全民基本收入也可以使其资金来源，不必再建立在超出合理范围的税收增长的基础上。我们的目标不是在分配上做到公正，而是赋予个人权利——让更多的人选择工作而不是薪酬。这一想法恰恰是为了降低金钱在就业中的相对重要性，让人们从更宽广的视角来看待涉及人类成就各方面的工作，而不仅仅是按月收入来衡量和选择。

以后，我们可能渐渐开始学会去欣赏那些从工作中可以获得的、薪酬之外的个人偏好。我们将这种欣赏嵌入找工作的具体模式中，可以让我们在确定工作的主要决定因素时，把工资和金钱抛在脑后。如果我们这样重组自己的就业模式，那么关于就业的传统策略是否还有用呢？如果能够实现部分全民基本收入，那么主要集中在金钱上的解决方案，不能解决"后金钱时代"的经济问题，至少我们不能单靠它们去解决。我们将不得不采取措施，来弥补工作能够赋予人类灵魂的无形资产。因此，市场的重新配置不仅要反映出数据的丰富性，而且要赋予工作丰富性以意义。

n"}}],"countries":["IN","NP"],"mixins":[...
age2018a","start":1535005260,"end":14...

第 10 章

人类的选择

...":"IN","NP"],"mixins":[]},{"name":"WMBE WikiLovesHer
...start":1535005260,"end":1538288460,"preferred":1,"thr

Stitch Fix：拥抱海量数据市场

年轻的卡特里娜·莱克在帕特侬集团（Parthenon Group）担任管理顾问的时候，认识到这样一个问题：因为没有充分地利用数据，传统的实体零售商并不能充分地了解客户的需求。因为具有很好的思辨天赋，加之远大的抱负，莱克决定去上商学院，立志成为"零售公司的首席执行官，并用科技和创新引领该行业发展"。2009 年，她进入了哈佛商学院，开始向自己的目标奋进。

就读工商管理硕士课程大约一年后，她开始了自己最初取名为 Rack Habit 的创业项目，利用数据和算法帮助女性着装打扮，同时快速搭配靴子。她和当时的搭档（现在已经分开）向身边的朋友们，以及他们在波士顿地区的朋友们发出了邀请，请朋友们填写一份关于自己购物偏好的线上问卷。两位创始人将调查问卷上的"合适度"和"风格"两项数据转成电子表格，创建了关于新客户的简单个人档案。然后，他们开始给客户买东西。连衣裙、衬衫和短裙通过包裹邮寄给客户，客户可以留下，也可以寄回收到的东西——对于当今的严选购物服务来说这是一种标准做法。根据《财富》杂志的报道，Rack Habit "一直都在不断地使莱克刷爆她信用卡 6 000 美元的信用额度"，却"完全不挣钱"。尽管如此，客户人数越来越多，事实证明，她和她的合作伙伴一定在谋划着什么事情。

买衣服的麻烦在于，并不是合适的产品（合身并与个人偏好匹配的产品）本身不存在，而是大多数人，尤其是那些工作忙碌、家里孩子小的人，不知道如何轻松快速地找到合适的产品。或者，正如经济学家所言：服装行业的多样性大幅增加了，但是找到各种产品的渠道却并没有被拓宽。消费者需要的是一个聪明的中介，它可以为他们找到合适的商品。这种中介机构早就存在，它们被称为"私人代购"，但是可惜的是，对于我们大多数人来说，这些私人代购的费用太昂贵了。Rack Habit 的核心业务理念是为客户提供一个他们能够负担得起的称职的私人代购。2011 年，卡特里娜·莱克利用自己的提议——利用丰富的数据，来为客户和他们对市场上各种服装的偏好做出匹配——从种子基金公司筹集到 75 万美元。

获得哈佛商学院工商管理硕士学位后，莱克立即搬到了旧金山，将公司的名字改为 Stitch Fix，并开始为女性时尚投资。她要做的事情可不是小打小闹。2015 年，该公司在第三轮融资中获得了 3 亿美元的估值，《纽约时报》将其列为潜在的初创企业"独角兽"，即估值达到 10 亿美元以上的公司。2016 年，当德温·韦尼希启动其"崩溃计划"，希望亿贝转变为海量数据市场时，卡特里娜·莱克已经成为福布斯富豪榜上最富有的白手起家女性富豪之一。

表面上看，今天的 Stitch Fix 就像一个传统的线上零售商。公司给客户（现在已经有男有女）寄送装有 5 件衣服和配件的包裹，客户为自己选择的物品买单。但仔细分析我们就会发现，Stitch Fix 的作用更像是服装市场的中介，而不是零售商，这正是卡特里娜·莱克的初衷。每次寄给客户包裹，Stitch Fix 都要收取 20 美元的"造型费"。当客户决定保留 5 件衣物中的至少 2 件时，造型费就会被免除（客户如果保留全部 5 件衣物，就会享有额外的折扣）。Stitch Fix 不为它的商品定价，也没有季末促销，更没有"超级网络星期一"或"黑色星期五"这类打折活动以取悦对价格敏感的购物者。Stitch Fix 是一个"后价格"时代的零售商，它的目标客户的想法是：比起浪费宝贵的时间寻找自己想买的商品，为优质匹配付费更加经济实惠。这种模式不会在所有市场上都行得通——一笔划算的汽车交易可能让买家节省几千美元，所以为此付出努力是值得的。但在成衣市场，就像 Stitch Fix 所展示的那样，它是一个可以成功的商业模式。

为了实现规模化服务，Stitch Fix 对丰富、全面的数据流进行了分析。2016 年，该公司在由首席算法官埃里克·科尔森（Eric Colson）领导的团队中，雇用了 70 多位数据科学家。科尔森曾在运用海量数据的先锋公司网飞公司 ① 的平台实践数据科学。不过，事实证明，挑选合适的衣服比建议看哪部电影要困难得多。与标准的社交过滤推荐引擎（"喜欢这部电影的人也喜欢这部"）相比 ②，Stitch Fix 采用了更

---

① 网飞公司成功运用海量数据为消费者提供个性化的影片推荐，甚至利用海量数据指导影片的制作和拍摄。网飞公司最著名的事件是举办了奖金总额为 100 万美元的推荐系统大赛，以奖励世界上第一支能够把网飞公司自身推荐精确度提升 10% 的团队，请参考文献 J. Bennett, L. Stan, The Netflix Prize, Proc. KDD Cup and Workshop, 2007。——译者注

② 观察"喜欢这部电影的人也喜欢的其他电影"来进行推荐，这是典型的协同过滤（Collaborative Filtering）算法，而社会过滤（Social Filtering）算法是建立在"你的社交好友和你有相似的兴趣爱好"以及"相同的观影、阅读等经历会提高好友之间互动性和亲密度"等假设基础上的，其基本思路是把社交好友的喜好考虑在算法之中。——译者注

加复杂的数据分析方法。除了在初次注册时向客户询问他们的偏好，该公司还使用了算法来考察Pinterest（美国一家图片社交平台）上客户喜爱的那些图片，并从中归纳出一些明显的特征，这些特征显示了客户自己可能并未意识到的一些偏好。这套系统的工作原理和我们在第4章中描述的机器学习系统完全一样：客户不必明确说明其需求，因为系统可以从客户与周围世界的互动中学习到这些内容。

反馈信息在Stitch Fix公司也起着至关重要的作用。首先，客户的每一条反馈都会生成数据。公司强烈建议客户对他们收到的每一件商品进行评论，只要用简单易懂的英语单词进行评论即可。在自然语言处理软件的帮助下，公司可以进一步完善客户的个人偏好。此外，Stitch Fix也在开发自己的服装系列，在设计过程中也会使用这些偏好数据。

Stitch Fix成功的秘诀是，它了解海量数据市场，以及数据在客户满意度中扮演的关键角色。正如公司自己所言："这个'市场'的供需双方都拥有海量数据，这使Stitch Fix有机会成为牵线人，将客户与他们喜爱的服饰风格联系到一起（而且客户自己不可能找到这种风格）。"

但是公司的成功还有另一个关键因素：人际关系。Stitch Fix雇用了数百名个人造型师。这些造型师都是兼职工作，他们既可以在家工作，又可以在全国各地工作，他们在为每个客户挑选商品时，都有最终决定权。他们能够得到Stitch Fix的机器学习系统和匹配算法的帮助，获得关于客户偏好的丰富、全面的数据，包括这些客户的个人偏好是如何随着时间而改变的。但是最终的选择是由造型师自己做出的。他们在每批货物中都会添加一张私人便条，告诉客户如何将新产品与衣柜里的其他物品进行搭配，或者如何利用配饰提高穿搭效果。

这样的私人便条向客户展示了一个人的关爱，同时可以建立并维护客户与造型师之间的关系。这对留住客户非常有帮助——毕竟，要抛弃一个人比抛弃一台机器更难。它也增加了顾客提供反馈的可能性。私人便条制造了社交债务，而大多数客户会选择偿还这笔债务。

然而，也许最重要的是，人类造型师在观点和品味上要比机器更加多样化。丰富多样的个人造型师创造了一个风格迥异的世界，从而使客户和造型师之间形成更好的匹配，进而转化为更高的销售额和顾客满意度。对于 Stitch Fix 来说，能够很好地利用人类的风格与喜好的丰富性，是公司成功的一个重要因素。它使人类变得不可或缺。

Stitch Fix 把选择的乐趣与购物的无趣进行了拆分，我们也可能会看到实体世界复制这种模式。也许将来，我们会把我们的生活用品的补充任务，委托给我们的自适应机器学习系统，而我们自己还会继续享受亲自逛精品店，或者在书店浏览群书的乐趣。事实上，当我们开始仅仅为了购物体验而逛商店时，当我们重新发现触摸、观看和做出决定的诱人乐趣时，我们甚至可能愿意为这种特权向那些最好的商店支付费用。

对于一家大型线下零售商来说，一个好的战略举措可能就是并购 Stitch Fix 或者它的竞争对手，就像诺德斯特龙连锁百货在并购 Trunk Club（一家男士个性化电商）时所做的那样。零售商店可以发展为一个体验式的环境，客户可以在那里浏览，也许他们的个人造型师（本人或虚拟的）就在现场。作为在线业务的补充，诺德斯特龙的实体店成为客户与商品，甚至是与其他客户，进行愉快社交的场所。客户的目标不是买东西，而是浏览商品，满足自己的感官享受，用音乐抚慰自己，用免费的浓缩咖啡激发自己的活力。我们在这些改造后的商店里，看不到会将我们的注意力吸引到价格和折扣信息上的标签。在这样的环境中，价格不是最重要的，我们将依靠决策辅助系统，例如数字购物代理，来为我们考虑价格的事情。

总之，人类是一种触觉生物，我们喜欢用我们的感官与世界接触，我们享受彼此的陪伴。Stitch Fix 将这种人性元素注入客户体验中的做法是非常成功的。以同样的方式拥抱海量数据市场对于其他公司来说，也只是时间问题。

推动更可持续的经济发展

海量数据市场正在颠覆传统货币市场。它可以提供更好的匹配，使参与者更加满意。但这还不是全部。更好的匹配可以进一步转化为减少浪费：那些因为买家最终无法充分利用而不得不另寻所爱的商品变少了。协调得更好意味着更少的时间浪费和效率损耗。而且，金钱不再是我们在海量数据市场进行匹配时所使用的主要维度，这使我们在每一笔交易中都可以按照自己的价值观行动，因此我们也表达出自己的价值观，这会让我们比现在更加一丝不苟地进行交易。与传统货币市场，以及这种市场的过度贪婪相比，海量数据市场将进一步推动更可持续、更集约的经济。

我们只有一个地球，所以我们必须谨慎管理我们拥有的资源。我们最富有的资源就是数据信息，随着收集、传输和处理数据变得越来越容易，也越来越便宜，我们将会拥有更多可供使用的数据信息。人类经济的未来就在于对信息盈余的巧妙利用，而海量数据市场正是我们实现这一目标的机制和场所。当人工智能和大数据可以满足人类合作这一社会现实时，实现可持续发展就又向前迈进了一步。

举个例子，在"智能电表"技术的推动下，能源市场将转变为海量数据市场，从当前的效率低下和脆弱疲软的状态，向一个更加稠密的市场转变。当前的状态是有限的大型生产商为很多人提供能源，而稠密的市场则会拥有大量不同的市场参与者，包括那些生产与存储家庭能源（如电池、太阳能等）的生产商，它们可以更好地相互合作。由此，能源浪费不仅会变少，而且我们将会更有效地使用智能电网这个先进的能源分配基础设施。

货运物流也将受益于海量数据市场。现在，跑在路上的卡车中，4辆里就有1辆是空的，因为我们找不到更有效的方式，可以让卡车在行程中的每个路段都有货可运。自动驾驶卡车不会改变这种情况，但是海量数据市场是可以做到提供卡车与货物更好的匹配结果的。提高协调能力所带来的效果，将转化为更低的碳排放量和更高的经济发展可持续性。

再谈谈卫生保健行业。在发达经济体中，特别是美国，医疗费用已经高到不可持续的水平。虽然我们的寿命比以前稍微长了一些，但我们花了大量的金钱来换取这一点儿利益。在某种程度上，这是因为我们把病人都聚集在了一起，对他们一视同仁，这样我们就可以把信息量进行浓缩，以免过大的信息量令我们不知所措。这种做法与以货币为基础的市场异曲同工。但是没有哪一个肿瘤会与另一个完全一样，因此诊断和治疗同样也需要个体化。除了癌症外，这个道理也适用于其他许多疾病。如果在卫生保健领域，我们能够应用海量数据市场的原理，我们就可以解决过度简化的问题，使医学、保健更加精准。

学校也可以利用丰富的数据来提高学生与老师、学习材料、教学方法等方面的匹配度。学生不都是一样的，对一个学生起作用的方法不一定对另一个学生也起作用。海量数据市场的工作原理应该得到更广泛地应用，这样我们在减少浪费的同时，也会获得更理想的结果。因此，我们的生活将更加美好、更有意义、更可持续。

迎接经济"大调整"时代

由于海量数据市场比传统市场具有更多优势，这就给我们施加了巨大的压力，要我们重新调整公司的概念。过去，公司是人类合作工作的组织单位。有些公司可能使用了机器，但是所有公司的管理，都是由人来完成的。未来，情况可能不再如此。我们可能会见到这样一些公司，它们雇用很多高薪的员工去做只有人类员工才能做的工作，但是这些公司的管理可能大部分是由机器来完成的。我们还会看到其他一些公司，它们从社会组织转变为法人实体，利润颇丰，却辞掉了很多人类雇员。空壳公司，将会在公司的前景发生巨大变化，新的公司法与税收法出台时，应运而生。以人为中心的公司，是自适应机器学习系统与那些不能轻易自动化的人类素质完美结合的产物。与Stitch Fix 一样，以人为中心的公司不但不是勒德分子，而且是数据应用专家。这样的公司不仅不与海量数据市场作对，而且改善了海量数据市场。

在空壳公司和以人为中心的公司之间，还有许多极佳的位置可以供公司选择。公司需要在这段距离里找到自己的位置，然后改变自己，并在那个位置点蓬勃发展。无论是戴姆勒还是声破天，是亿贝还是苹果，是中国的阿里巴巴还是英国的巴克莱银行，是像麦当劳这样的老牌全球特许经营公司，还是像 Stash 这样的新兴科技初创企业，或者是街对面的小型有机食品烘焙屋，所有公司都需要这样做。也许在未来几十年后，我们会把这一变革称为"大调整"（the Great Adjustment），而且还会讲述在经济大衰退之后大小公司是如何改变的故事。这并不是大多数公司都在期待的变化，这当然也不是很多公司一起发起的变革。但是那些接受这种变化，并重新进行自我调整，从而变得更加人性化的公司，将会享有毋庸置疑的优势。

在银行业和金融服务业中，金融服务的进一步商品化正面临越来越大的压力，尤其是在支付方面。新的中介机构已经出现，它们承诺将促进并利用更丰富和更全面的数据流，这远远超越了传统上我们对金钱和价格的关注。传统的金融公司，比如大型商业银行，正面临一个艰难的选择。通往商品化的道路是它们所熟悉的，但理所当然这也是它们所恐惧的。转变为成功的数据中介机构这条道路虽然提供了美好的前景，但它也更加困难，因为实现海量数据并不是许多银行所擅长的事情。银行必须改变自己的内部运作方式，这是一个挑战。用硅谷早期的风险投资家尤金·克莱纳的话说，这叫"不识其面目，只缘身在其中"。

好好看看各家银行的那些大理石宫殿吧——它们遍及世界各地的金融中心。这些宫殿向所有关注它们的人发出权力和财富的信息，可是到 21 世纪 20 年代后期，它们中的许多银行将不复存在。这不是因为我们抛弃了货币，而是因为我们不再需要一个原始的符号来提供服务——这些服务省略了细节，减少了信息的丰富程度。新的金融中介机构要么是超级高效的，要么是数据丰富的，甚至可能两者兼而有之。而老式金融资本主义的余威将会消失，取而代之的是由海量数据市场驱动的新的数据资本主义。

促进多元化，避免集中化

硅谷的天使投资人与欧洲的银行职员在向创业者提供贷款时，二者的区别不在于金钱，而在于天使投资人能够提供给创业者丰富且有价值的信息。自乔治斯·多里奥的美国研究与发展公司，美国第一家现代风险投资公司，创立之初，我们就一直将风险投资者称为"资本家"，但这种称呼可能长期以来就是一种错误的说法。最好的天使投资人和风险投资家给客户的不仅是一张支票，而且还有丰富、宝贵的信息。也许是时候称呼他们为"风险信息提供商"，而摒弃"资本家"这个术语了。

进一步讲，由于资本不再是促使企业成长壮大的催化剂，所以这意味着资本的作用开始削弱。或许是时候关闭历史的大门，正式取消"资本主义"这个词了。它曾经运行良好，在过去几个世纪塑造了市场经济。但是现在，我们将为作为经济中最重要的动力来源的资本，创造一个可以替代它的选择。我们无须再考虑资金和公司，让我们想象一下能够赋予人类力量，使人类能够更好地互相合作的海量数据市场吧。

海量数据市场并不能解决我们所有问题，而且它自身也存在一些固有的结构缺陷。因此，任何数据驱动市场的成功都取决于它的设计，以及它运行的规则。在设计海量数据市场时，最关键的问题是要使其免受集中度过高的影响，不只是在参与者层面（典型情形包括，一个卖家很多买家，以及一个买家很多卖家等），在决策过程中也是如此。如果帮助我们做出交易决策的那些自适应机器学习系统，很多甚至全部都存在同样的缺陷，那么整个市场会变得非常脆弱。这就是为什么决策辅助系统的多样性是不可或缺的。累进数据共享授权——我们建议的用来确保这种多样性的机制——的设计目标，不只是保护自适应系统不受集中度过高的困扰，而且通过共享不同的数据子集，可以防止所有竞争者使用相同的数据输入来构建系统。培养一种可以不断转化为强大竞争力的多样性，才是解决问题的关键。

当谈到数据驱动市场更广泛的社会影响时，我们痛恨技术空想主义者的溢于言表的乐观，就如同我们会避开那些层出不穷的末日预言家的悲观一样。我们不应该假装自己可以预测未来，而是应该做好塑造未来的准备，调整好各种杠杆和机制，在任何时间和任何地点，一旦有利因素出现，我们就努力激发它；一旦负面影响出现，我们就努力抑制它。有时，这需要我们给现有的政策工具包中增加新项目，比如以数据支付的数据税，或者聘用新人类劳动力的税收抵免。有时，我们需要的是不同视角，比如把工作的概念与薪酬的概念分开。

选择我们想要的

以前，在金钱和价格占主导地位的传统市场中，用工资和经济利益来衡量人类劳动，可能是最合适的。但是随着货币市场转向海量数据市场，我们在讨论人类劳动的优点时，就需要超越工资。工作不仅是一个可以帮我们支付账单的工作岗位，对于很多人来说，它还提供了身份、社交圈和归属感。当我们接受这样的说法时，我们就会意识到，帮助人们找到好工作并保住好工作，将会继续担负社会的核心作用，即使机器会承担越来越多的责任。市场的任务是提高效率，在数据足够丰富的情况下，更好的匹配将会大大提高效率（和可持续性）。与此相反，我们作为人类的任务不是要实现最高效率，而是要做真正的人，这包括思维的创造性和对新事物的探索精神，以及相互交流，建立有意义的社会关系等多个方面。

在一个机器学习系统越来越多的世界里，还有什么是需要我们人类来做的呢？我们会是数据时代的恐龙吗？是否有一天我们会发现，自己被圈定在一个保护区里，供那些发号施令的机器取乐？即使在海量数据时代，我们仍然相信，如果人类愿意，我们将会继续引领世界。丰富的数据将允许人类选择自己想要做的决策，其余剩下的决策才会留给自适应机器学习系统。系统知道了我们的偏好，就会到市场上为我们寻找最好的匹配。

通过将我们的思维从日常决策中解放出来，我们可以专注于那些真正有价值的决策，以及那些我们喜欢做的决策。最终，我们甚至可能会将一些令自己不安的决策委托给自适应机器学习系统——那些我们因为担心受自己的偏见影响而无法做出正确选择的决策；那些我们担心自己还不够了解，也没有时间来让自己了解的决策。我们可以告诉自己的决策辅助系统，我们希望它做出怎样的"修正"。这将不会是一个简单的、二元的、非此即彼的问题，相反，人类将会有能力调高（或调低）我们想要得到的帮助数量。我们将会选择是否选择。

保有个人选择的自由

大数据和人工智能不但可以帮助我们决定买什么，而且可以帮助我们决定与谁合作。专家警告说，这一点可能最终会威胁人类的决断力。我们害怕的是，当我们把决策委派给机器学习系统时，我们也就放弃了那项重要的、组建自己社交圈子的自由。但是，正如我们在第4章中所解释的那样，海量数据市场并没有剥夺我们选择的自由，而是给了我们机会，把自己的时间和精力花在做人上。

当真正需要决定该选择哪些决策时，我们将不得不面对如何选择的问题：哪些决策我们应该留给自己做，哪些决策应该委派给机器学习系统做？针对诸如我们应该送孩子去哪所学校，紧急情况下我们应该选择哪个医院的救护车这样的问题，如果数据驱动的自适应机器学习系统可以为我们提供更好的答案，那么我们应该将这类决策委托给机器吗？还是我们应该将其保留在人类责任的专属领域？在做出决策时，我们的目标到底是什么——是得到正确的答案，还是得到让我们快乐的答案（毕竟，最终必须对结果负责任的人是我们自己，而不是机器学习系统）？到目前为止，我们很少面临这样的选择，但是未来，这样的选择会变成家常便饭。良好、扎实的选择能力是我们必须培养和保持的一个核心能力。

这种对该选择什么做出选择的能力，从本质上来说是为人类赋予权力的。它为我们保留了为宇宙的未来做出贡献的机会，并且可能确保我们在进化的道路上占据一个永恒的位置。但它也是一项新挑战，因为随之而来的是责任。选择意味着挑出一个选项，放弃其他选项，人类绝不能选择所有选项。海量数据市场是一个令人惊喜的选择工具，它将帮助我们做出更好的选择。但是，它不会从根本上免除我们需要做出选择的责任。

以安全、简单、连贯或者利润最大化的名义放弃个人选择的自由，对于人类而言，将会是一个可怕的损失——远远超过它所造成的经济效率低下的问题。它将侵蚀并抛弃每一个自由社会的核心原则。这就是为什么我们需要警惕那些将个人选择视为危险品的宣传，要倡导对集权的谨慎态度。这也是为什么我们需要警惕数据驱动的反馈效应，就像我们需要抵制那种对一个强大的独裁政府的强烈渴望一样。

市场是一种高效的人类合作方式

海量数据市场和个人选择还有一个敌人，这个敌人是一个愿景：人类将很快克服资源稀缺的问题，因为机器学习系统看似无限的能力，将以低成本或零成本的方式完成复杂的任务，使我们拥有的资源可以永远重复利用，机器学习系统基本上可以把我们带进一个真正的理想世界。在这样的世界里，从日常琐事中解脱出来的人，将可以享受生活，并且尽情地体验生活。"资源稀缺的终结早已有人预言过，在20世纪70年代，最为人熟知的是保守派经济学家朱利安·西蒙。现在，这个想法的升级版再次浮出水面。麻省理工学院斯隆商学院教授埃里克·布赖恩约弗森似乎非常认同这样的观点。布林约尔松是一本很有影响力的著作的合著者，那本书探讨了人工智能给人类劳动者带来的影响。① 布林约尔松说："一个日益富足，甚至是奢侈的世界不

---

① 根据作者对内容的描述，这本书应该是2014年出版的《第二次机器革命》。——译者注

仅是可能出现的，而且是极可能出现的。"

这类观点的支持者使用"完全自动化的奢侈共产主义"（fully automated luxury communism）这个术语（想象一下列昂尼德·伊里奇·勃列日涅夫穿着古驰懒汉鞋的形象），来描述他们的想法：大家的工作都减少了，但我们依然可以享受自己想要的一切。作家亚伦·巴斯塔尼声称是他创造了这个术语，他认为，这将会"为所有人带来卡地亚、万宝龙和蔻依。"英国报纸《卫报》的说法则少了一些物质的味道："人类通过对机器的控制获得了茂盛的草地，而打理草地的则是他们宠爱的机器。"这种观点认为，在这样一个世界里，我们不再需要选择，蛋糕会再有的，想吃就吃掉它。而且市场，就像磁带播放器或者餐馆桌子上摆放的烟灰缸，最终会成为过时的东西。

这类观点的大批拥护者，将自己的愿景建立在了一个基本谬误的基础上。他们关注的是物质资源，却没有认识到市场不仅是一种分配稀缺物质资源的方式，而且是一种高效的合作方式。只要人类需要合作，时间就会成为稀缺资源。只要不能做到永生，我们就需要市场在有限的时间内帮助我们相互合作。

我们需要拥抱我们的现实生活，而不是期待一个根本不存在的永恒世界。我们不否认世界各地都存在严重的经济问题，我们也将其视为严峻的挑战，但市场并不是问题的根源。相反，我们将市场看作我们战胜挑战的最终希望。我们认为，最重要的事情就是人们能够及时地相互合作，实现凭个人能力永远无法实现的目标。

我们确信市场会继续存在。人类的未来不是集中权力，也不是消费和富有，而是相互合作，把我们无法重新利用的资源时间，花在最有意义的地方。但是，一个全面的、可持续的选择自由，不仅需要从货币向数据的转变，而且需要我们在第 4 章中详细阐述过的技术进步。

选择的自由，需要建立在一个由人类协调的、权力分散的社会机制上，这个机制就是市场。离开市场的分散性，数据的权威就会消失。这就是为什么我们把从资本向数据的转变，而不是人工智能的兴起或大数据的出现，称作市场的复兴。如果没有市场，数据和技术就不可能做到保护人类，帮助人类协调工作，更别提促进人类文明了。因此，在本书中，市场占据了中心地位。数据（和技术）仅仅起到促进市场复兴的作用。

沿着知识的道路继续前进

市场的复兴建立在获取丰富且全面的数据，以及将数据转化为决策的能力之上。反过来，这也让我们放弃了几个世纪以来，一直统治着传统市场的被人类浓缩与简化的信息。简化现实，让人们更容易接受它，这是一种人类古老的策略。当我们不熟悉情况，没有足够多的信息时，当我们无法更好地理解，心智能力达不到时，当我们缺少获得更准确、更详细信息的工具时，这个策略是非常有用的。

将地球假设为平的，这是我们在几个世纪里一直采用的一种简化方法，因为它切实可行。直到我们有了进一步发展的需要，我们才把它换成了更复杂的概念——地球是一个球体，它不是一马平川的。但是复杂是人类前进的动力。当我们将基于货币的市场转向海量数据市场时，我们做的是同样的事情。

从根本上说，这种转变是一场数百年前就开始的，规模更大、范围更广的运动的一部分。它曾促使弗兰西斯·培根强调实验证据的必要性，也促使勒内·笛卡儿去探求理性。它曾激励伊曼努尔·康德提出理性与道德密切相关，也促使亚当·斯密审视市场的协调力量。它还让汉娜·阿伦特看到了权力的本质，让约翰·罗尔斯思索正义的内涵。它推动人类沿着知识的道路前进，让我们有机会洞察我们生活的世界———一个具有丰富信息的世界，一个比我们能够想象的更多姿多彩、更多样、更微妙、更令人振奋的世界。我们的旅程还未结束，它将一直持续下去。

我们都应该认识到，人类不能将现实简单化，为了使之符合我们的认知局限。这一点是非常重要的。当我们将自己对世界运转的解释，限制在一个非常简单的、容易理解的，或者我们一直相信的范围内时，我们就限制了自己的想象力，将自己对世界的理解局限在最显而易见的事情上。过去，我们没有其他选择，简单化不啻为一种解决方法。但是有了数据后，我们不必再采用这样的方法了。

只要我们愿意，人类的未来就是一个知识与见解的未来。这就意味着，我们将会抛弃很多曾经深信的简单化模式，张开双臂拥抱世界的多样性。要做到这一点，只有数据还不够。要打开新的视野，我们还需要敞开心扉。但是，我们的想法与反空想主义的预测正好相反。反空想主义的预测认为数据是冷酷的，技术是与人类对立的，而我们相信数据的丰富性会让我们的未来更加社会化、更加人性化。

致　谢

20 年前，哈佛大学教授刘易斯·布兰斯克姆曾经提出这样的忠告："别给我讲我已经知道的事。"正是这一忠告指导我们写完了这本书。当然，对我们所讲述的故事，很多读者是多少了解一些的。但是我们希望，对于大多数读者来说，我们提供的总体叙事是耳目一新的，可以激励他们在市场与金钱、公司与金融、数字化与数据等方面，生发出与以往不同的看法。

我们提出的论点并不轻松简单，需要人们认真思考——至少在一定程度上，读者需要放弃一些有关经济与社会运转方式的传统观念，放弃一些长期坚持的信念，选择从另一个角度看待这些问题。

在过去的 24 个月里，我们就自己所讲述的故事，与世界各地的专家和同人进行了无数次对话，从他们那里我们学到了很多新东西。他们慷慨相助，提供了宝贵的见解。许多人都开诚布公地谈了自己的看法，但是他们要求我们不要提他们的名字。我们可以公开感谢的一些人包括：风险投资家艾伯特·威格，区块链爱好者唐（Don）和亚历克斯·泰普斯科特，数据分析师马克西米利安·希伯，隐私监管员雅恩·帕多瓦，保险业内人士克里斯琴·蒂曼，经济学家西姆哈·巴凯，扑克专业选手杰森·莱斯和唐圭金，本体论权威马蒂·所罗门，定价专家弗洛里安·鲍尔，计算机科学家曼弗雷德·布洛伊和约翰内斯·布赫曼，企业家奥古斯特－威廉·希尔，人力资源专家托马斯·萨特尔伯格，声破天公司的马蒂亚斯·阿瑞理得和安德斯·依瓦森，决策专家弗朗西斯·德·佛利考特，数学家埃里希·纽沃斯和马克斯·冯·雷内塞，交通设计专家斯特凡·拉姆勒，哲学家克里斯托弗·胡比希，博学家海因茨·马卡特，以及几位记者，包括路德维希·西格尔、乌韦·吉恩·霍泽尔、沃尔夫·洛特尔和克里斯托夫·科赫等。

　　我们还要特别感谢我们的版权代理商，加拉蒙代理公司（Garamond Agency）的莉萨·亚当斯女士，感谢她一直以来的信任与支持。我们也要感谢本书的编辑，基本书局（Basic Books）的 T.J. 凯莱赫先生，感谢他一直鼓励我们要按照思路清晰、前后一致、概念明确的要求写作本书。此外，对罗宾·丹尼斯在本书开题方面和起草阶段所提供的帮助，巴巴拉·克拉克为上个版本所做的文字编辑工作，米歇尔·温为最终定稿所做的文字编辑工作，以及菲尔·凯恩在事实查证方面的出色工作，我们在这里一并表示感谢。

　　在写作本书时，我们也获得了来自各自工作单位的支持，并从中受益颇多。维克托在此要特别感谢牛津大学所提供的学术休假；托马斯想要感谢的是卡尔·纽曼和约翰·布劳特，他们停止了他在这几个月的紧张写作中在美国匡提科（QuantCo）的所有任务。同时，作为《第一品牌》杂志的科技通讯记者，托马斯也要感谢杂志社给予他的大力支持与充分自由。

致　谢

　　写书这件事最终消耗的时间与精力，总要比预期的多。本书的写作更是一再把我们推向极限，促使我们进行更深入的思考与研究。因此，除了按照惯例，我们要向家人深深鞠躬外，我们还要特别感谢家人的耐心。

不要成为自己创造物的奴隶

　　《数据资本时代》提到了大数据带来的三个重要变化：信息中介沉淀和共享的大量数据，使消费者不再仅仅依靠价格来评估商品的质量；先进的匹配算法可以从价格以外的多个维度更好地匹配供给和需求；海量数据市场的发展必然会到来，并化解分散与集中、多样与统一的尖锐矛盾。《数据资本时代》一书花了大量笔墨，用具体的事例描绘了数据驱动下商业市场正在发生的变化。

　　人类自己汇聚了越来越多的数据，发明了越来越好的算法，一手缔造了数据与智能时代。然而，我们的创造物本身，以及我们对这些创造物不加分辨地过度使用，例如甚嚣尘上的数据主义和算法主义，也可能给人类带来十分危险的后果。

　　首先，数据和算法可能破坏中立性和多样性。

　　表面上中立的技术，也可以产生非中立的结果。我从 2007 年开始，就一直做个性化推荐方面的算法研究。个性化推荐系统的算法本身是没有偏见可言的，无非是根据消费者个体以前的购买记录，来预测个体最可能购买的东西，然后做推荐。如果你是一个穷人，以前买过的东西都是相应品类中单价最低的，那么你在系统画像中一个名为"价格敏感程度"的维度的得分会非常高！于是，当你搜索一个关键词后，从前到后翻 10 页，你看到的都是为像你这样的穷人量身定做的便宜货。随着数据化浪潮的进一步发展，我们个人获取和处理信息的难度会进一步加大，我们会更加依赖各种各样的信息中介。例如，当抵达一个陌生的城市，我们如何规划一条一日游的路线？作为一个新手，我们如何利用在线教育平台选修若干课程，从而了解一个新的领域？我们如何在读书的时候就规划和选择自己的职业道路？我相信，高水平的算法会充分考虑你的家庭、性别、民族、消费水平等因素，替你做出"最适合你的选择"。因此，穷人和富人会抵达城市中不同的角落、下载不同的课程、规划不同的人生。在数据的世界中，不同出身的人所获得的信息差异，可能比现实世界的差异还大，从而他们很可能形成截然不同的视角、格局和能力。

伴随信息通信技术的发展，以及数据的累积和算法的优化，表面上我们可以获取的信息总量大幅度增加，我们的世界变得更加多样化，但实际上情况并非完全如此。因为电子商务平台打破了空间限制，很多原本可以在一个小镇、一个转角经营下去的特色小店，却逐渐消失了。除了主要销售畅销书的大型连锁品牌书店以外，具有店主极强个人偏好的特色书店，现在我们基本上找不到了。尽管我们非常推崇"个性化新闻"，但最近几年大家阅读的新闻和资讯实际上都差不多，因为个性化新闻，在很大程度上也是倾向于推荐你所喜欢的品类中比较流行的新闻——毕竟流行起来的内容更有可能包含被读者喜欢认可的元素。数据和算法总以高效和准确为出发点，很多小众的事物因为无法产生规模效应而被算法慢慢淘汰了。如果世界上只有一种语言，那么效率应该最高。实际上，围绕大语种的数据和算法积累越多，小语种的生存空间就越小。最近，每两周就会有一种语言消亡，这也为希望保护文化多样性的当代人敲响了警钟！

其次，数据和算法可能带来新型的垄断和独裁。

维克托在书中已经勾勒出了这样的场景。因为对消费者需求的洞察、对商品特征的全面刻画以及对两者的精确匹配，都需要大量的数据支撑。所以拥有大量数据的"已经成功的公司"，譬如中国的阿里巴巴和腾讯等企业，将拥有一般企业所无法企及的数据赋予的能力。如果没有可匹敌的数据资源，这种能力上的差距是其他企业无论多么努力都难以弥补的，所以，一种新型的垄断方式很可能形成。它事实上使创新型的企业在没有数据积累的前提下，难以在市场中有效竞争，而那些已经成功的企业会获得越来越多有价值的数据，从而让打破垄断的门槛越来越高。

数据还可能带来新型的独裁。随着政府和大型企业对个人数据掌握的深度和广度的增加，如果我们不按照政府和企业"所希望的方式"生活和消费，我们就可能会在社会保障福利、落户就业、融资借贷等方面遇到各种困难。最终，我们有可能反而成了算法的奴隶，必须按照算法设定的目标努力前进。更可怕的是，数据拥有几乎无限的记忆力，因此我们今天的错误可能会带来很长时间难以消除的影响。你上中学时期的一次由冲动引起的打架斗殴；你上大学时因为攀比借了校园贷，却没有及时还款……这些记录，可能在你 30 岁的时候影响你申请车贷或者房贷，也可能让你在婚介所的系统中无法与心仪的女孩儿进行匹配，还可能让你的创业融资遭遇挫折。在这种被无限记录和分析的情况下，最佳的选择就是按照政府和大型数据企业设定的主流价值观前进，把那些特立独行的念头从根子上删除。

实际上，维克托在展望大数据美好未来的同时，一直没有忘记和这些可能给人类发展带来冲击的危险做斗争。在这本书中，他提出了累进数据共享授权——要求达到一定市场份额的企业必须向社会开放它的数据。在维克托名为《删除》的著作中，他认为个人有权删除他／她在其他系统中存储的自己的数据，并且个人数据必须要有一个有限的期限，超过这个期限的历史数据不能被用来分析和判断当前的人。遗憾的是，我不得不说，维克托的这些抗争手段，其操作执行的难度巨大，它们和企业追求利润的原始冲动相悖。最终，它们也只会像向想象中的巨人和城堡挥剑的唐·吉诃德一样，有一颗骑士的心，却没有骑士的舞台。

我从不认为数据和算法所追求的高效和准确与人类发展的目标一致。至少，在很多已经充分现代化的地区，我不觉得高效和准确能够给人们带来更多的幸福和快乐。我在瑞士留学的时候，欧洲的朋友讲到中国，总有些敌意。这个敌意不是他们看不上我们，而是他们觉得中国人太努力，工作时间太长，工作效率又很高，这样久而久之，欧洲如果想要立足，就必须加倍努力，这样他们从容淡泊的慢生活自然难以幸存。至于那些能够让人更快找到喜欢听的歌、喜欢看的书、喜欢吃的零食、喜欢的女人的算法，我觉得并不会给我们带来真正的幸福。因为寻觅和尝试的过程，甚至随之而来的痛苦和挫败，都是一个自足灵魂和完整人格所必需的。

译后记

  数据科学家如同英国著名作家史蒂文森笔下的"化身博士",他既有善的一面,又有恶的一面;既能为人类带来福祉,也能给人类带来伤害。我不相信人类最美好最柔软的部分能够为数据所描述,也不希望某天我们成为自己创造物的奴隶,为了某种被设定的目标沿着被优化的道路前进。遗憾的是,我还给不出任何避免危险的可行方案。或许,我们只能期望那些化身博士的皮肤下,都有一颗扁鹊般的善心。

周涛

2018 年 8 月 19 日

参考文献

第 1 章 　 重塑未来市场

1. the online marketplace's twentieth-anniversary event: Marco della Cava, "eBay Turns Twenty with Sales Plan Aimed at Rivals Like Amazon," USA Today, September 16, 2015, http://www.usatoday.com/story/tech/2015/09/16/eBay-turns-20-sales-plan-aimed-rivals-like-amazon/72317234.

2. traded on eBay's platform: "eBay: Twenty Years of Trading," Economist, September 3, 2015, http://www.economist.com/blogs/graphicdetail/2015/09/daily-chart-1.

3. active eBay users: Leena Ro, "For eBay, a New Chapter Begins," Fortune, July 19, 2015, http://fortune.com/2015/07/19/eBay-independence.

4. "a general rallying the troops": Della Cava, "eBay Turns Twenty."

5. "due for a reset": Ibid.

6. eBay's recent troubles: Nicole Perlroth, "eBay Urges New Passwords After Breach," New York Times, May 21, 2014, https://www.nytimes.com/2014/05/22/technology/eBay-reports-attack-on-its-computer-network.html?_r=0.

7. sellers of Yahoo's shares: Matt Levine, "How Can Yahoo Be Worth Less Than Zero?" Bloomberg, April 17, 2014, http://www.bloomberg.com/view/articles/2014-04-17/how-can-yahoo-be-worth-less-than-zero; see generally, Richard H. Thaler, Misbehav- ing: The Making of Behavioural Economics (London: Allen Lane, 2015), 244–253.

8. "electronic markets": Thomas W. Malone, Joanne Yates, and Robert I. Benjamin, "Electronic Markets and Electronic Hierarchies," Communications of the ACM, June 1987, https://www.researchgate.net/publication/220425850.

9. a staggering 9,300 percent upturn: "The Zettabyte Era: Trends and Analysis," Cisco White

数据资本时代

Paper No. 1465272001812119, June 7, 2017, http://www.cisco.com/c/en/us/solutions/collateral/service-provider/visual-networking-index-vni/vni-hyperconnectivity-wp.html.

第 2 章 人类交流与合作

10. each new foursome got into place: Efren Garcia, "Historic Record in Catalonia's Human Tower Building," Ara: Explaining Catalonia, November 23, 2015, http://www.ara.cat/en/Historic-record-Catalonias-tower-building_0_1473452720.html; see also the video of the tower being built on YouTube, https://www.youtube.com/watch?v=qTP-Xp7v6m0.

11. a girl had fallen to her death: "Una niña doce años muere al caerse de un 'castell' de nueve pisos en Mataró," Libertad Digital, August 4, 2006, http://www.libertaddigital.com/sociedad/una-nina-de-12-anos-muere-al-caerse-de-un-castell-de-nueve-pisos-en-mataro-1276285054.

set a new world record: Stefania Rousselle, "Building Human Pyramids for Catalonia" (video "Climbing for Catalonian Pride"), New York Times, November 7, 2014, https://www.nytimes.com/video/world/europe/100000003222118/catalonians-climb-high-to-exhibit-pride.html.

12. "no limits but the sky": Here it seems exactly right—but also some- what wrong—to quote Castilian Miguel de Cervantes's Don Quixote, pt. 3, chap. 3.

13. complexity of the structure is the principal concern: A castell with an aguila, or needle—a tower of single individuals standing one atop the other that is revealed as the main castle is deconstructed—is the most complex and coveted form.

14. has come to mean "working together": UNESCO, "Human Tow- ers," YouTube video, November 5, 2010, https://www.youtube.com/watch?v=-iSHfrmGdyo.

15. became possible to protect a dependent child: Sarah Blaffer Hrdy, Mothers and Others: The Evolutionary Origins of Mutual Understanding (Cambridge: Harvard University Press, 2009).

16. opened the floodgates to globalization: Lloyd G. Reynolds, "Inter-Country Diffusion of Economic Growth, 1870‑1914," in Mark Gersovitz, Carlos F. Diaz--Alejandro, Gustav Ranis, and Mark R. Rosenzweig, eds., The Theory and Experience of Economic Devel- opment: Essays in Honor of Sir W. Arthur Lewis (New York: Rout- ledge, 2012), 319.

17. in exchange for a freshly transcribed copy: Mark Kurlansky, Paper: Paging Through History (New York: W. W. Norton, 2016), 13.

18. revolutionary eighteenth century Encyclopédie: Ibid., 231. See also: Frank A. Kafker and Serena Kafker, The Encyclopedists as Individuals: A Biographical Dictionary of the Authors of the Encyclopédie (Oxford: Voltaire Foundation, 1988), http://encyclopedie.uchicago.edu.

19. 40 million articles in nearly three hundred languages: These numbers are from Wikipedia's home page as of December 2016.

20. system to classify the planet's life forms: Wilfrid Blunt, Linnaeus: The Compleat Naturalist (Princeton: Princeton University Press, 2002), 185‑193.

234

参考文献

21. led to the theory of evolution: Roland Moberg, "The Development of Protoecology in Sweden," Linné on Line, University of Uppsala, 2008, http://www.linnaeus.uu.se/online/eco/utveckling. html.

    The moon landing required: "Apollo 11 Mission Report," NASA, n.d., http://www.hq.nasa.gov/ alsj/a11/A11_PAOMissionReport.html.

22. 10,000 scientists from over one hundred countries: Roger High- field, "LHC: Scientists Jockey for Position in Race to Find the Higgs Particle," Telegraph, September 10, 2008, http://www.telegraph.co.uk/news/science/large-hadron-collider/3351478/LHC-Scientists-jockey-for-position-in--race-to-find-the-Higgs-particle.html.

23. "looks with grace upon each link": Quoted in Moberg, "The Development of Protoecology in Sweden."

24. "Coordination ranges from tyrannical to democratic": Charles E. Lindblom, The Market System: What It Is, How It Works, and What to Make of It (New Haven: Yale University Press, 2002), 20.

25. the word economics—the Greek oikonomia: Dotan Leshem, "Retrospectives: What Did the Ancient Greeks Mean by Oikono- mia?" Journal of Economic Perspectives 30, no. 1 (Winter 2016), 225‐238, https://www.aeaweb.org/articles?id=10.1257/jep.30.1.225.

26. In a market, coordination is decentralized: Of course, not every market is fully decentralized in practice. For instance, if there's only one buyer and many sellers, then the decision to buy is done by a single participant. These markets are often characterized as suffering from concentration. But sometimes markets are deliberately designed to have a central decision-making entity; the market to assign doctors to residency programs in the United States is a prime example. As we shall see, often these special markets cannot utilize price to convey information and centralize decision-making.

27. not just on the level of a household: Lindblom, The Market System, 5.

28. a factor of almost 2,000 since the 1500s: There is significant debate about the accuracy of historical figures, often estimations based on many assumptions. We also equated market volume with the gross global product at purchasing-power parity‐that, too, is quite an approximation. See J. Bradford DeLong, "Estimating World GDP, One Million B.C.‐Present," http://holtz.org/Library/Social %20Science/Economics/Estimating%20World%20GDP%20by %20DeLong/Estimating%20World%20GDP.htm; for recent world GDP figures, we used the data from the CIA Factbook (https://www.cia.gov/library/publications/the-world-factbook / geos/xx.html).

29. 100‐200 million firms that exist: Most nations do not track the number of firms, so no global figure exists; the best we can do is to go with estimates based on total employment and employment size;see here for some estimation approaches: http://www.quora.com/How-many-companies-exist-in-the-world.

30. employment by private-sector firms in high-growth countries: Jin Zeng, State-Led

Privatization in China: The Politics of Economic Reform (London: Routledge, 2013), 28－29 and 52－53.

31. In the developed . . . (OECD) nations: See http://www.oecd-ilibrary.org/sites/gov_glance-2015-en/03/01/index.html?contentType=&itemId=%2fcontent%2fchapter%2fgov_glance-2015-22-en&mimeType=text%2fhtml&containerItemId=%2 fcontent%2fserial%2f22214399& accessItemIds=.

32. implementing the "five-dollar day": M. Todd Henderson, "Everything Old Is New Again: Lessons from Dodge v. Ford Motor Company," John M. Olin Program in Law and Economics Working Paper No. 373, University of Chicago Law School, 2007, 2－13, https://papers.ssrn.com/sol3/papers.cfm?abstract_id=1070284.

33. shareholders demanded a larger dividend: The case was Dodge v. Ford Motor Company (1919). See ibid.

34. information should flow upward: Henry Ford, My Life and Work(Garden City, NY: Doubleday, Page, 1922).

35. firms will increase in size and combine: The Marxist Monopoly Capital, written in the 1960s, is perhaps one of the most cited critiques from the left, although the authors' argument against "monopoly capitalism" echoes Lenin's earlier work; Paul A. Baran and Paul M. Sweezy, Monopoly Capital: An Essay on the Ameri-can Economic and Social Order (New York: Monthly Review Press, 1966). The economist and admirer of innovation Joseph Schum-peter was more nuanced in his critique: on the one hand, he identified large firms as surprising places of innovation; on the other hand, he worried that capitalism may become undone as monopolies cripple the human urge to innovate; see generally Thomas K. McCraw, Prophet of Innovation (Cambridge: Harvard University Press, 2007).

36. firm hasn't yet replaced the market: For data on the growth of large firms, and especially the Fortune 500's increasing share of US GDP over time (growing from 58 percent in 1994 to 73 percent in 2013), see Andrew Flowers, "Big Business Is Getting Bigger," Five Thirty Eight, May 18, 2015, http:/fivethirtyeight.com/datalab/big-business-is-getting-bigger.

37. buy and assemble parts made by others: John Hagel III and John Seely Brown, The Only Sustainable Edge: Why Business Strategy Depends on Productive Friction and Dynamic Specialization (Cambridge: Harvard Business School Press, 2005), 106－109.

38. the assemblers broke down the design: Dongsheng Ge and Takahiro Fujimoto, "Quasi-Open Product Architecture and Technological Lock-In: An Exploratory Study on the Chinese Motorcycle Industry," Annals of Business Administrative Science 3, no. 2 (April 2004), 15－24, http://doi.org/10.7880/abas.3.15.

39. dramatically expanding the number of market participants:K. Yamini Aparna and Vivek Gupta, "Modularization in the Chinese Motorcycles Industry," IBS Center for Management Research, Hyderabad, India, Working Paper BSTR/165, 2005, http://www.thecasecentre.org/main/products/view?id=66275, 5－7.

参考文献

40. Honda's sales fell from 90 percent: Hagel and Brown, The Only Sustainable Edge, 108–109.

第3章 市场与货币

41. market volatility plummeted: Robert Jensen, "The Digital Provide: Information (Technology), Market Performance, and Welfare in the South Indian Fisheries Sector," Quarterly Journal of Economics 122, no. 3 (August 2007), 879–924, https://academic.oup.com/qje/article-abstract/122/3/879/1879540/The-Digital-Provide-Information-Technology-Market.

42. "The market is essentially an ordering mechanism" : Friedrich August von Hayek, "Coping with Ignorance," Ludwig von Mises Memorial Lecture, Hillsdale College, Hillsdale, MI, July 1978.

43. the market for used cars: George A. Akerlof, "The Market for 'Lemons' : Quality Uncertainty and the Market Mechanism," Quarterly Journal of Economics 84, no. 3 (August 1970), 488–500, http:// qje.oxfordjournals.org/content/84/3/488.short.

44. fewer peaches are offered for sale: Information asymmetries can also cause sellers to lose out when they undervalue their goods and services and a more informed buyer takes advantage of it. For example, a seller may offer an initial service at a loss to a buyer, imagining that the transaction will lead to repeat sales, not knowing that

45. the buyer never intends to come back—or would only do so for the same low price. The seller's "loss leader" leads to nothing but a loss.

46. before copycats appear and free ride: In his famous book The Theory of Economic Development, Joseph Schumpeter argued that entrepreneurs, by definition, have discovered a category of exclusive information. They're the first people to identify a new market, patent an invention, launch an efficient means of production, or introduce some other "new combination" —a way to coordinate human activity—before anyone else is aware of it. For Schumpeter and his acolytes, the resulting information asymmetry creates an economic incentive. Even though the market becomes less efficient, that is the price we pay for innovation. Hence, information imbalances aren't necessarily bad—up to a point. The incentives created by information asymmetries are essential to innovation, but the reward for innovation cannot be permanent without harming the market. Asymmetries must be fleeting and temporal lest market predators exploit their information monopoly forever, creating a vacuum, a black hole in which information is trapped. Information vacuums force buyers to make suboptimal decisions. Thankfully, most information asymmetries are temporary. Competitors copy or emulate innovations and catch up, erasing the innovator' s information advantage.

47. a transaction takes place that shouldn't: There are numerous such cases; see, e.g., the discovery of an original Declaration of Independence hidden in a picture bought at a flea market (Eleanor Blau, "Declaration of Independence Sells for $2.4 Million," New York Times,

237

June 14, 1991, http://www.nytimes.com/1991/06/14/arts/declaration-of-independence-sells-for-2.4-million.html).

48. German pharmaceuticals company, Grünenthal: Grünenthal was the first West German company to produce and sell penicillin after the occupying forces lifted their ban on the drug's production in the country. See https://en.wikipedia.org/wiki/Grünenthal_GmbH.

49. By mid-November, he informed Grünenthal: http://www.contergan.grunenthal.info/thalidomid/Home_/Fakten_und_Historie/342300049.jsp?naviLocale=en_EN.

50. the last British "thalidomide baby": Nick McGrath, "My Thalido- mide Family: Every Time I Went Home I Was a Stranger," Guardian,August 1, 2014, https://www.theguardian.com/lifeandstyle/2014/aug/01/thalidomide-louise-medus-a-stranger-when-i-went-home.

51. juggle about half a dozen distinct pieces of information: The insight was originally made by psychologist George Miller (see George A. Miller, "The Magical Number Seven Plus or Minus Two: Some Limits on Our Capacity for Processing Information," Psychological Review 63, no. 2 (March 1956), 81‑97, http://psycnet.apa.org/psycinfo/1957-02914-001, and his article became one of the most cited in the academic literature. More recent studies have shown that the number of items isn't fixed, but that a human's working memory is a very limited resource that can be allocated in a variety of ways (see, e.g., Wei Ji Ma, Masud Husain, and Paul M. Bays, "Changing Concepts of Working Memory," Nature Neuroscience 17 [2014], 347‑356).

52. "Money is the root of most progress": Niall Ferguson, The Ascent of Money: A Financial History of the World (New York: Penguin Books, 2008), 4.

53. "prices can act to coordinate": "A Conversation with Professor Friedrich A. Hayek" (1979), in Diego Pizano, ed., Conversations with Great Economists (New York: Jorge Pinto Books, 2009), 5.

54. scholars of money point to numerous roles: See, e.g., Nigel Dodd, The Social Life of Money (Princeton: Princeton University Press, 2014), 15‑48.

55. so infatuated with markets and money: For a discussion of the limits of markets, see, e.g., Margaret Jane Radin, "From Babyselling to Boilerplate: Reflections on the Limits of the Infrastructures of the Market," Osgoode Hall Law Journal 54, no. 2, forthcoming; Osgoode Legal Studies Research Paper No. 28/2017 (January 24, 2017); University of Michigan Law and Economics Research Paper No. 16-031; University of Michigan Public Law Research Paper No. 530, https://ssrn.com/abstract=2905141.

56. a better-than-even chance to know the truth: Cass R. Sunstein,Infotopia (New York: Oxford University Press, 2006), 25ff.

57. the probability of events related to Google projects: Other companies have also experimented with prediction markets, but Google's appear to be the largest and longest experiments conducted in the corporate world. See Bo Cowgill, Justin Wolfers, and Eric Zitzewitz, "Using Prediction Markets to Track Information Flows:

58. Evidence from Google," in Sanmay Das, Michael Ostrovsky, David Pennock, and Boleslaw K.

参考文献

Szymanski, eds., Auctions, Market Mech- anisms and Their Applications (Berlin: Springer, 2009), 3, http:// link.springer.com/chapter/10.1007/978-3-642-03821-1_2.

59. first issue of the product-comparison magazine: "Consumer Group Formed: New Organization Plans to Give Data on Goods and Services," New York Times, February 6, 1936, http://query. nytimes.com/gst/abstract.html?res=9F0CE0DF153FEE3 BBC4E53DFB466838D629EDE.

60. Prices ending in nines: Even if policy makers prohibit prices ending in nine, recent research has shown that the market adjusts quickly to the restriction and shifts from prices ending in ninety-nine to prices ending in ninety, with the same deceiving effect on consumers; see Avichai Snir, Daniel Levy, and Haipeng Chen, "End of 9-Endings, Price Recall, and Price Perceptions," Economics Letters, forthcoming (posted April 2, 2017), https://ssrn.com/abstract=2944919.

61. "under $1,000, which is code for $999": Matthew Amster-Burton, "Price Anchoring, or Why a $499 iPad Seems Inexpensive," Mint- Life, April 6, 2010, https://blog.mint.com/how-to/price-anchoring.

62. sellers often use price to deliberately obscure information: Authors' conversation with Florian Bauer, December 19, 2016.

第 4 章　市场的复兴

63. "Nothing anyone does will seem that crazy": Olivia Solon, "Oh the Humanity! Poker Computer Trounces Humans in Big Step for AI," Guardian, January 30, 2017, https://www.theguardian. com/technology/2017/jan/30/libratus-poker-artificial-intelligence-professional-human-players-competition.

64. playing poker against Libratus: Quoted in Ben Popper, "This AI Will Battle Poker Pros for $200,000 in Prizes," Verge, January 4, 2017, http://www.theverge.com/2017/1/4/14161080/ai-vs-humans-poker-cmu-libratus-no-limit-texas-hold-em.

65. Libratus remained cool: Michael Laakasuo, Jussi Palomäki, and Mikko Salmela, "Experienced Poker Players Are Emotionally Stable," Cyberpsychology, Behavior, and Social Networking 17, no.

66. (October 2014), 668-671, http://online.liebertpub.com/doi/abs/10.1089/cyber.2014.0147.

67. "plugging its own holes every night": Authors' conversation with Jason Les, February 7, 2017.

68. "we would call him a machine": Ibid.

69. Libratus racked up more than $1.7 million: Solon, "Oh the Humanity!"

70. the average individual wins weren't spectacular: For a detailed description of Libratus's winning approach, see Nikolai Yakovenko, "CMU's Libratus Bluffs Its Way to Victory in # BrainsVsAI Poker Match," Medium, February 1, 2017, https://medium.com/@Moscow 25/cmus-libratus-bluffs-its-way-to-victory-in-brainsvsai-poker-match-99abd31b9cd4; see

also Noam Brown and Tuomas Sandholm, "Safe and Nested Endgame Solving for Imperfect-Information Games" (2016), Proceedings of the AAAI-17 Work- shop on Computer Poker and Imperfect Information Games, http:// www.cs.cmu.edu/~noamb/papers/17-AAAI-Refinement.pdf.

71. get matched along multiple dimensions: "Ride-Sharing with BlaBlaCar's New MariaDB Databases," ComparetheCloud.net, February 19, 2016, https://www.comparethecloud.net/articles/ride-sharing-with-blablacars-new-mariadb-databases; "About Us," BlaBlaCar.com, accessed January 27, 2017, https://www.blablacar.com/about-us.

   4 million people book rides: Arun Sundararajan, "Uber and Airbnb Could Reverse America's Decades-Long Slide into Mass Cyni- cism," Quartz, June 9, 2016, https://qz.com/700859/uber-and-airbnb-will-save-us-from-our-decades-long-slide-into-mass-cynicism.

72. Madi Solomon, an expert in such data: Madi Solomon, "Transformational Metadata and the Future of Content Management: An Interview with Madi Solomon of Pearson PLC," Journal of Digital Asset Management 5, no. 1, 27 - 37, http://link.springer.com/article/10.1057/dam.2008.48; quote from conversation with Viktor Mayer-Schönberger.

73. to automatically categorize product information: Chris Mellor, "Metadata Manipulation by Alation Seeks Needles in Data Haystack," Register, April 1, 2015, http://www.theregister.co.uk/2015/04/01/metadata_manipulation_by_alation. See also Laura Melchior, "So stellt sich eBay im Bereich Daten und Klauf," Internet World, January 23, 2017, http://www.internetworld.de/e-commerce/eBay/so-stellt-eBay-im-bereich-daten-ki-1188619.html.

74. these algorithms are the method by which: There is a diverse and growing literature on matching algorithms and processes; for a good discussion of the state of research and how far it has come, see Marzena Rostek and Nathan Yoder, "Matching with Multilateral Contracts" (July 2, 2017), available at SSRN: https://ssrn.com/abstract=2997223.

75. carefully orchestrating the matching process: See, e.g., Yash Kanoria and Daniela Saban, "Facilitating the Search for Partners on Matching Platforms: Restricting Agents' Actions" (July 5, 2017), available at SSRN: https://ssrn.com/abstract=3004814.

76. clearing house often collects preference information: Alvin E. Roth and Elliott Peranson, "The Redesign of the Matching Market for American Physicians: Some Engineering Aspects of Economic Design," American Economic Review 89, no. 4 (September 1999), 748 - 780.

77. two of the world's leading experts in matching: Alvin E. Roth, Who Gets What—and Why: The New Economics of Matchmaking and Market Design (New York: Houghton Mifflin Harcourt, 2015); see also David S. Evans and Richard Schmalensee, Matchmakers: The New Economics of Multisided Platforms (Cambridge: Harvard Business Review Press, 2016).

78. algorithm predicted which team would win: Tim Adams, "Job Hunting Is a Matter of Big Data, Not How You Perform at an Interview," Observer, May 10, 2014, https://www.theguardian.com/technology/2014/may/10/job-hunting-big-data-interview-algorithms-employees; Sue Tabbitt, "Forget Myers-Briggs: Al- gorithms Can Better Predict Team Chemistry," Guardian,

参考文献

May 27, 2016, https://www.theguardian.com/small-business-network/2016/may/27/forget-myers-briggs-algorithms-predict-team-chemistry.

79. Shepherd has replicated those results: Oscar Williams-Grut, "This Startup Can Predict If Your Business Will Fail with Questions Like 'Do You Like Horror Films?'" Business Insider, December 16, 2015, http://uk.businessinsider.com/simple-questions-like-do-you-like-horror-films-can-predict-whether-a-startup-will-implode-2015-12.

80. representative of Big Data: Viktor Mayer-Schönberger and Kenneth N. Cukier, Big Data: A Revolution That Will Transform How We Live, Work, and Think (New York: Houghton Mifflin Harcourt, 2013).

81. going beyond its initial training: For those who want to learn more about machine-learning methods (rather than Big Data more generally) in an easily accessible way, see Ethem Alpaydin, Machine Learning (Cambridge: MIT Press, 2016).

82. Tesla's semiautonomous driving system: Dana Hull, "The Tesla Advantage: 1.3 Billion Miles of Data," Bloomberg Technology, December 20, 2016, https://www.bloomberg.com/news/articles/2016-12-20/the-tesla-advantage-1-3-billion-miles-of-data.

83. "supermarkets of love": Julia M. Klein, "When Dating Algorithms Can Watch You Blush," Nautilus, April 14, 2016, http://nautil.us/issue/35/boundaries/when-dating-algorithms-can-watch-you-blush.

84. it used the wrong data: See, e.g., Paul W. Eastwick, Laura B. Luch- ies, Eli F. Finkel, and Lucy L. Hunt, "The Predictive Validity of Ideal Partner Preferences: A Review and Meta-Analysis," Psychological Bulletin 140 (20014), 623 – 665.

第 5 章　公司与控制

85. annual revenues of more than $100 billion: Jim Milliot, "Amazon Sales Top $100 Billion," Publishers Weekly, January 28, 2016, http://www.publishersweekly.com/pw/by-topic/industry-news/financial-reporting/article/69269-amazon-sales-top-100-billion.html.

86. "ordinary control freaks look like stoned hippies": Steve Yegge's Google Plus post is archived, with his apparent permission, at https://plus.google.com/+RipRowan/posts/eVeouesvaVX.

87. demands placed on employees: Gregory Ferenstein, "Is Working at Amazon Terrible? According to Public Data, It's the Same as Much of Silicon Valley," Forbes, August 17, 2015, http://www.forbes.com/sites/gregoryferenstein/2015/08/17/is-working-at-amazon-terrible-according-to-public-data-its-the-same-as-much-of-silicon-valley/#5b68ce4a5f89.

88. they have no autonomy: See, for example, these reviews: https:// www.glassdoor.co.uk/Reviews/Employee-Review-Amazon-com-RVW10200125.htm.

89. "held accountable for a staggering array": Jodi Kantor and David Streitfeld, "Inside Amazon: Wrestling Big Ideas in a Bruising Workplace," New York Times, August 15, 2015, https://www.

nytimes.com/2015/08/16/technology/inside-amazon-wrestling-big-ideas-in-a-bruising-workplace.html.

90. "you become an Amabot" : Ibid.

91. get a warning or get fired: Martha C. White, "Amazon's Use of 'Stack' Ranking for Workers May Backfire, Experts Say," NBC News, August 17, 2015, http://www.nbcnews.com/business/business-news/amazons-use-stack-ranking-workers-may-backfire-experts-say-n411306.

92. after the scientific management principles: "Digital Taylorism," Economist, September 12, 2015, http://www.economist.com/news/business/21664190-modern-version-scientific-management-threatens-dehumanise-workplace-digital.

93. The firm can be many things: See, e.g., John Micklethwait and Adrian Wooldridge, The Company: A Short History of a Revolutionary Idea (New York: Modern Library, 2003).

94. widespread adoption of Arabic numerals: Alfred W. Crosby, The Measure of Reality: Quantification and Western Society, 1250 - 1600 (Cambridge, UK: Cambridge University Press, 1997), 49.

95. preeminent bankers of fifteenth-century Europe: Jacob Soll, The Reckoning: Financial Accountability and the Rise and Fall of Nations (New York: Basic Books, 2014), 29 - 47.

96. merchants in Florence were required to maintain: Ibid., 35.

97. annual audit, conducted by Cosimo himself: Ibid., 37 - 38.

98. trying to embezzle monies: See Crosby, The Measure of Reality,204; Soll, The Reckoning, 37 - 38.

99. Wedgwood transformed the information flows: Soll, The Reckon- ing, 117 - 131.

100. when bookkeepers get creative: "Creative" accounting has been associated with spectacular bankruptcies and scandals, ranging from those befalling National City Bank (now Citibank, see "Stock Exchange Practices: Report of the Committee on Banking

101. and Currency" [the Pecora Commission Report], 73rd Congress, 2nd Session, report no. 1455, June 6, 1934, https://www.senate.gov/artandhistory/history/common/investigations/pdf/Pecora_FinalReport.pdf; for further details, see http://www.senate.gov/artandhistory/history/common/investigations/Pecora.htm) and drug company McKesson & Robbins (which faked purchase orders and inflated inventory, see Michael Chatfield, "McKesson & Robbins Case," in Michael Chatfield and Richard Vangermeersch, eds., History of Accounting: An International Encyclopedia [New York: Garland Publishing, 1996], 409 - 410) in the twentieth century to a string of high-profile cases at the turn of the millennium, including those of WorldCom (see Justin Kuepper, "Spotting Creative Accounting on the Balance Sheet," Forbes, March 25, 2010, http://www.forbes.com/2010/03/25/balance-sheet-tricks-personal-finance-accounting.html), Chiquita Brands, HealthSouth (see Michael J. Jones, Creative Accounting, Fraud and International Accounting Scandals (Chichester, England: John Wiley, 2011), Enron (David Teather, "Billions Still Hidden in Enron Pyramid," Guardian, January 30,

参考文献

2002, https:// www.theguardian.com/business/2002/jan/30/corporatefraud.enron2; Malcolm S. Salter, "Innovation Corrupted: The Rise and Fall of Enron (A)," Harvard Business School case study 905-048, December 2004 [revised October 2005], http://www.hbs.edu/faculty/ Pages/item.aspx?num=31813), Lehman Brothers (see Rosalind Z. Wiggins and Andrew Metrick, "The Lehman Brothers Bankruptcy C: Managing the Balance Sheet Through the Use of Repo 105," Yale Program on Financial Stability case study 2014- 3C-V1, October 1, 2014, https://papers.ssrn.com/sol3/papers.cfm?abstract_id=2593079; Donald J. Smith, "Hidden Debt: From Enron's Commodity Prepays to Lehman's Repo 105s," Financial An- alysts Journal 67, no. 5 [September/October 2011], https://www.cfainstitute.org/ learning/products/publications/faj/Pages/faj.v67.n5.2.aspx), and electronics giant Toshiba, which in 2015 was caught posting profits early and pushing back the posting of losses in a sales- person's version of a Ponzi scheme (see Sean Farrell, "Toshiba Boss Quits over £780 Million Accounting Scandal," Guardian, July 21, 2015, https://www.theguardian.com/ world/2015/jul/21/toshiba-boss-quits-hisao-tanaka-accounting-scandal).

102. collection of minute details about every task: Robert Kanigel, The One Best Way: Frederick Winslow Taylor and the Enigma of Efficiency (New York: Little Brown, 1997).

103. the first master's degree in business administration: Soll, The Reckoning, 187.

104. the punch-card tabulator: Geoffrey D. Austrian, Herman Hollerith: Forgotten Giant of Information Processing (New York: Columbia University Press, 1982), 111 et seq. (chap. 9).

105. other than through Billy Durant himself: David A. Garvin and Lynne C. Levesque, "Executive Decision Making at General Motors," Harvard Business School case study 9-305-026, February 14, 2006, 2, http://www.hbs.edu/faculty/Pages/item.aspx?num=31870.

106. leaving the company paralyzed: William Pelfrey, Billy, Alfred, and General Motors: The Story of Two Unique Men, a Legendary Company, and a Remarkable Time in American History (New York: Amacom, 2006), 226.

107. he hired an outside firm to collect the data: Ibid., 260.

108. could make decisions with up-to-date information: John T. Landry, "Did Professional Management Cause the Fall of GM?" Harvard Business Review, June 9, 2009, https://hbr. org/2009/06/professional-management-and-th.

109. hiring a series of data "whiz kids": Phil Rosenzweig, "Robert S. McNamara and the Evolution of Modern Management," Harvard Business Review, December 2010, https://hbr. org/2010/12/robert-s-mcnamara-and-the-evolution-of-modern-management.

110. simplifying data to make it more digestible: Mayer-Schönberger and Cukier, Big Data, 164 - 165, 168.

111. tools to shape the flow of information: Ludwig Siegele and Joa- chim Zepelin, Matrix der Welt: SAP und der neue globale Kapitalis- mus (Frankfurt: Campus Verlag, 2009).

112. the "noise" they create in the organization: Daniel Kahneman, Andrew M. Rosenfield, Linnea Gandhi, and Tom Blaser, "Noise: How to Overcome the High, Hidden Cost of Inconsistent

Decision Making," Harvard Business Review (October 2016), https://hbr.org/2016/10/noise.

113. Checklists in aircraft: Brigette M. Hales and Peter J. Pronovost, "The Checklist—a Tool for Error Management and Performance," Journal of Critical Care 21 (2006), 231 - 235.

114. checklist in a hospital intensive care unit: Atul Gawande, The Checklist Manifesto: How to Get Things Right (New York: Metro- politan Books, 2009). Gawande was inspired to test the checklist approach after reading about a pilot study conducted by Peter Pronovost of the Johns Hopkins University School of Medicine.

115. balancing centralized and delegated decision: Yingyi Qian, Gérard Roland, and Chenggang Xu, "Coordinating Changes in M-Form and U-Form Organizations," paper presented to the No- bel Symposium, April 1998, https://papers.ssrn.com/sol3/papers.cfm?abstract_id=163108.

    "decentralization with coordinated control" : Alfred P. Sloan Jr., My Years with General Motors (New York: Doubleday, 1990), 129, quoted in Garvin and Levesque, "Executive Decision Making at General Motors."

116. a range of fundamental cognitive limitations: Amos Tversky and Daniel Kahneman, "Judgment Under Uncertainty: Heuristics and Biases," Science 185, no. 4157 (September 27, 1974), 1124 - 1131. In 2002, Kahneman earned the Nobel Prize in Economics for the Tversky-Kahneman research; Tversky died in 1996 and therefore did not share in the honor. See also Daniel Kahneman, Thinking, Fast and Slow (New York: Farrar, Straus and Giroux, 2011); on how Kahneman and Tversky achieved their breakthrough insights, see Michael Lewis, The Undoing Project: A Friendship That Changed Our Minds (New York: W. W. Norton, 2016).

117. confirmation bias: Yoram Bar-Tal and Maria Jarymowicz, "The Effect of Gender on Cognitive Structuring: Who Are More Biased, Men or Women?" Psychology 1, no. 2 (January 2010), 80 - 87, http:// www.scirp.org/journal/PaperInformation.aspx?paperID=2096.

118. fundamental attribution error: Incheol Choi and Richard E. Nis- bett, "Situational Salience and Cultural Differences in the Correspondence Bias and Actor-Observer Bias," Personality and Social Psychology Bulletin 24, no. 9 (September 1998), 949 - 960, http:// journals.sagepub.com/doi/abs/10.1177/0146167298249003; Minas N. Kastanakis and Benjamin G. Voyer, "The Effect of Culture on Perception and Cognition: A Conceptual Framework," Journal of Business Research 67, no. 4 (April 2014), 425 - 433, http://eprints.lse.ac.uk/50048/1/ lse.ac.uk_storage_LIBRARY_Secondary_libfile_shared_repository_Content_Voyer,%20B_Effect%20culture%20perception_Voyer_Effect%20culture%20 perception_2014.pdf.

119. limits of our ability to make optimal decisions: Herbert A. Simon,Models of Bounded Rationality (Cambridge: MIT Press, 1982).

120. "dangers of possessing too much information" : Gerd Gigerenzer, Gut Feelings: The Intelligence of the Unconscious (New York: Viking, 2007), 38.

121. informational ignorance works just as well: Cultivating "a bene- ficial degree of ignorance" is one of the self-help leitmotifs woven through Gerd Gigerenzer's international best seller Gut

Feelings. The wisdom of gut instincts and intuition was also featured in Malcolm Gladwell's Blink: The Power of Thinking Without Thinking (New York: Little, Brown, 2005) and, more recently, in economists Donald Sull and Kathleen Eisenhardt's Simple Rules: How to Thrive in a Complex World (New York: Houghton Mifflin Harcourt, 2015).

122. they value their gut feelings: Economist Intelligence Unit, "Decisive Action: How Businesses Make Decisions and How They Could Do It Better" (London: Applied Predictive Technologies, n.d.), 7, http:// www.datascienceassn.org/sites/default/files/Decisive%20Action%20-%20 How%20Businesses%20Make%20Decisions%20and%20How%20They%20Could%20 do%20it%20Better.pdf.

123. every second-best solution to a problem: See generally David G. Myers, Intuition—Its Powers and Its Perils (New Haven: Yale Uni- versity Press, 2002).

第 6 章　公司的未来

124. company announced it would use Watson: Justin McCurry, "Japanese Company Replaces Office Workers with Artificial Intelligence," Guardian, January 5, 2017, https://www. theguardian.com/technology/2017/jan/05/japanese-company-replaces-office-workers-artificial-intelligence-ai-fukoku-mutual-life-insurance; also see Fukoku Mutual's press release: https://translate.google.com/translate?depth=1&hl=en&prev=search&r url=translate.google.com&sl=ja&sp=nmt4&u=http://www.fukoku-life.co.jp/about/news/ download/20161226.pdf.

125. 20 percent of Daimler's global workforce: "Daimler baut Konzern für die Digitalisierung" Frankfurter Allgemeine Zeitung,September 7, 2016, www.faz.net/aktuell/wirtschaft/daimler-baut-konzern-fuer-die-digitalisierung-um-14424858.html.

126. "supplement the hierarchical-management pyramid" : "Daimler Chief Plots Cultural Revolution," Handelsblatt Global, July 25, 2016, https://global.handelsblatt.com/companies-markets/daimlerchief-plots-cultural-revolution-574783.

127. required considerable institutional support: See, e.g., Douglas W. Allen, The Institutional Revolution—Measurement and the Economic Emergence of the Modern World (Chicago: University of Chicago Press, 2012).

128. bump artificial intelligence into the executive ranks: See also Vegard Kolbjørnsrud, Richard Amico, and Robert J. Thomas, "How Artificial Intelligence Will Redefine Management," Harvard Busi- ness Review, November 2, 2016, https://hbr.org/2016/11/how-artificial-intelligence-will-redefine-management.

129. automate three-fourths of all management decisions: Olivia Solon, "World's Largest Hedge Fund to Replace Managers with Artificial Intelligence," Guardian, December 22, 2016, https:// www.theguardian.com/technology/2016/dec/22/bridgewater-associates-ai-artificial-intelligence-management.

130. making decisions less biased: See Maarten Goos and Alan Manning, "Lousy and Lovely Jobs: The Rising Polarization of Work in Britain," Review of Economics and Statistics 89 (February 2007), 118‑133.

131. learning decision‑assistance system . . . construction com‑ pany: This case illustration is based on Emmanuel Marot, "Ro‑ bot CEO: Your Next Boss Could Run on Code," Venture Beat, March 20, 2016, https://venturebeat.com/2016/03/20/robot‑ceo‑your‑next‑boss‑could‑run‑on‑code.

132. T‑shaped skill set: Tom Kelley, The Ten Faces of Innovation (New York: Doubleday, 2005), 75‑78; on what skills are needed see also Richard Susskind and Daniel Susskind, The Future of Professions (Oxford: Oxford University Press, 2015).

133. Spotify, a recent digital darling: The examination of Spotify is based on Thomas Ramge's visit to Spotify's HQ in Stockholm on January 20‑21, 2015; his analysis was published as Thomas Ramge, "Nicht fragen. Machen," brand eins 033/15, https://www.brandeins.de/archiv/2015/fuehrung/spotify‑nicht‑fragen‑machen/; for an English‑language description of Spotify's unique

134. organizational setup, see Michael Mankins and Eric Garton, "How Spotify Balances Employee Autonomy and Accountability," Harvard Business Review, February 9,2017,https://hbr.org/2017/02/how‑spotify‑balances‑employee‑autonomy‑and‑accountability.

135. Ek has been described as: Brendan Greeley, "Daniel Ek's Spotify: Music's Last Best Hope," BloombergBusinessweek, July 14, 2011, https://www.bloomberg.com/news/articles/2011‑07‑13/daniel‑ek‑s‑spotify‑music‑s‑last‑best‑hope.

136. tool to elicit frequent feedback from others: See Mankins and Garton, "How Spotify Balances Employee Autonomy and Accountability."

137. John Deere's transition: Darrell K. Rigby, Jeff Sutherland, and Hirotaka Takeuchi, "Embracing Agile," Harvard Business Review, May 2016, https://hbr.org/2016/05/embracing‑agile.

138. General Electric and Siemens are decentralizing: "The Multinational Company Is in Trouble," Economist, January 28, 2017, http://www.economist.com/news/leaders/21715660‑global‑firms‑are‑surprisingly‑vulnerable‑attack‑multinational‑company‑trouble.

139. media giant Thomson Reuters aims to: Mary Johnson, "How to Kickstart Innovation at a Multinational Corporation," Thomson Reuters blog, April 7, 2016, https://blogs.thomsonreuters.com/answerson/kickstart‑innovation‑multinational‑corporation.

140. recruit the talent their firms required: Eben Harrell, "The Solution to the Skills Gap Could Already Be Inside Your Com‑ pany," Harvard Business Review, September 27, 2016, https://hbr.org/2016/09/the‑solution‑to‑the‑skills‑gap‑could‑already‑be‑inside‑your‑company.

141. fluidity of human labor inside an organization: Lowell L. Bryan, Claudia I. Joyce, and Leigh M. Weiss, "Making a Market in Talent," McKinsey Quarterly, May 2006, http://www.mckinsey.com/business‑functions/organization/our‑insights/making‑a‑market‑in‑talent.

142. Procter & Gamble has even opened its internal platform: John Horton, William R. Kerr, and

参考文献

Christopher Stanton, "Digital Labor Markets and Global Talent Flows," National Bureau of Economic Research Working Paper 23398 (May 2017), http://www.nber.org/papers/w23398.

第 7 章　资本的衰落

143. "immeasurable tropical energy to create the perfect storm"："NOAA Meteorologist Bob Case, the Man Who Named the Perfect Storm," NOAA News, June 16, 2000, http://www. noaanews.noaa.gov/stories/s444.htm.

144. more than $200 million in damages: National Climatic Data Center, "'Perfect Storm' Damage Summary," October 1991, http://www.ncdc.noaa.gov/oa/satellite/satelliteseye/cyclones/ pfctstorm91/pfctstdam.html.

145. more than $8 trillion was lost: Roger C. Altman, "The Great Crash, 2008: A Geopolitical Setback for the West," Foreign Affairs, January/February 2009, https://www.foreignaffairs. com/articles/united-states/2009-01-01/great-crash-2008.

146. competition that has shrunk banks' margins: Federal Reserve Bank of Saint Louis, "Net Interest Margin for All U.S. Banks," updated February 14, 2017, https://fred.stlouisfed.org/ series/USNIM.

147. situation is at least as bad in Europe: Federal Reserve Bank of Saint Louis, "Bank's Net Interest Marginfor Euro Area," updated August 17, 2016, https://fred.stlouisfed.org/series/ DDEI01EZA156NWDB.

148. one in five banks in Germany will earn: Andreas Dombret, Yalin Gündüz, and Jörg Rocholl, "Will German Banks Earn Their Cost of Capital?" (2017), Bundesbank Discussion Paper No. 01/2017, https://ssrn.com/abstract=2910286.

149. never recovered from the financial crisis of 2007: U.S. Bureau of Labor Statistics, All Employees: Financial Activities: Commercial Banking (CEU5552211001), retrieved from FRED, Fed- eral Reserve Bank of St. Louis; https://fred.stlouisfed.org/series/ CEU5552211001, April 2, 2017.

150. bank branches employed 212,000 fewer: Valentina Romei, "Why Europe's Banks Will Never Be the Same Again," Financial Times, August 8, 2016, http://blogs.ft.com/ftdata/2016/08/08/ why-europes-banks-will-never-be-the-same-again.

151. private banks in Switzerland vanished: Oliver Suess and JanHenrik Foerster, "Commerzbank Plans Job Cuts in Biggest Overhaul Since Bailout," Bloomberg LP, September 29, 2016, http://www.bloomberg.com/news/articles/2016-09-29/commerzbank-shares-climb-on- report-of-10-000-job-cuts-pending.

152. Commerzbank will cut one in five: Matthew Allen, "One in Ten Swiss Private Banks Disappeared in 2015," SwissInfo, August 25, 2016, http://www.swissinfo.ch/eng/split- fortunes_one-in-10-swiss-private-banks-disappeared-in-2015/42398770.

153. UniCredit bank will close 26 percent: Martin Arnold, "UniCredit Boss Wastes No Time in

Tackling the Bank's Problems," Financial Times, December 13, 2016, https://www.ft.com/content/0ed769fc-c0a6-11e6-9bca-2b93a6856354.

154. Second Payment Service Directive: Directive (EU) 2015/2366 of the European Parliament and of the Council of 25 November 2015 on payment services in the internal market, OJ L 337, 23.12.2015, 35 - 127, http://eur-lex.europa.eu/legal-content/EN/TXT/?uri=CELEX:32015L2366; see also "New European Rules Will Open Retail Banking," Economist, March 23, 2017, http://www.economist.com/news/leaders/21719476-dangers-privacy-and-security-are-outweighed-benefits-new-european-rules-will-open.

155. wide variety of signals . . . can be honest: Alex Pentland, Honest Signals (Cambridge: MIT Press, 2008).

156. raised money simply because it could: Leslie Hook, "Venture Capital Funding in Start-Ups Surges to $100bn for Quarter," Financial Times, October 14, 2015, https://www.ft.com/content/e95f5c6e-7238-11e5-bdb1-e6e4767162cc.
the number of listed companies: Maureen Farrell, "America's Roster of Public Companies Is Shrinking Before Our Eyes," Wall Street Jour- nal, January 6, 2017, https://www.wsj.com/articles/americas-roster-of-public-companies-is-shrinking-before-our-eyes-1483545879.

157. No digital currency is capable of: For more on blockchain, see Don Tapscott and Alex Tapscott, The Blockchain Revolution: How the Technology Behind Bitcoin Is Changing Money, Business, and the World (New York: Portfolio/Penguin Books, 2016).

158. fintechs attracted investments exceeding $19 billion: Andrew Meola, "The Fintech Report 2016: Financial Industry Trends and Investment," Business Insider, December 14, 2016, http://www.businessinsider.de/the-fintech-report-2016-financial-industry-trends-and-investment-2016-12?r=US&IR=T; KPMG, "The Pulse of Fintech: Global Analysis of Fintech Venture Funding," November 13, 2016, https://assets.kpmg.com/content/dam/kpmg/xx/pdf/2016/11/the-pulse-of-fintech-q3-report.pdf.

159. a fintech bubble: Alessandro Hatami, "After the Fintech Bubble— the Winners and Losers," BankNXT, February 15, 2016, http:// banknxt.com/55760/fintech-bubble-winners-and-losers.

160. saving its customers . . . an estimated $1.45 billion: https://www.sofi.com.

161. bringing data-rich consumer credit scoring to China: Jon Russell, "Baidu Invests in ZestFinance to Develop Search-Powered Credit Scoring for China," TechCrunch, July 17, 2016, https://techcrunch.com/2016/07/17/baidu-invests-in-zestfinance-to-develop-search-powered-credit-scoring-for-china.

162. total market for peer-to-peer lending in China: "In Fintech China Shows the Way," Economist, February 25, 2017.

163. A counter example suggests: The following history of investment banking is based on the perceptive Alan D. Morrison and William J. Wilhelm, Jr. Investment Banking: Institutions,

参考文献

Politics, and Law (Oxford: Oxford University Press, 2007); an article version is Alan Morrison and William Wilhelm, "Investment Banking: Past, Present, and Future," Journal of Applied Corporate Finance 19 (2007), 8 - 20.

164. lacks the insight, based on information: Albert Wenger, World After Capital, https://worldaftercapital.gitbooks.io/worldaftercapital/content/part-two/Capital.html.

第 8 章　反馈效应

165. built-in risk of extreme failure: See the official report of the accident investigation BEA, Final Report—On the Accident on 1st June 2009 to the Airbus A330-203 Registered F-GZCP Operated by Air France Flight AF 447 Rio de Janeiro - Paris, July 2012, https:// www.bea.aero/docspa/2009/f-cp090601.en/pdf/f-cp090601.en.pdf; see also William Langewiesche, "The Human Factor," Van- ity Fair, September 17, 2014, http://www.vanityfair.com/news/business/2014/10/air-france-flight-447-crash;Tim Harford, "Crash: How Computers Are Setting Us Up for Disaster," Guardian, October 11, 2016, https://www.theguardian.com/technology/2016/oct/11/crash-how-computers-are-setting-us-up-disaster.

166. the general theory of feedback: See George Dyson, Turing' s Cathedral: The Origins of the Digital Universe (New York: Pantheon Books, 2012), 109 - 114.

167. in choosing the term "cybernetics" : On the ambivalence of Norbert Wiener' s work, see Flo Conway and Jim Siegelman, Dark Hero of the Information Age—In Search of Norbert Wiener, the Father of Cyber- netics (New York: Basic Books, 2005).

168. "their control over the rest of the human race" : Norbert Wiener, The Human Use of Human Beings (Boston: Da Capo Press, 1988), 247 - 250.

169. Champagne fairs of the Middle Ages: Ray Fisman and Tim Sullivan, The Inner Lives of Markets: How People Shape Them and They Shape Us (New York: PublicAffairs, 2016).

170. search requests . . . go to Google: "Marktanteile der Suchmaschinen weltweit nach mobiler und stationärer Nutzung im März 2017," https://de.statista.com/statistik/daten/studie/222849/umfrage/marktanteile-der-suchmaschinen-weltweit.

171. Amazon's share of . . . online retail revenues: "Amazon Accounts for 43 Percent of US Online Retail Sales," Business Insider, February 2, 2017, http://www.businessinsider.de/amazon-accounts-for-43-of-us-online-retail-sales-2017-2?r=US&IR=T.

172. Facebook's almost 2 billion users: "Leading Countries Based on Number of Facebook Users as of April 2016 (in Millions)," https:// www.statista.com/statistics/268136/top-15-countries-based-on-number-of-facebook-users.

173. GoDaddy is the largest domain-name registrar: Andrew Alle- mann, "GoDaddy Marches Toward $1 Billion," DomainNameWire, August 17, 2010, http://domainnamewire.com/2010/08/17/go-daddy-marches-toward-1-billion.

174. WordPress dominates . . . Netflix rules: According to W3Techs, WordPress is used by

almost 60 percent of all websites with a known content management system and by almost 30 percent of all websites; https://w3techs.com/technologies/details/cm-wordpress/all/all; in early 2017, Netflix's share of the streaming market in the United States was about 75 percent; see Sara Perez, "Netflix Reaches 75 percent of US Streaming Service Viewers, but YouTube Is Catching Up," TechCrunch, April 20, 2017,https://techcrunch.com/2017/04/10/netflix-reaches-75-of-u-s-streaming-service-viewers-but-youtube-is-catching-up.

175. service itself did not improve: See also Claude S. Fischer, America Calling: A Social History of the Telephone to 1940 (Berkeley and Los Angeles: University of California Press, 1994).

176. this network effect: Carl Shapiro and Hal R. Varian, Information Rules: A Strategic Guide to the Network Economy (Boston: Harvard Business Review Press, 1999), 173 et seq.

177. business dynamism, driven by innovative disruptors: Ryan A. Decker, John Haltiwanger, Ron S. Jarmin, and Javier Miranda, "Declining Dynamism, Allocative Efficiency, and the Productivity Slowdown," Board of Governors of the Federal Reserve System, Finance and Economics Discussion Series 2017-019, https://doi.org/10.17016/FEDS.2017.019.

178. antitrust lawsuit against Microsoft: See, e.g., Andrew I. Gavil and Harry Fist, The Microsoft Antitrust Case (Cambridge: MIT Press, 2014).

179. antitrust case against Google in Europe: See, e.g., Benjamin Edelmann, "Does Google Leverage Market Power Through Tying and Bundling?" Journal of Competition Law and Economics 11, no. 2 (2015), 365‑400, https://doi.org/10.1093/joclec/nhv016.

180. go beyond regulating anticompetitive behavior: Ariel Ezrachi and Maurice E. Stucke, Virtual Competition: The Promise and Perils of the Algorithm-Driven Economy (Cambridge: Harvard University Press, 2016); see also Maurice Stucke and Allen Grunes, Big Data and Competition Policy (New York: Oxford University Press, 2016).

181. "open up" their algorithms: For a critical view of algorithmic transparency, see Joshua A. Kroll et al., "Accountable Algorithms," University of Pennsylvania Law Review 165 (2017), 633‑705, https://www.pennlawreview.com/print/165-U-Pa-L-Rev-633.pdf.

182. economists . . . offer an intriguing idea: Jens Prüfer and Christoph Schottmüller, "Competing with Big Data," February 16, 2017, TILEC Discussion Paper 2017-006, available at http://dx.doi.org/10.2139/ssrn.2918726; this extends an idea originally suggested in Cédric Argenton and Jens Prüfer, "Search Engine Competition with Network Externalities," Journal of Competition Law and Economics 8 (2012), 73‑105, https://pure.uvt.nl/portal/files/1373523/search_engines.pdf.

183. Homogeneity of the systems we employ: We see similar prob- lems emerge with crops and fruits lacking genetic variety, such as the conventional banana (the "Cavendish") that is threatened by its vulnerability to a dangerous fungus; see, e.g., "A Future with No Bananas?" New Scientist, May 13, 2006, https://www.newscientist.com/article/dn9152-a-future-with-no-bananas.

184. Critics of fair-value accounting: For a discussion and critical analysis about the pros and

cons of the argument, see Christian Laux and Christian Leuz, "Did Fair-Value Accounting Contribute to the Financial Crisis?" Journal of Economic Perspectives 24 (2010), 93 - 118.

185. shift in focus from collection to use: See, e.g., Fred H. Cate and Viktor Mayer-Schönberger, "Notice and Consent in a World of Big Data," International Data Privacy Law 3 (2013), 67 - 73; Kirsten

186. E. Martin, "Transaction Costs, Privacy, and Trust: The Laudable Goals and Ultimate Failure of Notice and Choice to Respect Privacy Online," First Monday 18, no. 12-2 (2013), http://firstmonday.org/ojs/index.php/fm/article/view/4838/3802; Alessandro Man- telero, "The Future of Consumer Data Protection in the E.U. Rethinking the 'Notice and Consent' Paradigm in the New Era of Predictive Analytics," Computer Law and Security Review 30 (2014), 643; Joel R. Reidenberg et al., "Privacy Harms and the Effectiveness of the Notice and Choice Framework," I/S 11 (2015), 485 - 524, http://moritzlaw.osu.edu/students/groups/is/files/2016/02/10-Reidenberg-Russell-Callen-Qasir-and-Norton.pdf.

187. computer system that would assist the Chilean government: The evolution of Cybersyn and its implications are eloquently captured in Eden Medina, Cybernetics Revolutionaries: Technology and Politics in Allende's Chile (Cambridge: MIT Press, 2011); see also Evgeny Morozov, "The Planning Machine," New Yorker, October 13, 2014, http://www.newyorker.com/magazine/2014/10/13/planning-machine. The development of Cybersyn also underlies the plot of a work of fiction: see Sascha Reh, Gegen die Zeit (Frankfurt, Ger- many: Schöffling, 2015).

188. Great Famine of 1932 - 1933: See Anne Applebaum, Red Famine: Stalin's War on Ukraine (New York: Doubleday, 2017).

189. to coax us to transact appropriately: See, e.g., Richard H. Thaler and Cass R. Sunstein, Nudge: Improving Decisions About Health, Wealth, and Happiness (New Haven: Yale University Press, 2008).

第9章 工作权益与分配正义

190. "The drive was as mundane" : Alex Davies, "Uber's Self-Driving Truck Makes Its First Delivery: 50,000 Beers," Wired, October 25, 2016, https://www.wired.com/2016/10/ubers-self-driving-truck-makes-first-delivery-50000-beers.

191. the system won't take away their jobs: Eric Newcomer and Alex Webb, "Uber Self-Driving Truck Packed with Budweiser Makes First Delivery in Colorado," Bloomberg, October 25, 2016, https://www.bloomberg.com/news/articles/2016-10-25/uber-self-driving-truck-packed-with-budweiser-makes-first-delivery-in-colorado.

192. median annual income of more than $40,000: "Heavy and Tractor-Trailer Truck Drivers," Bureau of Labor Statistics, Occupational Outlook Handbook, https://www.bls.gov/ooh/transportation-and-material-moving/heavy-and-tractor-trailer-truck-drivers.htm.

193. middle-income desk jobs that . . . will disappear: Michael Chui, James Manyika, and Mehdi Miremadi, "Where Machines Could Replace Humans—and Where They Can't (Yet)," Mc- Kinsey Quarterly (July 2016), http://www.mckinsey.com/business-functions/digital-mckinsey/our-insights/where-machines-could-replace-humans-and-where-they-cant-yet.

194. labor force has declined from its peak: The participation rate in 2017 was around 63 percent, down from over 67 percent in 2000, and below the level it had been in more than three decades; see U.S. Bureau of Labor Statistics, Labor Force Participation Rates, data sets and graphs available at https://data.bls.gov.

195. forecast depressing employment figures: Erik Brynjolfsson and Andrew McAfee, The Second Machine Age: Work, Progress, and Prosperity in a Time of Brilliant Technologies (New York: W. W. Norton, 2016); Carl Benedikt Frey and Michael A. Osborne, The Future of Employment: How Susceptible Are Jobs to Computerisation? (Oxford, UK: Oxford Martin School, September 17, 2013), http://www.oxfordmartin.ox.ac.uk/downloads/academic/The_Future_of_Employment.pdf.

196. advent of a "second machine age" : Brynjolfsson and McAfee, The Second Machine Age.

197. "labor share" has declined considerably: Matthias Kehrig and Nicolas Vincent, "Growing Productivity Without Growing Wages: The Micro-Level Anatomy of the Aggregate Labor Share Decline," CESifo Working Paper Series No. 6454, May 3, 2017, https://ssrn.com/abstract=2977787.

198. In most advanced economies, labor share: International Labor Organization and Organisation for Economic Cooperation and Development, "The Labour Share in G20 Economies" (February 2015), 11, https://www.oecd.org/g20/topics/employment-and-social-policy/The-Labour-Share-in-G20-Economies.pdf; OECD Employment Outlook 2012, 115, http://www.oecd-ilibrary.org/employment/oecd- employment- outlook-2012_empl_outlook-2012-en.

199. fallen in the large economies of India and China: Loukas Karabarbounis and Brent Neiman, "The Global Decline of the Labor Share," Quarterly Journal of Economics 129, no. 1 (January 2013), 61 - 103, n1.

200. labor share globally has been dropping: Ibid, 1.

201. something that affects them all: OECD Employment Outlook 2012,119.

202. displaces blue-collar and low- and middle-income: Ibid., 115 - 116.

203. temporary gigs with limited or no benefits: Ian Hathaway and Mark Muro, "Tracking the Gig Economy: New Numbers," Brookings Institution, October 13, 2016, https://www.brookings.edu/research/tracking-the-gig-economy-new-numbers; the gig economy is not limited to advanced economies; see, e.g., Mark Graham, Isis Hjorth, and Vili Lehdonvirta, "Digital Labour and Development: Impacts of Global Digital Labour Platforms and the Gig Economy on Worker Livelihoods," Transfer: European Review of Labour and Research, March 16,

参考文献

2017, http://journals.sagepub.com/eprint/3FMTvCNPJ4SkhW9tgpWP/full.

204. shrinking role of labor: Thomas Piketty, Capital in the Twenty-First Century (Cambridge, MA: Belknap Press, 2014).

205. not necessarily to tax the economy more: See Ryan Abbott and Bret N. Bogenschneider, "Should Robots Pay Taxes? Tax Policy in the Age of Automation," forthcoming in Harvard Law and Policy Review (March 13, 2017), https://ssrn.com/abstract=2932483.

206. Bill Gates, announced his support: Kevin J. Delaney, "The Robot That Takes Your Job Should Pay Taxes, Says Bill Gates," Quartz, February 17, 2017, https://qz.com/911968/bill-gates-the-robot-that-takes-your-job-should-pay-taxes.

207. it might stifle innovation: Georgina Prodhan, "European Parliament Calls for Robot Law, Rejects Robot Tax," Reuters, February 16, 2017, http://www.reuters.com/article/us-europe-robots-lawmaking-idUSKBN15V2KM.

208. enthusiasm for UBI: For an excellent monograph on universal basic income, see Philippe van Parijs and Yannick Vanderborght, Basic Income: A Radical Proposal for a Free Society and a Sane Economy (Cambridge: Harvard University Press, 2017).

209. Paine proposed a basic income: Thomas Paine, Agrarian Justice(1797), https://www.ssa.gov/history/tpaine3.html.190 Friedman suggested a negative income tax: Milton Friedman, Capitalism and Freedom (Chicago: University of Chicago Press, 1962).

210. Democratic presidential candidate George McGovern: Van Parijs and Vanderborght, Basic Income, 90 - 93.
Nixon then proposed his own family-assistance program: Peter Passell and Leonard Ross. "Daniel Moynihan and President-Elect Nixon: How Charity Didn't Begin at Home," New York Times, January 14, 1973, http://www.nytimes.com/books/98/10/04/specials/moynihan-income.html.

211. empower people to choose for themselves: Nathan Schneider, "Why the Tech Elite Is Getting Behind Universal Basic Income," Vice, January 6, 2015, https://www.vice.com/en_au/article/something-for-everyone-0000546-v22n1.

212. effects of a UBI on human motivation: Jon Henley, "Finland Trials Basic Income for Unemployed," Guardian, January 3, 2017, https://www.theguardian.com/world/2017/jan/03/finland-trials-basic-income-for-unemployed.

213. Switzerland held a national referendum: Ibid.

214. Canada experimented with a version: Van Parijs and Vander- borght, Basic Income, 141 - 143; see also Zi-Ann Lum, "A Canadian City Once Eliminated Poverty and Nearly Everyone Forgot About It," Huffington Post Canada, December 23, 2014, http://www.huffingtonpost.ca/2014/12/23/mincome-in-dauphin-manitoba_n_6335682.html.

215. subsidize the middle class and the affluent: This is in contrast to proposals such as Milton Friedman's negative income tax; Friedman, Capitalism and Freedom.

216. justify spending such a huge sum: For more on how to calculate the amount

needed tofundaUBland the income tax rate that would benecessary, see "Basically Unaffordable," Economist, May 23, 2015, http:// www.economist.com/news/finance-and-economics/21651897-replacing-welfare-payments-basic-income-all-alluring.

217. capital share evaporates: Matthew Rognlie, "Deciphering the Fall and Rise in the Net Capital Share: Accumulation or Scarcity?" Brookings Papers on Economic Activity (Spring 2015), https:// www.brookings.edu/wp-content/uploads/2016/07/2015a_rognlie.pdf.

218. conventional calculations of capital share assume: Simcha Barkai, "Declining Labor and Capital Shares," http://home.uchicago.edu/~barkai/doc/BarkaiDecliningLaborCapital.pdf.

219. data processing requires less capital: Loukas Karabarbounis and Brent Neiman, "The Global Decline of the Labor Share," National Bureau of Economic Research Working Paper 19136 (June 2013), http://ww.nber.org/papers/w19136.pdf.

220. labor benefits more from technology: Robert Z. Lawrence, "Recent Declines in Labor's Share in US Income: A Preliminary Neoclassical Account," National Bureau of Economic Research Working Paper 21296 (June 2015), http://www.nber.org/papers/w21296.

221. innovative activity and business dynamism: Ryan A. Decker et al., "Declining Dynamism, Allocative Efficiency, and the Productivity Slowdown," Finance and Economics Discussion Series 2017-019 (Washington, DC: Board of Governors of the Federal Reserve System, 2017), https://doi.org/10.17016/FEDS.2017.019.

222. further light on the underlying dynamic: David Autor et al., "The Fall of Labor Share and the Rise of Superstar Firms," National Bureau of Economic Research Working Paper 23396 (May 2017), http://www.nber.org/papers/w23396; David Autor et al., "Concentrating on the Fall of the Labor Share," National Bureau of Economic Research Working Paper 23108 (January 2017), http:// www.nber.org/papers/w23108.

223. they can achieve very high revenues: This also applies to superstars among manufacturing plants, see Kehrig and Vincent, "Growing Productivity Without Growing Wages."

224. five . . . are obvious superstars: Dan Strumpf, "The Only Six Stocks That Matter," Wall Street Journal, July 26, 2015, https://www.wsj.com/articles/the-only-six-stocks-that-matter-1437942926.

225. textbook example of a bad idea: The exceptions would be social welfare programs that are "self-funded" through direct contributions from workers; in those cases, if policy makers reject the idea that corporate tax receipts should fund social welfare, a robo tax may be an option to make up for the shortfall caused by a decreasing labor share.

226. over $200 billion in lost tax revenues: Fabie Candau and Jacques Le Cacheux, "Corporate Income Tax as a Genuine Own Resource," March 23, 2017, https://ssrn.com/abstract=2939938.
personal income would be taxed only: See, e.g., Alan D. Viard and Robert Carroll, Progressive Consumption Taxation: The X-Tax Revisited (Washington, DC: American Enterprise Institute Press, 2012), but the idea is much older—see, e.g., William D. Andrews,

参考文献

"A Consumption-Type or Cash Flow Personal Income Tax," 87 Harvard Law Review 1113 (1974).

227. support across the political spectrum: In addition to politicians such as Democratic Senator Ben Cardin (https://www.cardin.senate.gov/PC) and think tanks such as the conservative American Enterprise Institute (AEI), advocates include hightech figures such as Bill Gates (Tim Worstall, "Bill Gates Points to the Best Tax System, the Progressive Consumption Tax," Forbes, March 18, 2014, https://www.forbes.com/sites/timworstall/2014/03/18/bill- gates-points-to-the-best-tax-system-the-progressive-consumption-tax).

228. to spot changes in skill demand: We are not alone suggesting this; see, e.g., World Economic Forum, The Future of Jobs Report (January 2016), 24 and 29, http://www3.weforum.org/docs/WEF_Future_of_Jobs.pdf.

229. "look to build a monopoly": Peter Thiel, "Competition Is for Losers," Wall Street Journal, September 12, 2014, https://www.wsj.com/articles/peter-thiel-competition-is-for-losers-1410535536.

230. choose the job they like: See also Van Parijs and Vanderborght,Basic Income, 165‑169.

第 10 章　人类的选择

232. become "a CEO of a retail company": Ryan Mac, "Stitch Fix: The$250 Million Startup Playing Fashionista Moneyball," Forbes, June 1, 2016, www.forbes.com/sites/ryanmac/2016/06/01/fashionista-moneyball-stitch-fix-katrina-lake/#54e798e859a2.

233. "constantly maxing out Lake's $6,000-limit credit card": Ibid.

234. a potential start-up "unicorn": "Fifty Companies That May Be the Next Start-Up Unicorns," New York Times, August 23, 2015, https://bits.blogs.nytimes.com/2015/08/23/here-are-the-companies-that-may-be-the-next-50-start-up-unicorns/?_r=0.

235. enables Stitch Fix to be a matchmaker: http://algorithms-tour.stitchfix.com.

236. a social debt that most customers choose to repay: Much like the personal debt that transaction partners have been found to want to repay when they receive positive feedback; see, e.g., Gary Bolton, Ben Greiner, and Alex Ockenfels, "Engineering Trust—Reciprocity in the Production of Reputation Information," Management Science 59, no. 2 (2013), 265‑285.

237. one in four trucks drive empty: Robert Matthams, "Despite High Fuel Prices, Many Trucks Run Empty," Christian Science Monitor, February 25, 2012, http://www.csmonitor.com/Business/2012/0225/Despite-high-fuel-prices-many-trucks-run-empty.

238. one of the pioneer venture capitalists: "Eugene Kleiner," Kleiner, Perkins,Caufield,and Byers,http://www.kPCb.com/partner/eugene-kleiner.

239. fear is that as we delegate decisions to machines: See, e.g., Nick Bostrom, Superintelligence: Paths, Dangers, Strategies (Oxford: Oxford University Press, 2014).

240. The end of scarcity: Ibid.

241. "A world of increasing abundance": Ibid.

242. "Cartier for everyone": Aaron Bastani, "Britain Doesn't Need More Austerity, It Needs Luxury Communism," Vice, June 12, 2015, https://www.vice.com/en_au/article/luxury-communism-933.

243. "cybernetic meadow, tended to by machines": Brian Merchant, "Fully Automated Luxury Communism," Guardian, March 18, 2015, https://www.theguardian.com/sustainable-business/2015/mar/18/fully-automated-luxury-communism-robots-employment.

244. open the window to new insights: Avi Loeb, "Good Data Are Not Enough," Nature, November 2, 2016, http://www.nature.com/news/good-data-are-not-enough-1.20906.